国家社科基金
GUOJIA SHEKE JIJIN HOUQI ZIZHU XIANGMU
后期资助项目

知识产权与标准协同发展研究

Research on the Cooperative Development of Intellectual Property and Standard

董玉鹏　著

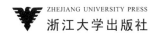

ZHEJIANG UNIVERSITY PRESS
浙江大学出版社

国家社科基金后期资助项目
出版说明

后期资助项目是国家社科基金设立的一类重要项目，旨在鼓励广大社科研究者潜心治学，支持基础研究多出优秀成果。它是经过严格评审，从接近完成的科研成果中遴选立项的。为扩大后期资助项目的影响，更好地推动学术发展，促进成果转化，全国哲学社会科学工作办公室按照"统一设计、统一标识、统一版式、形成系列"的总体要求，组织出版国家社科基金后期资助项目成果。

全国哲学社会科学工作办公室

目 录

第一章　绪　论 …………………………………………………（ 1 ）

第二章　对知识产权与标准关系的本体思考 ………………（ 9 ）
　　第一节　知识产权本质多维度诠释 ………………………（ 9 ）
　　第二节　知识产权与标准冲突协调与融合趋势分析 ………（ 19 ）

第三章　知识产权与标准协同发展机理分析 ………………（ 38 ）
　　第一节　知识产权与标准协同发展的意义 ………………（ 38 ）
　　第二节　知识产权与标准协同发展的导向 ………………（ 46 ）
　　第三节　知识产权与标准协同发展的模式 ………………（ 64 ）

第四章　知识产权与标准协同发展组织创新 ………………（ 74 ）
　　第一节　"标准＋知识产权"创新联盟构想 ………………（ 74 ）
　　第二节　"标准＋知识产权"联盟的治理与知识挖掘 ………（ 80 ）
　　第三节　典型分析:生物产业知识产权与标准联盟 ………（ 84 ）

第五章　知识产权与标准协同发展权益协调 ………………（ 90 ）
　　第一节　知识产权与标准联盟中的知识产权归属 ………（ 90 ）
　　第二节　知识产权与标准联盟知识产权开放共享 ………（ 98 ）
　　第三节　知识产权与标准协同的反垄断问题 ………………（106）
　　第四节　标准联盟中知识产权维权保护机制 ………………（126）

第六章　知识产权与标准协同发展管理补强 ……………………（140）

　第一节　知识产权管理标准化理论与实践 …………………（140）

　第二节　知识产权管理标准体系构成 ………………………（152）

　第三节　协同创新知识产权管理体系建设 …………………（157）

　第四节　典型企业知识产权管理标准分析 …………………（165）

　第五节　知识产权信息服务标准体系建设 …………………（178）

第七章　知识产权与标准协同发展进阶展望 …………………（194）

　第一节　当前我国知识产权运营格局评述 …………………（194）

　第二节　知识产权与标准运营的引导协同 …………………（198）

　第三节　知识产权与标准一体化运营平台 …………………（202）

　第四节　从国际化视角推进知识产权与标准协同发展 ……（210）

第八章　结　语 ………………………………………………（216）

参考文献 ………………………………………………………（220）

第一章　绪　论

一、选题背景

创新是推动社会进步的永恒话题。当前,全球产业竞争格局发生了深刻变化,知识产权与标准作为技术成果应用转化和交流推广的工具性实体,真正成为提升一国国际竞争力的核心关键所在。理性看待知识产权与标准的冲突,实现两者之间的充分融合,协同发展,将会带来创新绩效和产业利益的最大化。在国家层面,我国 2006 年发布的《国家中长期科学和技术发展规划纲要(2006—2020 年)》以及 2008 年发布的《国家知识产权战略纲要》,均明确提出要将知识产权、技术标准作为国家重要发展战略要素,从"增强国家自主创新能力和核心竞争力""增强我国企业市场竞争力和提高国家核心竞争力"的高度,强调知识产权、标准化的重要意义。从我国国家部委管理层面来看,其后续亦逐步出台了多项政策,如《国家标准涉及专利的管理规定(暂行)》(国家标准化管理委员会、国家知识产权局,2013 年 12 月)、《产业知识产权联盟建设指南》(国家知识产权局,国知办函管字〔2015〕192 号)等,充分肯定了知识产权与标准相结合、共同促进创新活动的必要性以及协同发展的方向。其中《产业知识产权联盟建设指南》在"二、(一)3"中直接申明了要"推进知识产权与标准的融合",具体要点包括:推动建立标准制定和专利池构建的良性互动机制,在核心产品和关键技术领域加快标准的制定和实施,努力将产品和技术标准融入基础性专利中,使专利与技术标准有效衔接甚至捆绑起来,推进知识产权、标准、市场之间更紧密地结合。

关于知识产权与标准之间关系的理论和实务关注热点,集中于以企业为主体的企业标准或事实标准中所包含的必要专利问题。标准中专利的许可使用比知识产权权利在不同主体之间的转移更加灵活,得到更为广泛的采用。随之而来的问题是,如果知识产权存在于标准(尤其是高技术产业相关技术标准)之中,且变得不可替代、不可规避的时候,就产生了冲突。这种冲突的本质体现为标准的社会公共利益属性与知识产权个人利益属性的冲突,以及标准的开放适用特征与知识产权的法律垄断特征的冲突。怎样正确地处理知识产权与标准之间的冲突,更好地实现知识产权与标准的协同发展,就显得尤为重要。当前我国正处于高技术产业发展"井喷"前期,信息产业、新能源、新材料等领域国际竞争优势逐渐凸显。与此同时,我国高技术产业中的技术优势企业在国际竞争中也遇到了前所未有的挑战与障碍。应突破知识产权与标准协同发展瓶颈,利用知识产权与标准的合力,促成高技术含量标准引领的事实,升级技术性贸易壁垒,在世界范围内形成技术和市场的双重优势,进而引领国际产业发展趋势。通过知识产权手段渗透与掌握标准制定和修订的话语权,将知识产权与标准这两个"软性的纽带"缠绕整合,调配组装成"硬性的"产业技术发展"指挥棒",将会是我国产业/企业参与国际技术创新和产业竞争的突破口。基于此,笔者在众多前期研究基础之上产生了延伸思考。

二、研究现状

知识产权与标准协同,是一个横跨法学、经济学、管理学和社会学等学科的软科学问题。从制度设计上来讲,知识产权与标准是相互排斥的。因为知识产权制度从本质上来看,是一种国家赋予创新成果获得者的合法垄断地位,这种合法垄断地位是排他性的、强制性的;而标准制度设计的初衷,是推动技术在某一特定领域(尤其是产业领域)内得以普遍推广应用,是一种非强制性(大部分情况)、非排他的、开放的、普适化的社会治理手段。然而,随着知识经济的发展,尤其是在信息产业的引领与带动下,知识产权与标准之间不再是相互隔绝,而是出现了一定程度的"兼容与纠缠",突出表现在知识产权与技术标准的协同演化上。[①] 目前,学界对于技术创新带来的知识产权与标准问题研究集中在以下几个问题点:标准与创新之间促进或阻碍的关系,标准在市场竞争中的地位和作用,事实标准的产生及其在市场竞争中的作用,标准必要专利(SEP)与创新,标准必要专利促进创新和产生垄断的两面性及反垄断治理等。[②]

---

① 王黎萤,陈劲,杨幽红.技术标准战略、知识产权战略与技术创新协同发展关系研究[J].科学学与科学技术管理,2005(1):31-34.

② 王平,侯俊军,梁正.治理视角下的标准知识体系研究[C]//侯俊军.标准化与治理(第二辑).长沙:湖南大学出版社,2018:63.

(一)知识产权与标准之协同问题研究

知识产权和标准这两个范畴有密切关系。[①] 著作权、专利权、商标权等类型的知识产权都可以与技术标准产生关联,其中以专利为主。[②] 世界贸易组织(WTO)在其年度报告中指出,专利申请和新的技术标准,尤其是在创新领域中,两者之间存在着积极的关系。[③] 在目前的实践中,知识产权与标准协同关系的最直接体现,就是标准必要专利,理论界对两者关系研究的入手角度,也是紧密贴合实践发展的,有学者从"依赖与冲突"的角度,探寻两者的关系[④];还有学者认为市场竞争主体对新的专利技术以及对技术标准本身的双重需求,构成了知识产权与标准相结合的基础。[⑤] 知识产权与标准得以协同发展,其根本动力是创新的需求,标准中包含必要知识产权的首要决定因素,是技术进步产生的需求。[⑥] 标准采纳新技术的过程中,与以专利为代表的知识产权产生交集,标准制定组织需要合理有效地处理标准研制过程中遇到的专利问题,从而确保标准所代表的公众利益与知识产权所代表的私有权益之间取得平衡。[⑦] 还有学者选取知识产权与标准交叉融合的热点领域移动通信标准(global system for mobile communications,GSM)进行深入研究,指出知识产权与标准是由冲突向协调的方向演进的。[⑧]

(二)知识产权与标准协同发展竞争优势研究

当知识产权遇到标准化,不可避免会有负面影响:技术标准自身无法自发进化发展,技术标准体系的完善与发展,是依附于技术发展的步调节奏的,在标准形成过程中,标准与专利融合,可能会排挤同行业中其他竞争

---

① 姜红,孙舒榆,刘文韬.技术标准化研究 40 年回顾:理论基础与热点演进的知识图谱[J].技术经济,2018,37(12):26-35,93.

② 舒辉,刘芸.技术标准化问题的研究综述[J].科技管理研究,2015,35(13):151-157.

③ World Trade Organization. World Trade Report 2005:Trade, standards and the WTO [R]. Geneva:WTO, 2005.

④ Verbruggen J, Lörincz A. Patents and Technical Standards[J]. International Review of Industrial Property and Copyright Law, 2002,33(2):136.

⑤ Patterson M R. Invention, Industry Standards, and Intellectual Property[J]. Berkeley Technology Law Journal,2002,(17):1043-1085.

⑥ Rysman M, Simcoe T. Patents and the Performance of Voluntary Standard Setting Organizations[J]. PIE/CIS Discussion Paper, 2009, 54(11):1920-1934.

⑦ 王益谊,朱翔华.标准涉及专利的处置规则[M].北京:中国标准出版社,2014:31.

⑧ 李玉剑,宣国良.技术标准化中的公司专利战略——以 Motorola 为例[J].科技进步与对策,2005(5):86-88.

者。① 知识产权与标准由最初属性差异导致的排斥,逐渐演化为融合的状态,是不可否认的事实,这种融合很容易使得标准由原本的公共服务属性异化为竞争工具属性。② 有更多学者持乐观态度,就知识产权对标准化形成过程的正向影响和推动作用进行了研究,认为知识产权与标准结合对于推进标准的连续技术进步有着很强的正向影响,但是对于非连续标准的替换有着显著的延迟作用。③ 在知识产权保护方面应采取宽松的态度,这样有助于市场更快地选择正确的标准,尤其是对于某些对技术开放要求较高的产业(如通信产业)来讲,过分强调保护知识产权权利人的优势地位,对其所掌握的知识产权依其意愿进行封闭式的保护,就出现了制度的反向拉动作用,不利于市场对标准的选择,从长远来看,不利于增强产业整体竞争力。④ 强化专利组合的手段,是赢得标准之战的制胜法宝。⑤ 然而不可否认的是,持有标准中核心技术知识产权的权利人有做出机会主义行为的潜在可能性,其运用战略性的知识产权获取行动与实施标准相结合,进而进行寻租,这已经在客观上改变了国际标准化体系运行的动力。⑥ 有国外学者对中国产业发展产生了研究兴趣,通过梳理中国移动通信工业的联盟结构演变及对国际标准化的影响展开研究,认为中国正努力把自主技术推向国际标准,已经是电信国际标准化体系中不可忽视的一员。⑦ 我国学者分析了技术标准在构筑技术型贸易壁垒(TBT)方面所不可忽视的作用,坚持

① Swann G M P. 2000, The Economics of Standardization, in Report for Department of Trade and Industry, Standards and Technical Regulations Directorate[EB/OL]. 2000:90, http://www.dti.gov.uk/strd/fundingo.htm#swannrep.

② 舒辉. 技术标准战略 基于创新融合的视角[M]. 北京:经济管理出版社,2014:12.

③ Baron J, Pohlmann T, Blind K. Essential Patents and Standard Dynamics[C]. 7th International Conference on Standardization and Innovation in Information Technology, Berlin, September, 2011:28-30.

④ Iversen E. Standardization and Intellectual Property Rights: Conflicts between Innovation and Diffusion in New Telecommunications Systems[M]. Information Technology Standards and Standardization. IGI Global, 2000:80-101; Shapiro C. Navigating the Patent Thicket: Cross Licenses, Patent Pools, and Standard-Setting[J]. SSRN Electronic Journal, 2001, 1(1):119-150; Bekkers R, Duysters G, Verspagen B. Intellectual Property Rights, Strategic Technology Agreements and Market Structure, the Case of GSM[J]. Research Memorandum, 2000, 31(7):1141-1161.

⑤ Shapiro C, Varian H R. The Art of Standards Wars[J]. California Management Review, 1999, 41(2):8-32.

⑥ Ernst D. Indigenous Innovation and Globalization: The Challenge for China's Standardization Strategy[J]. Social Science Electronic Publishing, 2014, 310(1):249-256.

⑦ Kwan J Y, Lee H, Chung D B. The Evolution of Alliance Structure in China's Mobile Telecommunication Industry and Implications for International Standardization[J]. Telecommunications Policy, 2012, 36(10-11):966-976.

认为,知识产权与标准相互结合乃至融合为有机整体的现象和行为,从本意上来讲并不违反竞争规则,从某种意义上来看,恰恰是为了保护知识创造者根本利益而做出的理性选择。① 同时,知识产权与标准化的问题也是一个国际范围竞争问题,知识产权和标准的结合,非实力强劲的跨国公司所不能为之,技术强势企业将知识产权与标准捆绑,绕开了诸如关税等传统贸易壁垒,避免了所谓政府直接参与市场竞争的非市场经济手段治理的指责,在不同区域的市场间造就了新的垄断形态。② 技术标准一旦受制于知识产权,就会形成绝对的市场垄断,因此公平竞争与公共利益考虑是司法救济的重要考量因素。③

(三)知识产权与标准协同发展联盟组织形式研究

从行业角度探寻,有学者提出了利用"专利联盟"解决技术标准中存在的知识产权问题。④ 还有学者指出了创新成果标准化的路径,即"创新专利化—专利标准化—标准产业化",所以,企业应主动参与新的"技术标准"联盟建设,从决策、激励和监督等机制建设方面优化联盟资源配置。⑤ 知识产权融入标准之中,能够使得掌握有知识产权权利的企业获得更大的主动权与话语权,从而在市场竞争中产生"马太效应"。企业生存和发展的关键,在于努力以联盟形式集聚,实现专利技术标准化。⑥ 对此,我国实务工作者也敏锐地觉察到并指出,随着联盟标准影响的不断扩大,标准竞争日趋激烈,标准和知识产权"打包竞争"可能成为未来标准化领域的一个新特征。⑦ 基于产业链纵向整合的公司更有可能加入专利池,而在实质性加入的公司中,那些对某一标准的专利贡献相对对称的公司似乎更有可能接受专利使用费收入分配的规则。⑧ 企业与标准制定组织(SSO)的外部合作活

---

① 张平.技术性贸易壁垒与知识产权[J].政法论坛,2004(1):174-178.

② 安佰生.标准化中的知识产权:一个政策的视角[J].电子知识产权,2009(2):11-14.

③ 张平.技术标准中的专利权限制——兼评最高法院就实施标准中专利的行为是否构成侵权问题的函[J].电子知识产权,2009(2):15-17,21.

④ Lerner J, Tirole J. Efficient Patent Pools[J]. American Economic Review, 2004, 94(3): 691-711.

⑤ 李大平,曾德明,彭盾.软件业技术标准联盟治理的基本框架分析[J].科技管理研究,2006(7):118-119,102.

⑥ 莫祖英.基于知识产权与技术标准融合的企业自主创新模式研究[J].科技信息,2010(12):42-43.

⑦ 安佰生.标准化中的知识产权问题:认知、制度与策略[J].科技进步与对策,2012,29(5):101-103.

⑧ Layne-Farrar A, Lerner J. To Join or Not to Join: Examining Patent Pool Participation and Rent Sharing Rules[M]. Social Science Electronic Publishing, 2006, 11.

动及其作为技术委员会核心成员积极参与,对标准制定结果至关重要。①

总体来说,知识产权与标准协同发展问题将会成为一个热门的研究领域。从理论方面来看,国内外的研究基本上是依循知识产权与标准正向协同发展的脉络展开的。国外学者的研究从微观层面入手,囊括了标准形成的机理、标准与战略联盟组建、标准与专利池构建等诸多重点难点问题;国内学者则结合我国市场经济发展的特殊阶段,阐释了中小企业的知识产权与标准化战略,知识产权与标准结合构成的技术壁垒等问题。② 总体来看,过往的标准与知识产权法理论研究路径上也多为平行推进,少量的理论成果对知识产权与标准结合后的权利滥用和反垄断规制进行分析和提出对策建议,较少从实施标准化战略与知识产权战略协同角度开展系统性的解析。在当今兼容性技术大量涌现、复杂系统模块化、技术更新加快的条件下,有必要系统梳理标准的生成机制及其与知识产权的结合方式,对标准的生成、演化、实施和调整的整个过程中不同阶段特点和应对政策,以及对国际技术标准在国家间、产业间和产业内分工作用及相应技术转移驱动原理进行研究。准确理解和把握知识产权与标准的协同关系,利用知识产权与标准融合发展趋势,构建高效、公平、合理的知识产权与标准所牵涉的利益协调机制,促进技术创新和相关现代科技服务产业发展,为实现我国知识产权和标准大国、强国的愿景不倦地求索,是践行创新与法治建设中国道路、中国方案的有益学术与实践尝试。所以,本研究主题具有重要的理论和实践意义。

三、主要内容

在研究主题方面,本书聚焦知识产权和标准融合的顶层设计与实现机制中的疑难问题,以服务创新为共同基点,以合理设置利益区间、优先定位标准为引领,以推进知识产权与标准相互融合以至协同发展为主旨。本书通过分析讨论知识产权与标准协同发展原则、协同发展模式、协同发展动能等关键问题,在明确权利冲突与交叠关系、构建政策规制机制、强化战略性新兴产业知识产权与标准布局、形成新的创新联盟组织机制、优化企业知识产权与标准竞争格局等方面,为增进知识产权与标准协同发展构思对

---

① Leiponen A E. Competing Through Cooperation: The Organization of Standard Setting in Wireless Telecommunications[J]. Management Science, 2008, 54(11):1904-1919.

② 高照军,武常岐.技术标准竞争:一个基于国内外比较研究的崭新理论框架[J].现代管理科学,2015(2):6-8.

策建议。

在研究脉络上,本书依照"系统—功能"的研究思路,从系统论角度,解读知识产权与标准协同发展的本质、机理以及路径;从功能论角度,研究知识产权与标准协同发展的外在表现。具体来讲,本书的章节内容安排,主要是围绕以下六大问题展开。

第一个问题:新时代背景下知识产权与标准协同的本体思考。本部分主要从本体论的视角出发,审视知识产权与标准在当前信息社会、智能经济背景下的地位作用变化以及应做的制度性调整。具体内容包括:从法学、管理学、经济学等角度,展开对知识产权本质的深度思考;结合《中华人民共和国标准化法》的最新修订内容,解读新时期知识产权与标准冲突融合的趋势走向;肯定知识产权与标准制度对社会经济发展的正向推动作用,同时客观分析两者存在的冲突,指出两者的融合趋势。进而提出知识产权与标准在平衡、协调、融合基础之上协同发展的基本研究思路。

第二个问题:知识产权与标准协同发展机制与原理分析。在本部分中,指出了知识产权与标准之间的关系在现阶段既有冲突的表象,又有融合的趋势。知识产权与标准两者协同发展,既有必要性,也有可行性。知识产权与标准两者协同发展对于技术创新具有重要意义,应着力构建知识产权与标准协同发展的协调机制。本部分通过摘录分析国际标准组织的知识产权政策,并对典型国家和地区的知识产权与标准政策进行比较分析,发现将专利纳入标准之中的标准必要专利制度早已有之,但是如何将知识产权与标准作为有机结合的相对事物进行一体化协调,使两者协同发展,却是有待于进一步探索的。进而,本部分分析了我国国家层面及典型省市的知识产权政策,认为我国各级政府对于知识产权与标准协同发展实质上一贯在进行政策引导。本部分通过系统梳理近年来国内外知识产权与标准融合的典型案例,归纳总结出知识产权与标准协同发展的阶段、过程与模式,并对其优缺点进行评判。由此,提出知识产权与标准协同发展的关键领域与步骤。

第三个问题:知识产权与标准协同发展的组织创新。知识产权与标准协同发展,离不开科学合理的组织形式。笔者认为,知识产权与标准两者的协同发展已经超出了传统产学研合作的研究视域,两者的协同需要以"标准+知识产权"的联盟为组织形式、以市场和创新需求为导向、以产业(尤其是高技术产业)联盟为载体展开。本部分具体内容包括:"标准化+知识产权"联盟建设;知识挖掘与管理协同组织构建;同时,以生物产业知识产权与标准联盟为例,阐述知识产权与标准在前沿产业领域的协同发展组织形式，有针对性地提出面向联盟组织的知识产权与标准协同发展建议。

第四个问题：知识产权与标准协同发展的利益协调。利益分配与平衡是调节市场行为、确保产业健康发展的最直接、最有效且成本最低的工具。本部分从知识产权与标准协同所产出的知识成果权利归属出发，讨论知识产权与标准协同发展联盟组织中标准发起者的权利地位，进而延伸到知识产权与标准权益的内外部共享，并提出了可行的对策建议。同时，知识产权与标准协同可能导致的垄断问题绝不可忽视，各国对于知识产权与标准结合引发的市场垄断态度随着发展阶段和冲突主体的不同，也存在着微妙的变化。另外，在知识产权与标准协同发展过程中，形成的联盟组织在权益分配方面可能存在法律风险及维权风险，对此本书以高技术产业知识产权与标准联盟为研究焦点，提出了相关权益协调保护、维权援助的诸项对策建议。

第五个问题：知识产权与标准协同发展管理补强。法律手段是解决知识产权与标准纠纷的最后防线，无论是政府层面，还是市场主体层面，都需要通过固化流程、优化管理、实行风险控制，来维系已有的知识资产。本部分围绕国内外(主要是我国)业已开展的知识产权管理标准体系建设这一主干问题，探讨了标准化作为产业和社会治理工具的内涵，梳理了国外相关管理标准运行情况、我国地方标准化建设案例，探索与我国企业知识产权保有量和利用程度相配套的知识产权管理标准体系建设路径。并且，特别强调了知识产权信息服务标准体系建设的重要性及提出了相关的对策建议。

第六个问题：知识产权与标准协同发展的进阶展望。知识产权运营是当前我国产业创新与可持续发展的关键环节，是知识产权与标准协同发展到高级阶段的产物。本部分系统分析了知识产权运营要素，阐述了标准化手段在知识产权运营中的引导效应，并提出标准化的知识产权运营平台是当前及今后相当长一段时间内知识产权平台的应然发展方向，由此提出知识产权与标准一体化运营平台的建设建议。同时，对知识产权与标准协同的国际化问题进行了展望，认为为了提升我国政府治理及产业发展水平，应从运营的角度考虑争取获得知识产权与标准协同发展的话语权，同时推进建立知识产权与标准化协同发展的国际化治理体系。

第二章 对知识产权与标准关系的本体思考

第一节 知识产权本质多维度诠释

一、知识产权的法哲学诠释

在讨论知识产权与标准协同发展问题之前,有必要对知识产权、标准化的财产权本质展开前提性的铺垫。洛克认为,人类生而平等、财产权得以天赋,获得财产权的条件是一个人将足够多且同样好的东西留给其他人所共同享有。[①] 洛克关于财产的论述,部分是对政府性质所做的内容广泛的哲学分析,也许并没有想到知识财产及其法定形式即知识产权。[②] 但是,洛克的观点启发我们,财产形式的选择也是共有性质的选择,知识财产需要以持续增长的积极方式得以培育。[③] 价值反映了特定社会体系的话语状况,价值判断因人而异,呈多元化状态。法哲学领域通行的法律价值大致包括公平、正义、效率、秩序等。与其他法律事务一样,知识产权在价值领域呈现出多元化和争议性。知识产权的权利获得、权利冲突、保护深度、社会支持度等取决于其价值的大小。知识产品的稀缺,凸显了效率的价值,也连带反衬出效率所牵涉的人和自然、人和社会、人和组织及人和人相互间的关系。同时,效率反映了人的理性特征,凝聚了人的理想,包含了社会之人处理矛盾的原则。[④] 知识产权法律制度主要是通过促进对知识产品的利用,以及增进社会财富来体现效率价值的,知识产权法律制度的

---

① 洛克.政府论[M].叶启芳,瞿菊农,译.北京:商务印书馆,1964:18-33.
② 彼得·德霍斯.知识财产法哲学[M].周林,译.北京:商务印书馆,2017:76.
③ 彼得·德霍斯.知识财产法哲学[M].周林,译.北京:商务印书馆,2017:103.
④ 谢鹏程.基本法律价值[M].济南:山东人民出版社,2000:137.

目的,就是在私权利和公共利益这两个层面,体现出知识资源的社会效用与现实价值。例如在专利申请制度设计中,采用的是早期公开、迟延审查的制度设计,专利申请人如果想要获得垄断权利地位,对价就是尽早地公开其技术细节,由此助推实现知识资源高度流动。专利法、商标法中的先申请原则,体现了同样的制度价值。①

传统意义上认为,垄断是伤害效率的,竞争是提升效率的。现代法律体系中的反垄断法,是针对垄断超过合理的限度、形成超级经济规模的现象进行遏制。反垄断措施的触发条件是少数市场竞争者获得了市场支配地位并滥用这种地位,具体表现就是同一市场中的其他经营者用尽一切合法手段(至少不是违法手段),不论如何投入及经营运作,均没有办法取得应有的市场地位、获得预期市场份额。这就违反了基本的市场公平竞争的原则。对于知识产权行为而言,在垄断性的市场支配力重压下,中小企业即使拥有技术和经营模式方面的创新亮点,也极有可能接受不合理条件、妥协乃至被吞并,甚或直接被逼退出市场竞争。即使是掌握了核心知识产权的垄断组织内部,由于精心布置的垄断治理机制存在,市场主体或联合组织模式难免会异化,出现类似政府的科层制治理模式,造成结构臃肿、思维僵化、决策缓慢,对创新缺乏兴趣与动力。也就是说,从理性角度分析,知识产权垄断方在特定领域通过知识产权手段掌控了整体的技术发展方向和知识管理策略,如果其所采取的战略发展模式是开放的、共赢的,就能够提高整个行业的发展效率和水平;相反,如果其所采取的发展模式是封闭的、利己的,一旦造成其他竞争者大规模退出或者不为市场终端所认可,就会阻滞行业发展速度,乃至对一国经济结构产生负面影响。因此,知识产权权利人滥用知识产权造成过度垄断的"理性做法",本质上恰恰是遏制技术创新,延缓产业升级、社会经济发展进程的非理性行为,从整体上讲是低效率的。而竞争的积极一面在于,通过市场行为的优胜劣汰,提高技术和质量,促进经济发展,并使消费者得到实惠。知识产权主体在创造性、新颖性、显著性、知名度等方面展开竞争,促进实体资源和智力资源的配置倾向合理化,进而形成活跃创新的氛围。但在经济学家眼中这并不绝对,垄断与竞争都存在效率,垄断并不是绝对的无效率的,垄断组织的权威核心主体具有较强的引领组织协调作用,这种主导式的协作降低了交易成本、产生比较优势,而且如果垄断程度与经济体量规模相适应的话,垄断是能够体现出正向作用的。

① 陈美章.对我国知识产权保护与管理的探讨[J].科技与法律,2003(3):3-6.

　　从法理上讲,知识产权制度设计的目的是保护知识创造者的合法权益,而知识产权法律制度的最终价值则落脚于促进创新、推进社会进步。创新的本质是突破,包括突破旧的思维方式和旧的传统规约。创新活动的核心是"新",即产品结构、性能和外部特征的变化,或造型设计、内容表达形式和手段的创造,或内容的丰富和完善。在私人利益与公共利益相冲突的时候,适当限制权利人的知识产权是符合公平正义价值取向的。然而,如果对于已经经过确权的知识成果放任第三人使用而不支付相应的对价,很明显是不符合市场规律的,最终不利于社会经济发展;当然,如果知识产权的许可费用过高,被许可人支付的对价不合理,权利人的知识产权则是需要受到限制的,但这绝不是不考虑知识产权权利人合理的利益需求。在知识产权处于核心地位、具有高于正常市场预期垄断利润的情况下,政府应组织评估论证,必要情况下采取限制措施,避免垄断对社会公共利益造成不当损害。现有的反垄断法律制度在区分垄断正向作用方面遭遇了困难,因为它将主要精力放在关注破坏竞争的垄断行为和保持合理的市场结构上,但这些只是实现经济整体效率或公正的基本要素,对于竞争机制或者垄断机制本身存在的问题以及催化机制,法律尚难以触及。对于知识产权垄断行为而言,促进技术的推广与进一步的研发创新不尽符合商业资本逻辑的法律目的。在局部效率方面,反垄断法与知识技术生成方式存在着一定的冲突,如微软公司一直处在计算机操作系统研发的中坚地位,其利用技术领先优势造就的商业垄断,很难说降低了用户的效率。因此,在反垄断的尺度掌握上存在困难,既要避免过度垄断所导致的对非市场支配地位竞争者的大规模毁伤后果,同时还要防止无序盲目竞争对产业经济整体发展和社会公共利益造成的伤害。这种目标要求配备有复合化的手段,而非单一的经济或法律手段。在公平与效率两个方面的价值目标上,很难确定哪一个更优先,哪一个更符合知识产权制度设计的根本追求。①

　　法律上的正义价值目标,与知识产权领域的公平、公正价值目标是一致的。直观理解,就是保障知识—财富的输出链条,减少权力化的知识对社会成员的压迫、威胁,克服知识利用的无序。也就是说,知识产权的正义价值,主要体现在知识产权权利人与社会公众之间的经过博弈后而体现出来的利益关系平衡。知识产权制度设计从出发点到最终目标,实质上都是为了在激励知识产品的创造和社会公众对知识资源的需求之间,取得某种

　　① 张耀辉.知识产权的优化配置[J].中国社会科学,2011(5):53-60,219.

理想的平衡状态。① 知识产权法中采用利益平衡原则的立法思想,也是为了实现法律正义价值目标,只有充分考虑到知识产权权利人的权益和社会公众利益之间的冲突,分析其产生的原因,积极协调两者之间的关系,才能够最合理地配置社会资源。②

知识产权的非稳定性决定了知识产权法对安全价值追求的相对性。知识产权的非稳定性,主要是指知识产权的存在比较脆弱而容易受攻击,表面上业已成立的知识产权其后可能被确认为无效。法律对于知识产权存续设定了诸多消极性的限制要求,一旦这些消极性因素成立,则知识产权可能被撤销或无效。如商标权人连续三年停止使用注册商标的事实出现,则可能导致商标局撤销注册商标的法律后果;使用注册商标,生产商品粗制滥造、以次充好、欺骗消费者的,也可能导致商标局撤销注册商标;专利法规定专利权不具备授予专利的条件,任何单位和个人都可以向专利复审委员会请求宣告专利无效,专利权还可能因为专利权人主动放弃或不交纳专利年费而终止。③

知识产权纠纷的产生,在相当多的情况下,缘于权利人在知识产权运用价值取向方面的抉择。知识产权纠纷是否频繁、权利屏障是否坚固,在某种程度上取决于知识产权的权利架构是否清晰,以及权利分配共享意向是否和谐。同时,知识产权价值多元化本身就可能导致价值的冲突,如在知识产权法律体系中,权利人的利益有时优先于社会公共利益,有时又要屈从于社会公共利益;对知识产权的限制以及对权利限制的反限制不断在进行较量。而遍观各种法律的进步史,价值体系的位序排列、多元价值的取舍是法律及其社会运用共同推动的。因此,价值的冲突隔阂要在社会环境中解决。

二、知识产权的法经济学诠释

创新是劳动的重要阶段性成就,它是生产力发展的阶段标志,是社会经济发展的先决因素,也是实现大规模效益的源泉。劳动的创新和积累是经济发展的两大矛盾来源。创新的价值在于生产要素以新的生产方式进行再分配,形成新的生产力,创造新的劳动成果形式或者实现更大规模的

---

① 徐瑄.知识产权的正当性——论知识产权法中的对价与衡平[J].中国社会科学,2003(4):144-154,207.

② 罗东川.国家知识产权战略背景下的知识产权司法保护[J].法律适用,2006(4):2-6.

③ 郑友德.信息高速公路中知识产权保护的若干问题[J].法学研究,1997(4):40-53.

生产。经济领域的路径选择或新路径的创新是创新成果社会化的过程。知识产权的权利外衣下，深藏的是其制度属性，它的最开始和最本原的属性均属于一项经济制度，知识产权的发展在根源上是受经济驱动的。一个十分值得注意的现象是，知识产权在发育、嬗变过程中不断同法律接触，和过往的法理交锋，反复出现被确认或被限制，甚至被否认的结局，很多知识活动现象不能单单用法律来诠释。① 因此，对知识产权的生成土壤进行"化验"，针对知识产权经济属性以经济和法律交叉的眼光去探查，是从本体论角度真正理解知识产权的关键所在。

对于知识产权本质的研究论述存在于技术经济学、行为经济学、法律经济学等多个学科领域，尤其在新兴的法律经济学（或者法律的经济分析）当中是一个热门话题，法律经济学正式诞生于 20 世纪六七十年代，而一些学者认为，早在几个世纪前，思想家们就已经开启了这一领域，如霍布斯是"囚徒困境"思想的最早阐述者，卢梭是"搭便车"思想的最早提出者，休谟很早就谈到了"公地悲剧"。而法律经济学的正式勃兴的标志则是 20 世纪四五十年代在美国学术界兴起的"法和经济学运动"。阿伦·迪雷克托和爱德华·列维综合法学与经济学的理论来分析垄断监管领域，随后，科斯、加里·贝克尔、吉多·卡拉布雷西、理查德·波斯纳、乔治·斯蒂格勒、詹姆斯·布坎南、戈登·塔洛克、曼柯·奥尔森等纷纷涉足这一领域并取得了成就。② 不同国别的研究者也纷纷利用法律经济学这种新的研究方法来充实自己的"研究工具箱"。法律经济学克服了传统经济学侧重于"成本—效益"的分析方法，增添了社会公正和社会伦理的思考要素。

法律经济学之所以显赫，在于它创造出了产权、合约、外部性、信息对称性、公共选择、集体行动、寻租、人力资本、认知偏差等概念，深刻地解释了多种法律现象。比如，在侵权法领域，外部性成为一个核心概念，法律经济学力图解释法律如何激励个人尽最大可能去缩小社会成本与私人成本之间的差距。在合同法领域，学者们解释了各种合同条款如何保证自愿交易中的诚信原则，并辅之以建立恰当的抗辩规则以及对违约行为以最适当赔偿额的规则。在破产法领域，学者们鼓吹单个债务人的单边行动会损害共同资产（如公司的持续发展能力），甚至损害全部债务人的利益。法律学者们还陆续用法律经济学理论解释了销售、租赁、雇佣合同、医疗事故、土地所有者之间的分歧等双方性法律行为；劳动合同谈判，股东之间、官员与

---

① 易继明.知识产权的观念:类型化及法律适用[J].法学研究,2005(3):110-125.

② 秦海.法与经济学的起源与方法论[C]//吴敬琏.比较(第 5 辑).北京:中信出版社,2004:152.

董事之间关系,自然资源归属与利用等多主体之间的法律现象,分析了富有特色的电信业、公共事业部门、银行业、保险业和非营利组织的法律局面,革新了人们对于宪法、反垄断法、公司法、证券法、税法、公用设施和公用运营商的管制法、诉讼法等领域的诸多观念。① 法律经济学还被用来进行法系间的比较,波斯纳就曾借此评价英美普通法规则体系,他认为普通法鼓励人们通过市场进行交易,并且有目的性地造就了自愿交易机制,这是成本最低的。当前,我们谈论"法治""依法行政"等,在很大程度上就是法与经济学衍生出的话题。② 学者们坚信,任何法律条文都能用这些基本的经济学原理进行解释、攻击或辩护。

与边际成本等较抽象的经济学词语不同,知识产权是实实在在的经济和法律术语。关于知识产权的法律经济学研究给我们带来了一系列令人叹服的结论和进一步研究的线索。在知识产权财产关系中,知识产品是承载智力成果的特殊商品,具有天然的垄断性,一般没有替代品,故而知识产品因为竞争而贬值的可能性也较小。这就使得知识产权人能够处于上游地位,倘若知识产权人的利益无限膨胀,则会集聚大量的利益,而处在中下游的销售经营者、消费者遭遇到的情况是:或者合理获益预期因为受到技术上的排挤而无法达成,或者因为无法承担巨额费用而被迫退却。这样一来,由于知识利益的势差,本应由产业多数参与者乃至社会公众共同享有的有益成果变成了受众面很窄的特殊消费品,延缓了技术文明给社会带来的增益效果。如果过度倾向知识产品权利人一方,将会导致智力成果自由走向市场的进程遭遇阻碍,有时还会助长侵权现象发生③,正如正版软件定价过高反而刺激盗版市场的形成那样。对知识产权人的单边保护,可能会产生权利壁垒,尽管这有利于打击侵权,但难以促成知识产权本身和相关产业各个环节形成共同发展态势,也不一定能使知识产权保护带来的效应成为新的智力成果不断产生的动力,有时反而会带来垄断。针对知识产权的保护也需要进行均衡博弈。从法律经济学的角度看,无论是行使知识产权的诉求还是保护知识产权的诉求,都可能掺杂着一些"伪权利"或者越界的权利现象,尽管事先存在着一些知识产权权利行使限制的预防性规定,但对其进行甄别又会耗费更大的法律成本。其中,既包括知识产权转让以及专用权许可的无形市场,也包括利用专有技术、标志或设计为相关

---

① 理查德·A.爱泼斯坦.法与经济学:辉煌的过去与迷惘的未来[M/OL].钱滔,译.(2010-09-20)[2018-12-21].百度文库,http://wenku.baidu.com/.

② 黄立君.国内法经济学研究述评[J].经济评论,2004(6):79-82.

③ 阮思宇.知识产权权利限制的法律分析[J].科技与法律,2007(4):89-97.

商品或服务增值,形成巨大的生产、营销和商业市场①;既包括已有的市场份额,也包括进入市场的权利。

关于知识产权的法与经济学研究,涵盖了各种知识产权行为。社会制度中的人类行为是法律经济学研究的根本主题,对于知识产权法而言,它着眼于对知识产权的本体权利义务进行制度安排,更深层次的考虑则是不同类型的知识产权主体的行为效应。以理性选择观点看,知识产权制度限制乃至剥夺了社会公众对相关知识产品的使用与传播的自由,这种代价是不符合大部分微观经济人的行为偏好的。换言之,行为人的"正当性"诱因在哪里? 是行为人主动趋向使自己的行为方式和愿望等符合社会生活中现行规范和政策的要求,还是其他的原因? 与此相关联的是,从知识产权劳动起源理论的角度来看,知识产权蕴含着劳动价值,而与知识产权相竞争的权利行为和事实行为也蕴含着相当的劳动价值。因而,知识产权法更像是一种拥有知识资源的主体利用优势地位营造的一种权力垄断。在反垄断法领域实施的禁止权利滥用、防止垄断绝对化、实现利益均衡的经济分析方法也需要移植到知识产权法中,如探讨为什么在知识产权制度的萌芽时期,立法者就考虑在保护知识产权专有权的同时又附加一些关于知识产权权利的限定条件。14 世纪时,英国议会决定对本国的新技术授予 14 年的垄断保护期,以防范那些意图从英国引走技术的外国工匠;15 世纪的威尼斯诞生的世界上首部专利法,规定的保护时间是 10 年。② 两国专利保护期限存在差异的原因是什么? 法律经济学对此的理解是,不应将立法制度作为一个独立于经济体系之外的固定因子来看待,应将它归属于公共选择过程。③ 而行为的选择依据在于其背后的社会规范。社会规范与法律规范之间存在几何维度的交错性。作为知识产权领域的规范,依受到重视程度排序,依次为商业规范、法律规范、社会规范(指狭义的社会交际规范),而在商业与法律规范中,上述理性限制规范处于主流位置,对于知识产权的博弈均衡往往是在非正式途径下达成的。这种均衡是考虑到法律的态度,然而更多时候是在未加入法律变量的情况下实现的。④ 比如,在某一产品的市场价值即将耗尽的情况下,权利人对于知识产权侵权行为的容忍度达到怎样的水平,不是仅仅凭借权利人根据法律来计算其维权成

---

① 阮思宇.知识产权权利限制的法律分析[J].科技与法律,2007(4):89-97.

② 阮思宇.知识产权权利限制的法律分析[J].科技与法律,2007(4):89-97.

③ Posner R A. The Law and Economics Movement[J]. American Economic Review, 1987, 77(2):1-13.

④ Bouckaert B. What Is Property? [J]. Harvard Journal of Law & Public Policy, 1990, 13 (3):775-816.

本,还会考虑到采取进一步的保护知识产权的措施能不能起到商业方面的辅助作用,是否有助于实现市场地位、伙伴关系、竞争处境等方面的均衡。

关于知识产权的法与经济学研究深刻地回答了正义和分配问题。一方面,从经济学行为理论的角度看知识产权,可以把知识产权的设置视为一种行为激励,是决定效率的一个重要变量,但是激励创造不是永远有效果的,如果知识产权制度预设的效率遭到滥用,凌驾于公平正义之上,那么就需要诉诸法律了。另一方面,如果承认知识产权运行规则是建立在价格基础之上的,那么法律经济学首先要处理的就是利益分配问题。法律经济学自我扬弃的重要表现是不能过分盯住效率。由于有效配置的路径必然存在,所以把效率当作财产权配置的基础是不必要的。在效率之外,还有其他的作用机制。在部分发达经济体的话语体系中,处于知识继受者地位的发展中国家总是被视作"盗窃者",要求知识产权需求者做出保护效率承诺的舆论比比皆是。应当看到,已有的知识产权权利确证方式中,有相当一部分需要考虑到产品使用者的消费目的,以及对知识产权的利用与经济社会发展的阶段性定位问题。法律规定需要解决的是知识产权在何种使用渠道下应当突出效率诉求,以及在何种使用渠道下应当适当抑制效率诉求。

三、知识产权的法社会学诠释

法社会学是融合了法学与社会学特点的边缘交叉学科,它研究的是法律现象形成和运动的机制与规律、法律体系的功能等问题。在法社会学视野中,法律的体系、原理、原则和规则、逻辑、价值追求等都是更加高标准的,法律调节社会运行的实际效果和状态,并不符合理想化的法律治理目标。法社会学的方法论,主要是采用实证的经验分析而不是理性的演绎推理。法社会学的学科基础是社会学,其研究方法亦以社会学基本方法论为滥觞,所以可以补充传统法理学方法论的单一性,为解决法律问题提供新的切入点及多个视角,不是单纯的纠纷解决手段,亦不是一个完全孤立的规则体系,而是社会和文化的组成部分。法律的基础是社会,同时又反作用于社会。① 法律为此要根据社会利益进行合理的范围调整,实现各种类别的个人及团体利益的均衡。20 世纪以来,个人本位主义思想逐步为社会本位主义思想所取代,出现了一种以法律为手段来组织和改革社会的新

---

① 江国华.法治的场境、处境和意境[J].法学研究,2012,34(6):33-35.

趋势,法律被视为可用于创造新型社会的工具。

法律的功能主要是一种调控功能。① 在法社会学领域,法律的功能是一个不可或缺的研究主题,其本意是指法律能否以一定的立法目的为导向,通过和外界发生联系,产生了有利于实现法律价值的客观效果。法律治理是一项系统性的社会工程。法律通过治理特定的社会行为来实现其社会功能,进而论证法律在社会中的实际地位,评价法律目的是否实现以及实现了多少,了解法律的存在能否满足特定主体的需求。衡量法律质量高低的重要标准是其社会效果,即法律能否以合理和一贯的方式来平衡各方面的利益。知识产权法亦是如此,具体体现是知识产权强制许可制度,强调权利人在行使自己权利的时候,考虑到他人获益空间和社会公共利益需求,个人权利行使获益范围和获益方式应当受到一定程度的约束限制。

法律制度(尤其是民商事法律制度)是一种利益分配制度。法律规范人的行为主要依靠调整人与人之间的利益关系来实现,各类利益主体的诉求只有嵌入具体法律规则中并明确表达出来,才能得到法律保障。如果知识产权权利人得到的是制度上的正确导向以及充分的激励,那么就会大大提高其行为的社会公益性。需要说明的是,法律上的正确引导与激励,并不仅仅限于经济利益方面的,精神/荣誉方面的激励,或者物质与精神利益的结合也会产生利他效用。有学者认为,利益为法律之源泉,法律善于衡平利益之纷争,以达到确保各类利益合理平衡的最高境界。② 知识产权法要承担社会控制和社会整合的重要功能。因此,应该更加重视知识产权法与社会整体及其各个构成要素的关系,从而发现法律到底发挥了怎样的功用。在分析过程中不能单纯迁就社会现实或迎合现实需要,而是应当有更长远的视角。比如,考察知识产权立法如何顾及社会各界的意见和利益诉求,如何设计权利的幅度,探索法律运行过程中如何通过内外部机制的合并作用。③

传统法学理论仅仅把知识产权作为平等主体之间的民事权利来看待,与作为公共政策的技术创新促进政策互动协调要求不高。然而,当前知识产权已成为企业生产的重要因素和核心竞争力的载体,是推动经济增长和技术进步的主要动力。④ 公共利益是一个抽象的、包容性的概念,在不同

---

① 吴汉东.知识产权的多元属性及研究范式[J].中国社会科学,2011(5):39-45,219.

② Maslow A H. Motivation and Personality, 2nd edition[M]. New York: Harper and Row, 1970, 369.

③ 柯武刚,史漫飞.制度经济学——社会秩序与公共政策[M].韩朝华,译.北京:商务印书馆,2003:112.

④ 管育鹰.我国知识产权法学研究进程与新时代展望[J].知识产权,2019(3):3-13.

的语境中可以有不同的理解。公共利益和私人利益相对应,是社会群体中不确定的个体所能享有的利益,也可以认为是特定社会群体(往往涉及多数人群)生存与发展所必需的利益。公共利益与私人利益从属性上讲是平行的。公共利益的目标是社会上的所有人,而不是个人或少数社会成员。从社会学角度来看,公共利益代表大多数人的利益,但它不是大多数人个人利益的简单总和。知识产权法的立法目的是双重的:一是充分保护知识产权权利人的权益,二是维护社会公共利益。促进知识的广泛传播、促进社会文明进步,是知识产权制度创设的重要宗旨。知识产权制度鼓励人们创造和利用知识产品、保护知识产权权益。同时,知识产权的合法性也体现在以获取知识和信息为基础的公共利益保护上。

将知识产权相关的法律制度与技术创新政策协调配合,就成为整个激励智力创造和技术创新制度安排的必要一环。① 将知识产权纳入标准后,会产生以下影响:一是标准的颁布实施扩大了知识产权的应用,使知识产权持有者的产品能够占领更为广阔的市场份额,增加了社会对产品的需求;二是在标准的实施过程中会产生路径依赖效应,使得终端用户对包含于标准中的知识产权的偏好固化下来,并且会随着知识产权的改进而衍生出额外的需求;三是标准得以贯彻实施之后,同层级竞争者因为遵循实施标准而被带入知识产权权利人占据主动的竞争场域中来,这就变相给知识产权人增加了主导特定市场的话语权。由此可见,知识产权制度设立的初衷是激励创新从而提高社会效益,然而制度先天预设的垄断性使社会资源的配置效率可能会变得低下。在不强制使用知识产权的情况下,将知识产权纳入标准体系在经济学上是合理的。然而,一旦包含知识产权的标准被要求强制实施,那么知识产权权利人必然会利用自己的垄断地位以及低弹性的需求和价格来追求超额利润,从而导致的结果是,消费者的利益遭到严重侵害,最终降低了整个社会的福利。② 如果知识产权产品的价格过高,知识产权权利人极可能通过挖占消费者利益来维持高额垄断利润。资源配置本应追求的社会效率被大大拉低,这与社会公共利益平衡的基本原则是不相符的。③

创新行为社会化与创新成果社会化相辅相成,创新行为是依赖创新成果有效社会化的,创新成果的有效社会化同时是创新劳动的社会价值实

---

① 范在峰.知识产权私权性质的变化及其与技术创新政策的协调机制探析[J].河北法学,2003(5):40-43.

② 王加莹.专利布局和标准运营[M].北京:知识产权出版社,2014:47-49.

③ 高印立,孙文莉,程志军.专利与标准结合的福利效应分析[J].建筑经济,2009(11):91-94.

现。19世纪末期,美国的民间标准化组织在没有政府直接资助的情况下,在铁路运输标准化上取得了成功,使得非政府背景标准化机构的作用开始得到社会公众的肯定。民间标准化机构作为标准这一公共物品的主要产出机构,能够得到足够的激励,为经济社会发展提供相对充分的公共产品,主要的原因就在于对私人产权与社会公共领域界限的明确界定。① 进入21世纪之后,由于信息和通信技术(information and communication technology, ICT)产业的发展,知识社会的形成及其对技术创新的影响得到了进一步认识,技术创新是科学、技术和经济一体化的过程,是技术进步和应用创新的"双螺旋结构"复合作用的结果。技术创新模式的演进,使得知识产权与标准的结合越来越紧密,出现了标准必要专利(standard essential patent, SEP)的概念。由于专利在产业创新和反垄断政策中都占有非常重要的位置,理论界开始对标准必要专利以及有关反垄断问题进行探讨。设立权利屏障是财产权的一种功能,对于知识产权来说,当前与标准的结合,权利屏障设置成功并有效制约全范围利益关联者的可能性急剧增加。② 标准必要专利在全球产品网络(GPN)和全球创新网络(GIN)中占有重要位置。③ 它可以作为推进创新的手段,但是由于专利交叉许可、专利丛林、专利陷阱所形成的垄断工具,也极有可能对中小企业个体和诸多技术水平不发达的发展中国家整体创新活动造成阻碍。④ 由此,探索一条知识产权与标准政策协调配合、协同发展的路径并坚持走下去,就成为创新法治建设的题中应有之义。

第二节　知识产权与标准冲突协调与融合趋势分析

一、知识产权与标准的共通属性

协同,从本质上讲,是系统场域内各个要素相互之间以及要素与上层

---

① 丁道勤.专利标准化的法律规制研究[M].北京:中国法制出版社,2017:167.

② 彼得·德霍斯.知识财产法哲学[M].周林,译.北京:商务印书馆,2017:199.

③ Ernst D. Indigenous Innovation and Globalization: The Challenge for China's Standardization Strategy[J]. Social Science Electronic Publishing, 2014, 310(1):249-256.

④ Carlson S C. A Historical, Economic, and Legal Analysis of Municipal Ownership of the Information Highway[J]. Rutgers Computer & Technology Law Journal, 1999, 25(1):1.

系统、要素与外部环境间萌发的协调合作、竞争互补性关系。① 社会的进步与发展,使得政府对某项社会事务的管理政策不能仅仅由一个职能部门单独制定,多部门联合出台政策、联合发文的情况越来越常见。所以,协同作为一项科学原理,如今在各领域政策的制定、政策分析和政策执行过程中得到广泛重视和应用。② 知识产权与标准两者的互动、融合与协同运行离不开协同理论的引导。知识产权与标准两者实现战略层面的结合,要从简单联合层面上升到"技术专利化—专利标准化—标准许可化"的高级别协同层面③,才有可能真正实现技术创新的良性循环和螺旋式发展。

标准化可以抽象为帮助相关方制定和实施行为共同规范的活动,在工业社会中,为了提升经济效率,各相关方需要在满足产品的使用条件和安全要求前提下,进行深入的协同配合,形成有序的活动方式和行为规则。④ 创新与标准之间的关系是辩证统一的。创新是形成标准的基础,其促进了标准的升级换代。在以互联网迅猛发展为主基调的知识经济时代,标准已经成为各个国家/地区以及市场主体参与全球市场竞争的重要手段,尤其是信息和通信技术,其每一步创新发展均离不开标准化。不论是欧盟及其成员,还是美国、日本等发达国家,在制订标准化工作计划时,无不把标准化工作作为支撑国家战略、提升全球竞争力、占据贸易领先地位的重要工具。在我国,随着"一带一路"倡议的实施,标准化也被提升至支撑国家发展、提升竞争力的重要位置。⑤

标准有利于整合组织系统各要素,聚力进行集成创新。标准化过程本身就是集成创新的过程,标准化有利于创新成果的应用和扩散,知识产权如若形成标准化,可以作为一种竞争手段,来提高现代企业创新之积极性。⑥ 一般来讲,知识产权与标准相融合的方式主要有两种:一是知识产权作为标准的技术要素的一种纳入标准中。在此种模式之下,知识产权成为标准实施的基本或必要专利,标准的技术要素还包含了其他要素。知识

① 刘华,黄金池.环保政策与知识产权政策协同运行研究[J].湖南社会科学,2017(5):82-90.

② 张国兴,高秀林,汪应洛,刘明星.政策协同:节能减排政策研究的新视角[J].系统工程理论与实践,2014,34(3):545-559.

③ 王黎萤,陈劲,杨幽红.技术标准战略、知识产权战略与技术创新协同发展关系研究[J].中国软科学,2004(12):24-27.

④ 中国科学技术情报研究所.标准化的目的与原理[M].北京:科学技术文献出版社,1974:2.

⑤ 魏凤,曹凝,牟乾辉,等.全球标准化战略发展态势及重要技术标准化分析[M].北京:科学出版社,2018:172.

⑥ 王加莹.专利布局和标准运营[M].北京:知识产权出版社,2014:157-158.

产权所涉及的内容规定了标准所指代产品的物理特性、数据记录要求、测试方法等,尚不构成完整的技术方案。二是知识产权作为标准核心要素组成纳入标准中。在这种模式下,知识产权涵盖了标准的所有关键技术要点。"技术专利化—专利标准化—标准垄断化"的技术许可战略,为众多发达国家所普遍承认。掌握标准制定和修订的话语权,将专有技术上升为标准,是获得市场优势地位的关键一步。政府、企业、行业协会等组织均应有效把握和利用知识产权与标准战略发展趋势,共同参与构建合法、合理、公平、高效的协同发展体系,打造面向技术创新的权益识别和分享激励机制,为参与国际市场竞争打下坚实基础。对于知识产权与标准的协同,应着眼于经济发展宏观战略格局,从贯彻实施知识产权与标准化战略、促进多个产业整体发展的角度出发,由政府主管部门主导制定知识产权与标准融合协调的处理原则、处理方法和具体制度设计政策,应组建由中立第三方发起的知识产权与标准联盟,精准解决现存知识产权与标准协同发展现实问题。

当知识产权融入标准中,冲突往往不可避免。知识产权与标准共同存在于同一技术领域,结合重整后,借助标准的统一力量,可以有效推进新技术产业化,然而却容易导致知识产权权利人以标准为挡箭牌滥用其手中的知识产权,违背市场公平竞争原则。例如,以公权力为基础制定的国家强制性标准,在适用上的统一性、强制性,这与知识产权的私权属性、自治性特性不相符;地方标准、团体标准、行业标准的开放性,与知识产权的垄断性基础特征直接相对;国际标准世界范围内的普遍适用性,与知识产权运用和保护的地域性,也存在贯彻实施与利用上的不协调。以上知识产权和标准可能存在的诸种冲突与不协调问题,对一国法律制度以及政府治理提出了新挑战。知识产权与标准的协同发展,初期阶段体现为专利与标准两者的融合,包括如何融合、融合之后如何协调两者的冲突等问题。2008年,我国颁布了《国家知识产权战略纲要》,其中要求制定、完善与标准相关的各类政策,对专利进入标准的活动进行引导。有此明确要求,就等于是在国家战略层面对专利与标准两者之间的关系有了进一步的认识,意识到两者是互相并不排斥,甚至是同向发展的事物。接下来要做的细化工作,就是探索构建科学合理的协同机制,扫除专利与标准之间的障碍、打通专利与标准之间的关节点,为专利的标准化、产业化和国际化打造和谐有序的法治环境。[①] 进而,由专利延伸至整个知识产权大类。

① 郭济环.国家标准与专利融合后的法律冲突分析与研究[J].科技与法律,2012(2):21-24.

二、知识产权与标准协同发展的障碍

（一）相关法律法规尚需一体化

目前我国与知识产权、标准直接相关的法律有《中华人民共和国专利法》（以下简称《专利法》）和《中华人民共和国标准化法》（以下简称《标准化法》）。两部法律对知识产权与标准是平行规定的。我国《专利法》于 1984 年通过，因为当时社会发展正处于有计划的商品经济时代，知识产权与标准相互结合的情况比较少见，所以该法对专利如何协调与标准的关系的问题没有明确细化。我国《专利法》中，专利与标准关联的立法雏形见于许可制度，但没有规定专利许可适用于标准之中的协调方式，司法实践中也没有适用许可处理标准中的知识产权问题的相关案例。《标准化法》实施于 1989 年，该法也没有涉及专利等知识产权要素。知识产权与标准在法律制度层面的交联始于 21 世纪初。当时我国标准化主管部门敏锐地认识到知识产权与标准融合乃大势所趋，同时两者在结合的初期极有可能会遭遇冲突。为此，开始着手调研起草知识产权与标准结合之后降低冲突、促进协同的专门性规范文件，即 2013 年的《涉及专利的国家标准制修订管理规定（暂行）》。2017 年《标准化法》根据社会发展实际需要进行了较大的修改，取消了强制性行业标准和强制性地方标准，并对强制性标准所管控的范围进行了限缩：只允许就某些特定事项制定强制性国家标准。同时，强制性标准的绝对数量也在降低，要么发文废止，要么转化为推荐性标准。例如，国家标准委员会发布的 2017 年第 6 号公告废除了《微波和超短波通信设备辐射安全要求》等 396 项强制性国家标准；第 7 号公告中的《水泥包装袋》等 1077 项强制性国家标准转化成为推荐性国家标准。强制性标准分类和适用范围的抑缩，为知识产权与标准融合腾出了充分的空间，允许知识产权权利人与标准研制者在更大范围内展开互动，依托市场自由竞争秩序进行充分利益博弈。

指向性明显、涉及面较窄的复杂问题需要细化的规范治理。国家标准已经出现对知识产权与标准结合重点问题的处理。《标准化工作导则：标准的结构和编制》（GB/T 1.1—2009）附录 C 指出，在标准编制过程中，如果标准的某些内容被认定为涉及专利技术，那么在标准文本的引言中，需要有如下表述："专利权人已向本文件的发布机构保证，他愿意根据合理和非歧视性的条件与任何专利许可申请人谈判。"但是，作为国家推荐标准，本指南对指导标准化工作不具有约束力。① 另外,这一国家标准中有关标准中的知识产权内容,主要是从程序上明确标准管理组织在标准研制过程中,如何指导标准研制者尽到专利信息披露方面的注意义务,体现在标准文本完整性与针对性上,是程序性的、建议性的规定,不涉及知识产权权利人和标准适用人之间权利义务的具体分配,也就是说在利益安排上并无实质性内容。

2007 年 8 月,我国通过《中华人民共和国反垄断法》(以下简称《反垄断法》)并于 2008 年 8 月生效。除了一般规定之外,《反垄断法》聚焦了四类多发的垄断行为:第一,垄断协议;第二,滥用市场支配地位;第三,经营者集中;第四,滥用行政权力、排除和限制竞争。与此同时,在反垄断程序法方面,该法规定了调查程序及法律责任等。初步构建了中国特色的反垄断法律框架。在知识产权领域产生的垄断现象,即"经营者滥用知识产权,排除、限制竞争的行为",当然落入该法规制范围之内。这是《反垄断法》第55 条的补充性规定。但是对于知识产权垄断行为如何认定、依据为何却未正面回答,缺乏实践方面的操作性。此后在《反垄断法》实施的数年中,我国各级各地法院审理的一审民事案件没有涉及标准中知识产权滥用认定为垄断的司法判例。2013 年"华为技术有限公司与上诉人交互数字技术公司、交互数字通信有限公司、交互数字公司因滥用市场支配地位纠纷案"(〔2013〕粤高法民三终字第 306 号)终审判决,标志着我国知识产权与标准反垄断法律关系的诉讼法律适用起点。该案的具体法律适用情况及涉及的知识产权与标准关系的司法实务处理态度,本书将在后面章节作详细阐释。

(二)司法实践思路尚需统一化

知识产权与标准关系的司法案例主要表现为标准中涉及知识产权侵权纠纷,如 2001 年的"陈国亮诉昆明岩土工程公司专利侵权案"、2006 年的"广西南宁邕江药业有限公司诉河南省天工药业有限公司案",2007 年的"季强、刘辉诉辽宁省朝阳市兴诺建筑工程有限公司专利侵权案"等。在处理思路与判决结果上,不同的法院态度并不一致。

比如"广西南宁邕江药业有限公司诉河南省天工药业有限公司案"中,原告方广西南宁邕江药业有限公司诉请的标的是该公司于 2000 年 3 月获得授权的"一种治疗颅脑外伤及其综合征的药物组合物"发明专利(专利申

---

① 李文文.标准制定组织在处理知识产权问题上的角色和作用[J].中国标准化,2007(2):14-17.

请号为 CN95109783.0,主分类号为 A61K31/19)。其后,邕江药业公司参与制定了"复方赖氨酸颗粒"质量标准(国家药品标准号:WS1-XG-047-2000),在制定标准的过程中,将本标准所用中药处方作为本发明专利说明书的五个实施例其中一个。2006 年 4 月,邕江药业公司发现河南天工公司生产的"贝智高"复方赖氨酸颗粒落入己方发明专利保护范围,遂向法院提起侵权诉讼。翌年,广西壮族自治区高级人民法院于二审判决中认定,药品与一般产品的性质不同,需要获得生产许可。药品发明人拥有的专利要想实现产业化,可以选择依照药典、GMP(生产质量管理规范)规定的程序,使其专利方法符合国家药品制备标准,方能开展生产。这意味着药品专利实施方式与其他产品专利的实施有较大不同。为此,邕江药业公司主动决定将获得保护的专利技术纳入同类型药物复方赖氨酸颗粒的药品统一标准,经审定成为国家药品标准,是符合药品监督管理法精神的。邕江药业公司在申请发明专利和积极将专利技术转化为国家药品标准过程中,存在将专利技术公开的必然性。然而,邕江药业公司的专利技术披露行为并不等同于任由其拥有的专利技术进入公共领域。相反,从专利制度设计运行机理来讲,正是通过这种公开,专利权人获得了垄断专利技术的权利。河南天工公司虽然按照国家药品标准生产药品,但专利权人邕江药业公司尚未对该专利实施许可,河南天工公司构成了专利侵权行为。在民事法律理论和实践中,默示同意必须由法律明确界定,不能随意推定。邕江药业公司的行为不构成民法承认的默许,也不构成双方当事人通过协议约定的情况。所以,不能推定邕江药业公司默许其他民事主体应用其专利技术。也就是说,河南天工公司构成了知识产权的侵权行为。①

在"北京四环制药有限公司诉齐鲁制药有限公司发明专利权侵权纠纷案"中,齐鲁公司主张四环公司在参与修订马来酸桂哌齐特的国家药品标准过程中,主动将 357 号和 994 号专利的相关技术方案纳入该标准,且上述两专利不属于"依法必须以标准的形式才能实施的"专利,故本案应当适用《最高人民法院关于审理侵犯专利权纠纷案件应用法律若干问题的解释(二)》(以下简称《专利法司法解释(二)》)第 24 条之规定,如果四环公司未能履行其"披露义务"和"公平、合理和非歧视性"许可义务,其诉求不应得到支持。但是,首先,《专利法司法解释(二)》第 24 条规定,含有专利的标准适用范围是"推荐性国家、行业或地方标准",本案涉及的四环公司制定

---

① 广西壮族自治区高级人民法院:广西南宁邕江药业有限公司诉河南省天工药业有限公司案判决书,〔2007〕桂民三终字第 46 号。

的标准是国家食品药品监督管理总局发布、国家药典委员会批准的国家药品标准。根据我国《药品管理法》第 32 条以及《标准化法》第 7 条之规定，本标准为强制性标准，不适用《专利法司法解释（二）》第 24 条之规定。其次，现有法律法规并未要求专利权人在参与制定国家标准时明示、披露其专利。相反，根据我国《药品注册管理办法》第 18 条规定，申请人应当提供申请人或者其他人在我国国内所申请专利的说明书，以及申请人申请注册的药品的处方、技术、用途等情况。也就是说，齐鲁公司在提交马来酸桂哌齐特原料药产品及注射剂产品的注册申请时，必须按照法律规定对相关专利进行检索，以避免侵犯他人的专利权。而根据现有证据，在齐鲁公司申请批准其生产的马来酸桂哌齐特原料药产品及注射剂产品注册和上市销售的时候，涉案专利均已公开。再次，根据现行法律规定以及负责制定药品标准的国家标准委推荐，专利权人在国家标准中纳入专利时，可以向可能实施该项专利的潜在用户做出公平、合理和非歧视性的许可承诺，这更多的是一种推荐建议。因此，基于上述原因，法院认定齐鲁公司的"标准基本专利抗辩"不能成立，并拒绝支持其对侵权障碍的抗辩。所以，基于以上理由，法院认为齐鲁公司的"标准必要专利抗辩"不能成立，不予支持其侵权阻却的抗辩。[①]

在"胡小泉、朱江蓉与山东省惠诺药业有限公司侵害发明专利权纠纷案"中，法院认为，关于按照国家药品标准检测涉案药品是否侵权问题，惠诺药业之所以能够以其名义将涉案"肝素钠封管注射液"质量检测方法申请为国家标准，是基于其与该检测方法的研发方范克和艾诺吉公司当时存在的合作关系，但该检测方法的发明人及权利人并非惠诺药业，而是范克、胡小泉、朱江蓉等人，该"肝素钠封管注射液"的质量检测方法的相关权利并不会因以惠诺药业的名义申请了国家标准而有所改变，虽然发明人范克及专利权人胡小泉、朱江蓉在惠诺药业申请国家标准时，并未向国家药监部门提出该国家标准涉及其发明专利的声明，但从强行法角度看，现有立法没有明示支持标准实施者在未经专利权人许可的情况下，直接实施包含专利技术的强制性标准。因此，惠诺药业主张其以自己名义将涉案"肝素钠封管注射液"质量检测方法申请为国家药品标准后，其实施该国家药品标准不构成侵权缺乏事实和法律依据，一审法院对其抗辩主张不予支持，

---

① 内蒙古自治区高级人民法院：齐鲁制药有限公司与北京四环制药有限公司侵害发明专利权纠纷二审民事裁定书，〔2017〕内民辖终 16 号；北京四环制药有限公司、齐鲁制药有限公司侵害发明专利权纠纷二审民事判决书，〔2017〕内民终 125 号。

亦无不当。①

2007 年审理的"季强、刘辉与辽宁省朝阳市兴诺建筑工程有限公司专利侵权纠纷案"②中,最高人民法院根据案情,重点关注了朝阳兴诺公司按照建设部部颁行业标准《复合载体夯扩桩设计规程》(JGJ/T 135-2001)设计、施工活动中触及该标准中所包含的专利的行为,对这种现象是否构成专利侵权做出了较为明确的批复。批复精神为:鉴于我国标准制定组织尚未建立标准中专利信息的公开披露及使用制度的相关规定,但专利权人参与了标准的制定,或者经专利权人同意,标准制定组织将其专利纳入国家、行业或者地方标准的,视为专利权人许可他人在贯彻标准的同时实施该专利,这类实施行为不属于《专利法》第 11 条所规定的专利权侵权行为。专利权人可以请求实施人支付一定的使用费,但支付的数额应明显低于正常的许可使用费;专利权人承诺放弃专利使用费的,依其承诺处理。③ 同样,对于 2017 年"索尼移动通信产品(中国)有限公司与西安西电捷通无线网络通信股份有限公司侵害发明专利权案",法院采取了类似的态度。北京市高级人民法院终审判决认为:专利法相关法律条款和司法解释判断规则中并未区分相关专利是普通专利还是标准必要专利。西电捷通公司确曾做出过"愿意与任何将使用该标准专利权的申请者在合理的无歧视的期限和条件下协商专利授权许可"的声明。但是,公平、合理、无歧视许可声明仅系专利权人做出的承诺,是一种单方的民事法律行为,并不能代表专利权人已经做出了许可,故索尼公司构成侵权。可见,当前我国法律中对标准使用者使用标准中所涉及的专利技术是否侵权问题的处理,并没有明确规定,司法实践中判决结果也并不统一。

(三)企业意识尚需觉醒与提升

标准化活动是由人、物、财、技、信等要素组成的社会活动。④ 目前,将知识产权与标准相结合,实现协同发展,更为根本的障碍其实在于产业/企业自身。企业以营利为终极目的,将知识产权纳入标准、成为行业公共资源的行为,属于企业市场行为,所以企业必定要在充分认识到其正向作用的前提下,经过一定的"风险—收益"评估。首先,企业会考虑市场需求的

---

① 山东省高级人民法院:上诉人胡小泉、朱江蓉与上诉人山东省惠诺药业有限公司侵害发明专利权纠纷案判决书,〔2018〕鲁民终 870 号。

② 辽宁省高级人民法院:季强、刘辉与朝阳市兴诺建筑工程有限公司专利侵权纠纷案,〔2007〕辽民四知终字第 126 号。

③ 最高人民法院关于朝阳兴诺公司按照建设部颁发的行业标准《复合载体夯扩桩设计规程》设计、施工和实施标准中专利的行为是否构成侵犯专利权问题的函,〔2008〕民三他字第 4 号。

④ 陶城,杨超,方健. 标准综合贡献评估指标体系及验证[J]. 中国标准化,2010(4):22-25.

风险,如果某一产业领域(如"电子信息产业"中的"通信设备工业行业")的标准可能包含相当数量的知识产权,产业链下游厂商或终端消费者对其需求巨大,甚至关系到国家产业布局发展的话,则企业投入研发,获取前沿技术,进而参与标准的制定和修订活动,无疑能够带来巨大的经济利益。其次,企业会考虑技术更新和替代的风险,主要包括标准所包含的技术是否先进、可突破的技术关键点,以及市场接受度等因素,如果标准的生命周期不够长,之前的努力均将付诸东流。再次,将知识产权纳入标准,企业还要考虑技术合作组织的内部风险。标准的研制、贯彻实施往往是以技术联盟的形式进行的,具体表现为以知识产权为要素、以标准为纽带结成的事实上的创新联盟,维系联盟的纽带往往是以联盟成员之间彼此利益的最大化为本质特征。然而,企业将知识产权纳入标准有可能会有所保留,要么不将最新的技术要点共享出来,要么在联盟内部设置诸多技术障碍,这或多或少会影响到技术联盟整体的影响力与市场竞争力。企业是否真诚地愿意将自己的核心知识产权拿出来作为标准的组成部分,能否保障在标准中的知识产权不致"被冲淡",就成为知识产权与标准协同发展的内因,亦即关键所在。

稀土永磁材料领域存在知识产权与标准冲突的典型案例。作为稀土大国,中国稀土永磁产业近年来飞速发展,在世界范围内占有绝对优势的产出比例。新能源汽车、工业机器人、电动工具等行业对稀土永磁材料的需求是巨大的,这就为稀土永磁材料行业的发展提供了重大机遇,支撑行业相关产品质量和产量平稳增长。2018年,我国企业的烧结钕铁硼毛坯产量约15.5万吨,[①]占全球份额的80%以上。以2015年年底的"宁波四家磁业公司诉日立金属公司垄断市场案"为例,宁波科田磁业有限公司、宁波华辉磁业有限公司、宁波同创强磁材料有限公司、宁波永久磁业有限公司起诉日立金属株式会社(Hitachi Metals, Ltd.),诉称:日本日立金属拥有大量烧结钕铁硼材料技术专利,但是为了维护其海外市场垄断地位,日立公司拒绝授权给同行业企业在海外目标市场的专利,这使得国内企业的相关永磁材料产品没有办法出口,日立金属这种经营策略与行为属于滥用所掌握的烧结钕铁硼"必要专利"权利,排除、限制竞争,涉嫌实施《反垄断法》所禁止的拒绝许可行为,构成了"捆绑搭售"。根据国家知识产权局"专利检索与服务系统"检索分析,目前日立金属株式会社在我国申请发明共

---

① 上海证券报.工信部:2018年稀土永磁材料行业运行情况[N/OL].上海证券报,http://news.cnstock.com/news,bwkx-201901-4327418.htm.

计 1680 项,其中与烧结体有关的专利 371 项①,可见其对新材料技术在中国进行专利战略布局的重视程度。具体到诉讼中来说,本案双方争议的焦点包括了"市场"的界定、市场支配地位的认定,以及知识产权权利人是否滥用其市场支配地位。日立金属株式会社在中国拥有大量与烧结钕铁硼相关的新材料技术专利,由于被告在相关市场中没有其他相关因素的制约,通过必要和非必要专利的捆绑销售,使得支配地位不断得以增强。②这一案件,说明我国企业对知识产权与标准的协同发展问题,已经有了初步思考以及行动。

三、知识产权与标准结合产生的冲突

(一)知识产权私权利性质与标准社会公益性质冲突

知识产权作为民事权利的一种,具有私权利的本质属性。知识产权从封建特许权到最终定位为民法意义上的私权利,是经过了一段漫长历史过程的。③ 在世贸组织发起的《与贸易有关的知识产权协定》(Agreement on Trade-related Aspects of Intellectual Property Rights, TRIPS)中,各成员一致承认"知识产权属私权"(intellectual property rights are private rights)。知识产权具有私权属性,这就是说,民法基本原则应渗透于知识产权的获得、行使和保护的各个环节,以保护权利人的合法权益为第一考虑。

与知识产权的本质相对,标准具有公共产品的属性。市场主体在使用标准时,能够给自身带来利益,但是不能排除他人(包括同业竞争者)的使用,并不得将其作为竞争工具为自身获取垄断利益。标准具有浓厚的公共产品属性。《标准化法》开篇点明了标准化工作的目的,在于提高产品和服务质量,促进科学技术进步,保障人身健康、生命财产安全,保障国家安全、生态环境安全④,进而有效提升经济社会发展水平。《标准化法》正是以此为根本目标导向进行后续谋篇布局的,明确了标准的分类、管理、程序、实施的有效性、监督检查等内容。标准作为国家的社会公共产品这一属性更

---

① 国家知识产权局"专利检索与服务系统",数据检索信息截至 2019 年 4 月 4 日。
② 卢杉. 宁波四家磁业公司诉日立金属"垄断市场"争议成核心矛盾[N]. 21 世纪经济报道, 2015-12-30(11).
③ 吴汉东. 知识产权的私权与人权属性——以《知识产权协议》与《世界人权公约》为对象[J]. 法学研究, 2003(3):66-78.
④ 程信和. 经济法通则原论[J]. 地方立法研究, 2019,4(1):54-129.

加突出地被强调出来。具体来说,制定强制性国家标准,就是为满足保障人身健康和生命财产安全、国家安全、生态环境安全的技术要求,以及为满足经济和社会管理的基本需要。国家标准的立项、起草、审查、编号和批准发布由代表公权力的机构(国家标准化管理委员会)统一组织,从标准的分类及产生的机理方面直接且充分地体现了国家的意志。所以,标准是一套连接制造商技术和消费者需求的动力机制,是国家管理层有意识选择的结果。①

　　理论上,体现为"公共产品"性质的标准与体现为"私人产品"性质的知识产权两者有着比较明确的界线。但事实上,随着社会经济的发展和技术的进步,两者之间的矛盾越来越明显。尤其是对于目前走在技术进步前沿的信息和通信行业来说,很难在非政府标准制定机构中找到一套真正公平、合理和非歧视性的折中方案。这主要是因为,从一般社会人理性的角度来分析,标准中的核心技术权益拥有者具有机会主义倾向,其通过采用有预见性的先期知识产权布局与事实标准相结合,完全合法地创造出一种权力寻租方式和手段,殊不知这无意间已经改变了国际标准化运作的原初动力。创新与知识产权和标准之间的关系,远远要比传统的创新理论所研究得出的结论复杂得多。虽然从积极的角度来看,知识产权与标准相结合,既为标准化注入了知识产权权益动力、也为知识产权权利施展提供了新的权域空间,无疑可以成为创新的双重驱动力。然而,这并不意味着两者的融合在任何情况下都是有益的。当标准化单纯被用作竞争的武器时,就可能会限制创新按照经济社会的实际需要来发展。

　　将知识产权纳入标准中去,就相当于将私法中具有私权属性的权利融入了公法意义上的社会公共产品之中,有可能导致私人利益与社会公共利益的失衡。私法体现的是权利优位,以确认、维护权利人的合法权益为先决条件;而公法体现的是公共利益至上、权力优位,以维持社会公共秩序、保障社会公众获得必需的公共资源和公共产品为首要任务。公法与私法逻辑结构的差异是导致知识产权与标准融合过程中产生冲突的一个非常重要的原因。知识产权与标准两者之间的关系,本质上就是作为私权的知识产权和作为公共产品的标准之间的关系问题。② 从本质上来说,标准不

---

　　① 中国技术标准发展战略研究课题组."十五"国家重大科技专项:中国技术标准发展战略研究——技术标准与科技研发协调发展策略研究报告[R/OL].(2006-06-20)[2018-12-21].http://www.csres.com/info/19906.html.

　　② 王秀梅.国际技术标准化中的知识产权问题:法律经济分析[J].管理现代化,2007(3):14-16.

是权利,而是社会公共领域共享资源的载体,所以技术标准不能变相演化成为少数人获取垄断性利益的一种工具。如果否认标准的公共利益特性,承认并维护知识产权融入标准而产生的"两者结合同化形成"的垄断利益,就相当于是赋予了标准制定的领导者和/或主要参与者一种"超乎传统的""超常规的"控制社会公共资源进而支配市场的特殊权利/权力,这是有违标准化功能扩展的初衷的。知识产权与标准不可混同,标准也不是知识产权的延伸。如果技术标准具有了私权属性,那么将影响专利权利益平衡机制。①

(二)知识产权垄断排他属性与标准统一属性的冲突

关于知识产权是否属于一般意义上的财产权,研究者们曾经有着比较大的分歧,但是目前他们一致认为,知识产权赋予其权利人排斥他人使用或复制其的发明或创造的权利。② 知识产权是具有排他性的合法垄断民事权利,知识产权排他性最典型、最直接的体现,即专利权所呈现的合法垄断地位。知识产权制度本来是为了保护这种合法垄断地位、刺激创新而创建的一套社会治理手段,但是也会产生适得其反的效果。在美国最高法院的判例之中,曾多次出现过"知识产权是垄断的表现"这一论断,如在 Morton Salt Co. v. G. S. Suppiger Co. 案以及 International Salt Co. 案中,美国最高法院的法官指出,知识产权被赋予有限的垄断权。③ 知识产权作为一种垄断性的专有权,可以直接排除他人进行在权利要求覆盖范围内的研发创新相关行为。尤其是在当前全球范围内高技术产业蓬勃发展的背景下,各国重视创新的利益驱动要素,对创新性的知识成果给予了系统化的法律保护,因此不同类型的知识产权显示出强势扩张的势头,极易与其他权利发生抵触,进而演化为冲突。标准与知识产权不同,其主要功用是获得最佳秩序,标准文本作为标准制度具象化的载体,是规定获取社会最佳秩序而应用的规则、指导原则或特性文件。标准的本质是一种统一的规则,它有一定程度的约束,所有的标准实施参与者都将受到标准的约束。④

知识产权垄断特征与标准统一特征之间产生冲突的外部表现,就是知

---

① 张建华,吴立建.关于技术标准的法律思考[J].山西大学学报(哲学社会科学版),2004(3):80-83.

② 罗伯特·P.墨杰斯,彼特·S.迈乃尔,马克·A.莱姆利,等.新技术时代的知识产权法[M].齐筠,等,译.北京:中国政法大学出版社,2003:896.

③ International Salt Co. v. United States,332 U. S. 392,395(1947);Morton Salt Co. v. G. S. Suppiger Co. ,314 U. S. 488,491(1942).

④ 黎运智.从专利技术标准化看专利法定许可问题[C]//国家知识产权局条法司.专利法研究(2006).北京:知识产权出版社,2007:378.

识产权的"封闭"与标准的"开放"的冲突。知识产权权利人自己实施或许可他人实施知识产权,是实现知识产权价值的途径,具有浓重的"以个人合法垄断限制他人权利"的意味,任何权利相对人未经知识产权权利人许可,不得以经营为目的,从事与该特定知识产权相关的任何"制造""使用""销售""许诺销售""进口"行为,否则就构成侵权,知识产权权利人得阻止之。这就使得知识产权权利人在决定是否许可以及在许可费的确定上占有主动地位,对使用人形成了压倒性的优势,不享有知识产权的使用人往往处于弱势地位。标准研制主体在标准文本的起草和论证过程中并不能实现标准的价值,标准之所以有用,是通过尽可能多的人推动标准实施体现出来的。① 标准强调公开性、普遍适用和行业接受程度,实施人是不特定的第三人,有意执行标准的主体无须获得标准制定人(或组织)的许可即可实施,其付出的代价,部分情况下仅仅是购买标准文本,从而获得相关的详细说明。这种传播与流转方式方面完全相反的方向指向,造就了两者本质属性的差异与错层。由此,知识产权与标准结合,不可避免会产生碰撞与冲突。

进一步来看,知识产权与标准性质上的不同往往外化为社会主体之间理念上的不同。标准可能会受到知识产权的挟持。"搭乘标准化便车"的知识产权权利人能够获得的直接经济效益及市场竞争优势,是未标准化的知识产权权利人难以获得的。另外,在标准化组织的知识产权政策方面,往往对知识产权信息披露义务约束较弱,对于知识产权的许可条件也比较模糊,不实质性地介入当事人之间的知识产权事务谈判,不主动进行知识产权纠纷的调处。上述种种情形,导致知识产权权利人滥用其在标准中的知识产权,甚至利用知识产权挟持整个标准。②

四、知识产权与标准协同发展现状解析

(一)我国知识产权与标准关联融合现实情况

在我国,知识产权与标准结合,始于 20 世纪 80 年代。在《VHS 型12.65mm螺旋扫描盒式磁带录像系统》(GB/T 7399－1987)国家标准之中,首次涉及将专利引入技术标准的情况。改革开放初期是我国专利制度起步阶段,知识产权与标准出现交集的情况主要集中在电子技术领域,且

---

① 李艺.安徽省技术创新持续发展能力评价[J].科技与法律,2012(2):12-16.
② 丁道勤.专利标准化的法律规制研究[M].北京:中国法制出版社,2017:117.

未形成规模,在标准文本中对于所包含的专利技术信息内容一般也没有进行明确的标示。加之以专利为代表的知识产权制度刚刚开始起步,从全社会层面来看,无论是产业界、科研工作者,还是普通民众,均尚未形成普遍的知识产权保护意识,政府知识产权管理部门推行知识产权保护的法律政策存在一定的难度。故而,最初知识产权与标准协同发展的问题并没有引起理论与实务界的足够关注。

20 世纪 90 年代之后,随着经济体制改革、市场经济建设的深入发展,企业对产业发展模式提出了更为强烈的"外向型"要求。为提升产品质量、占领国际市场,我国制造业企业普遍采取"跟随战术",根据国外已建立的产品"事实标准"开展生产活动。但是,在高技术领域,国外的"事实标准"多由技术、资金方面占据优势地位的企业(尤其是跨国公司)组织研制,其自然不愿无偿分享高端前沿领域的技术信息给同业竞争者,所以在标准中往往都存在事先准备好的专利技术布局。如果"跟随型"的企业在市场上获得了一定的收益,形成相当的规模,或者经过衡量,维权成本低至获益数额以下的话,那么标准的参与制定者们就会以专利持有人身份,要求标准的适用者向其支付"公平合理且无歧视"的专利许可使用费。不可否认,这是符合国际市场竞争惯例的做法。然而对于技术积累本来就不高、资金不够雄厚、经营理念和模式相对较为落后的我国中小制造业企业来讲,相当于变相提高了跟随仿制产品的生产成本,这使得本来微薄的利润进一步被摊薄,从而对其造成毁灭性打击。比较典型的例子,就是发生在我国影音设备产业领域的"DVD 专利技术许可费事件"。2001 年 2 月,应 DVD 3C 联盟的要求,一些欧盟国家以中国生产 DVD 企业未取得知识产权许可证为由,扣押了其出口到欧盟国家的 DVD 产品。同年 3 月,DVD 6C 联盟也向国内 DVD 厂商发出正式通知,要求国内 DVD 厂商与 6C 联盟在 2001 年 3 月 31 日前达成专利许可协议框架,即生产零售价在 90 美元到 150 美元之间 DVD 播放产品的中国国内 DVD 生产商需要向联盟支付每台 DVD 产品 20 美元的专利费,否则他们将诉诸法律手段依法维权。此举使得我国一半以上处于产业技术链低端的 DVD 企业难以承受专利许可费带来的额外成本;即使免于破产存活下来的 DVD 企业,也相当于是被动地沦为了国外企业专利技术操控下的外层附庸角色,失去了获得突破性发展、掌握市场话语权的资格与能力。这一时期,产业/企业联盟组织利用标准中涉及的专利技术构筑新型技术壁垒,是否属于权利滥用以及如何才能保证基本的公平竞争的现实问题,开始受到社会广泛关注。可以说,在 20 世纪与 21 世纪之交,对知识产权与标准互动关系问题的关注,是我国产业转型发展内因需要和国外市场竞争压力双重作用的结果,是正面引导激发与负面应激反应结合的事件。

基于前期事件取得的经验教训,我国政府充分认识到了标准在促进科技成果产业化方面所起到的作用,以及掌握知识产权与标准话语权、主动权的必要性。2006年我国政府工作报告指出,要形成一批具有自主知识产权的技术、产品和标准,在同年召开的全国质检工作会议上,还提出要加强标准中自主知识产权的内容,促进我国自主知识产权技术产业化。由此可以看出,近年来我国政府主管部门从战略角度出发,加大引导与支持力度,鼓励企业及产业组织等主体将自主创新技术成果纳入标准研发活动,成功研制出了具有自主知识产权的数字电视、闪联、移动通信、卫星通信、高铁系统等高技术含量标准体系。① 当前,知识产权与标准在不同产业技术领域相结合的情况越来越普遍,将知识产权纳入技术标准已成为一种技术创新的高级发展路径。② 我国越来越多的技术优势企业有意识地通过知识产权与标准的融合来获取国际市场主导话语权。

然而现实情况离知识产权与标准的协同发展尚有一定距离。截至2016年4月21日,ISO(国际标准化组织)网站上可以查到2874项ISO/IEC标准专利声明,其中来自美国的有992项,来自日本的有714项,来自中国的只有17项,来自中国的这17项声明中,8项来自华为技术有限公司,1项来自中航工业成都飞机工业(集团)有限公司,其余的8项则来自西电捷通公司。③

(二)我国知识产权与标准协同发展政策现状

在公共政策治理论域中,标准的公共利益属性和政府在标准化活动中的作用是一个备受争议的基本问题,对这一问题的不同理解将直接或间接地影响与标准相关的政策和实践的讨论。知识产权与标准协同发展需要规则支持,应集中于保障顺利解决知识产权和标准冲突,同时也应当为潜在可能发生的因标准中的知识产权而引发的纠纷提供预防措施与应对解决依据。2008年发布的《国家知识产权战略纲要》第17条建议制定和完善标准相关政策,规范专利纳入标准的行为。此表述并非空穴来风的或然选项。当前在我国,无论是在知识产权管理还是在标准化管理方面,都尚

---

① 庄英菊,刘凌峰,贾占军.知识产权与标准化协调发展的策略研究[J].科学管理研究,2014,32(6):25-28.

② 冯晓青.企业技术创新与知识产权战略标准化探讨[J].中国市场,2013(11):65-70.

③ 赵世猛,陈婕.中国企业如何用"标准必要专利"守好行业阵地?[N].中国知识产权报,2016-04-27(07).

需要具有针对性的政策体系加以治理。

为了正确引导处理我国标准中涉及的知识产权问题,我国从部委层面先期进行了相关政策试行探索。2013 年 12 月,经过先期充分调研论证和广泛征求社会各界意见,国家标准化管理委员会与国家知识产权局联合发布了《国家标准涉及专利的管理规定(暂行)》(以下简称《管理规定》)。《管理规定》于 2014 年 1 月 1 日起开始正式实施,是我国首个以知识产权与标准的协同发展为主旨的政策,首次明确规定了我国国家标准涉及专利相关问题的细化处理办法,极具可操作性。从全球范围来看,《管理规定》也是世界范围内首个由知识产权管理部门与标准化管理部门联合发布的知识产权与标准协同发展相关政策,政策文件标题中的"暂行"二字表明了我国对于此一前沿热点问题的审慎态度,既符合我国未来经济社会发展实际需求,又具有一定的超前预见性和引领性。《管理规定》制定的法律依据主要包括:《专利法》《标准化法》《国家标准管理办法》;同时,《管理规定》还参考了国际标准组织涉及知识产权的规则内容,比如《ITU-T/ITU-R/ISO/IEC 的共同专利政策》(Common Patent Policy for ITU-T/ITU-R/ISO/IEC)以及《ITU-T/ITU-R/ISO/IEC 的共同专利政策实施指南》(Guidelines for Implementation of the Common Patent Policy for ITU-T/ITU-R/ISO/IEC)等。与发达国家通过标准化民间组织制定章程或规则的形式不同,《管理规定》的颁布表明了我国政府促进知识产权与标准协同发展态度之坚决,因为通过政府政策的形式,能够更有效地协调调动各方资源,明确各利益相关方(包括既得利益方与潜在利益方)的权利、义务和责任,为保障知识产权人、标准制定参与者以及行业其他竞争者乃至社会公共利益提供权威性且细化的依据。当然,我国引导知识产权与标准协同发展的规则体系在不断完善之中。为进一步提升《管理规定》的实施便利性,国家标准化管理委员会还组织研制了《标准制定的特殊程序第 1 部分:涉及专利的标准》(GB/T 20003.1—2014),该标准于 2014 年 4 月 28 日发布,2014 年 5 月 1 日正式实施,适用于涉及专利的国家标准的制定和修订工作,涉及专利的国家标准化指导性技术文件、行业标准和地方标准的制定和修订可参照使用。由此,我国处理知识产权与标准结合问题的规则框架初步形成。国务院办公厅于 2015 年 12 月发布的《国家标准化体系建设发展规划(2016—2020 年)》(国办发〔2015〕89 号)中明确提出,要加强专利与标准相互结合,促进标准合理采用新技术,并鼓励社会组织将拥有自主知识产权的关键技术纳入团体标准,从而起到促进技术创新、标准研制和产业化协调发展之作用。①

从知识产权主管机构的行动来看,同样是协同推进的。2015 年国家知识产权局出台《产业知识产权联盟建设指南》(国家知识产权局、国知办函管字〔2015〕192 号,以下简称《指南》),其中规定了知识产权联盟的主要任务是促进知识产权与标准的融合。具体来说,是根据行业发展和市场竞争的需要,制定标准修订方案,积极参与和领导国家和行业技术标准的制定和修订工作,推动建立标准制定与专利池建设的良性互动机制。共同做好知识产权前瞻性布局的定位和细化步骤,制定和实施行业核心产品和关键技术的相关标准,推动核心关键专利技术纳入产品和技术标准,在知识产权与技术标准之间形成有效的联系和纽带,从而有力促进知识产权、标准与市场活动的紧密结合。在《指南》的附件《产业知识产权联盟备案申请书》中,要求联盟申请单位在基本信息中披露联盟成员主导或参与的国际标准、行业标准数量;在联盟运行情况中,详细介绍联盟内部管理制度、资源共享和收益分配机制,其中与标准相关内容也是重要填报选项,对于成功申请具有重要加成促进作用。

另外,在司法解释层面,最高人民法院于 2016 年 3 月发布了《关于审理侵犯专利权纠纷案件应用法律若干问题的解释(二)》,这是我国第一部回应专利标准化的司法解释,对我国标准必要专利问题的司法实践产生了重要影响。其中第 24 条对推荐性标准涉及专利侵权纠纷具体适用法律的问题做出了明确规定,具体内容为:推荐性国家、行业或者地方标准明示所涉必要专利的信息,被诉侵权人以实施该标准无须专利权人许可为由抗辩不侵犯该专利权的,人民法院一般不予支持。推荐性国家、行业或者地方标准明示所涉必要专利的信息,专利权人、被诉侵权人协商该专利的实施许可条件时,专利权人故意违反其在标准制定中承诺的公平、合理、无歧视的许可义务,导致无法达成专利实施许可合同,且被诉侵权人在协商中无明显过错的,对于权利人请求停止标准实施行为的主张,人民法院一般不予支持。本条第二款所称实施许可条件,应当由专利权人、被诉侵权人协商确定。经充分协商,仍无法达成一致的,可以请求人民法院确定。人民法院在确定上述实施许可条件时,应当根据公平、合理、无歧视的原则,综合考虑专利的创新程度及其在标准中的作用、标准所属的技术领域、标准的性质、标准实施的范围和相关的许可条件等因素。

---

① 《国家标准化体系建设发展规划(2016—2020 年)》(国办发〔2015〕89 号):"二、主要任务"部分。

(三)知识产权与标准协同对国际贸易的影响

目前发达国家和地区实施技术性保护措施的手法越来越纯熟,手段越来越严苛,我国企业在国际贸易中遭受技术性贸易壁垒(TBT)占非关税壁垒的比例已高达 80%。[①] 2014 年,我国约 36.1% 的出口企业为此至少增加了约 222.2 亿美元的成本,还因为退货、销毁、扣留和订单取消等原因扩大了 755.2 亿美元的直接损失,占到了整个出口额的 3.2%。[②] 所以,将知识产权与标准分离并不是解决市场竞争问题的长期方案,提出自身技术不成熟或知识产权意识与能力不足的理由,意图逃避标准中的专利技术障碍的做法更是消极而无谓的。我国企业应清醒地认识到,知识产权的排他性和标准的统一性在市场竞争中结合,走上了技术标准的实施与专利许可相互渗透的发展道路。[③] 利益相关企业主动参与国际标准制定和修订,积极了解甚至直接在标准中预设专利技术并做出信息披露和许可使用声明,实现与优势企业知识产权的捆绑与交叉许可,理应成为我国企业有效规避和应对发达国家限制进口、跨越技术性贸易壁垒的重要做法。

知识产权与标准有机结合,强化了知识产权为主要构成要素的技术壁垒。首先一点,知识产权纳入标准使得知识产权的垄断性得到"广谱"增益,凡是使用标准的市场主体自动落入知识产权权利人的权利涵盖范围,知识产权权利人顺藤摸瓜,根据"符合声明""自我声明"等标准适用方面的公开信息,无须支出额外成本即可对其知识产权受侵权的情况进行定点排查、系统评估,国内外市场上对其知识产权适用的企业一目了然。另一点要指出的是,知识产权与标准的结合,相当于拓宽了知识产权效力的范围。因为如果知识产权不与标准相结合,那么在国际贸易中,产品出口企业一方对于制造产品所需专利技术的可选择空间较大,只要满足标准要求即可,而且由于知识产权的地域性特征,知识产权权利人维权时往往是劳心费神的,提起诉讼要耗费大量的精力和财力,并且因为侵犯知识产权引发的诉讼只是针对特定的企业或产品,对于"大面积""集团化"的知识产权侵权来讲,维权效果并不好。如果知识产权与标准相结合,标准中包含了必要的知识产权(主要是专利),那么制造商/销售商必须使用必要的知识产

---

① 徐元.知识产权型技术贸易壁垒的影响及其规制[J].经济视角(下),2010(11):40-44.

② 苏兰.国家质量监督检验检疫总局:2014 年出口贸易直接损失 755.2 亿美元[EB/OL].(2015-06-29)[2018-12-30]. http://www.ce.cn/cysc/zljd/qwfb/201506/29/t20150629_5791886.shtml.

③ 曹艳梅,周纯洁.技术标准壁垒发展的新趋势——标准与知识产权相结合[J].大众标准化,2007(11):49-52.

权才能够满足标准的要求,这就使得知识产权权利人在跨地域的范围内产生了强于以往的影响力,以及对国际贸易多一重的控制力。由此,在国际贸易中受影响的是相关产业链中的所有市场参与者,而不单单是特定的、小范围的企业或者产品。这就能够理解为什么包含了知识产权的标准能够帮助知识产权权利人强化其市场垄断地位。当然,这也引发了关于标准中所包含的知识产权权利人滥用市场支配地位的反垄断法律问题。

第三章 知识产权与标准协同
发展机理分析

第一节 知识产权与标准协同发展的意义

一、知识产权与标准协同发展的必要性

(一)国家战略实施的现实要求

经济社会的发展对标准化战略的实施提出了现实要求。一直以来,我国都非常重视标准化战略的制定和实施,社会公众对标准化工作也逐渐增加关注。2002 年全国科技工作会议提出实施人才、专利和技术标准的战略,将三者相提并论,可见专利和技术标准的重要程度。2006 年国务院发布《国民经济和社会发展第十一个五年规划纲要》《国家中长期科学和技术发展规划纲要(2006—2020 年)》,2008 年发布《国家知识产权战略纲要》《国家中长期人才发展规划纲要(2010—2020 年)》,继承前者,提出了技术标准战略、知识产权战略和人才强国三大战略,成为科教兴国战略和可持续发展战略的核心。结合这三大战略精神,2015 年《中共中央关于制定国民经济和社会发展第十三个五年规划的建议》对知识产权与标准协同发展问题做出了进一步的前瞻性规划,要求继续深化科技体制改革,通过引导产业技术创新联盟等形式的建设,促进跨部门、跨行业的协同创新,促进科学、技术、经济的深度融合。2015 年年底出台的《国家标准化体系建设发展规划(2016—2020 年)》,明确将"加强专利与标准相结合,促进标准合理采用新技术"作为落实创新驱动战略的重点内容。所以,知识产权与标准协同化发展,可以看作实施国家发展战略的现实要求。

（二）标准战略推进的核心内容

比较国外情形来看，知识产权与标准的协同发展受到了各国的高度重视，各国将其作为知识产权产业化和抢占技术创新制高点的重要手段。21世纪伊始，以美国、欧盟等为代表的发达国家和地区先后制定了标准化战略，其共同之处，就是把知识产权与标准的协同发展放在战略优先级位置：对内完善标准化工作机制，依靠政府干预引导和扶持知识产权融入标准，通过标准化加快技术创新和成果推广；对外运用产业标准联盟等组织形式，运用国际市场话语权，推动与知识产权结合的标准规范成为国际标准。目前，行业技术垄断的新体现形式是能够主导制定或参与研制标准（特别是国际标准），这代表着企业有能力获得巨大的市场份额，有潜力对整个行业实施垄断，甚至有能力影响某些方面的社会经济发展和技术进步。[①] 促进知识产权与标准有机结合、协同发展，也从国家层面下探到了产业和企业的层面，在产业运行和企业经营活动中越来越多地表现出来。知识产权与标准协同发展所带来的巨大利益，是任何组织和个人都无法回避的。

（三）经济转型升级的现实需要

传统理论认为，知识产权与标准是异质的、相互排斥的。知识产权是合法的垄断权和排他性权利，标准强调行为的公开性、开放性和普适性。然而，在21世纪随着知识经济迅猛发展，知识产权与标准两者的对立关系变得缓和、相容，知识产权的核心内容开始聚焦于专利权与技术标准协同关系的演变。[②] 传统产业由于技术变革空间变小，主要通过产业规模和产品质量来换取经济效益，有了标准，就可以确保产品/服务的规模和质量。[③] 目前，赋予技术创新成果知识产权并加强其保护已不再是技术创新的最终目标和产业发展保障的首选手段了，只有将知识产权升级为技术标准，以技术标准为手段，参与市场竞争，并把握主动权，才能最大限度地提高市场利益。[④] 可以断言，市场主体投入资源，进行技术研发而获得创新成果后，将其及时融入标准之中，由此获得的中长期收益，是远远大于仅仅

---

① 庄英菊，刘凌峰，贾占军.知识产权与标准化协调发展的策略研究[J].科学管理研究，2014,32(6):25-28.

② 王黎萤，陈劲，杨幽红.技术标准战略、知识产权战略与技术创新协同发展关系研究[J].科学学与科学技术管理,2005(1):31-34.

③ 杨峰，傅俊.高新技术企业标准化管理的关键要素分析[J].武汉理工大学学报(信息与管理工程版),2007(5):72-74,77.

④ Hu M C. Knowledge Flows and Innovation Capability: The Patenting Trajectory of Taiwan's Thin Film Transistor-liquid Crystal Display Industry[J]. Technological Forecasting & Social Change, 2008, 75(9):1423-1438.

依靠知识产权垄断的形式而获得的短期收益的。因为标准化可以作为技术壁垒，成为变相阻止外国产品进入国内市场的合法且合理的保护措施，大大提高企业控制市场的能力。①

二、知识产权与标准协同发展的可能性

(一)知识产权与标准协同发展是社会创新必然结果

新技术的产生需要调动潜在权利人致力于创新的积极性，从制度设计方面来讲，就是通过知识产权制度把知识成果升格、转化、赋权为权利，纳入法律调整频段内，使得知识成果得到合法、合理的使用，维护权利人的合法权益。② 标准的源头在市场，如果技术创新符合市场需求并由此得到市场广泛认可的话，即使不融入标准中去，仍然可以成为"事实上的技术标准"而垄断市场，获得巨额市场利益回报。在技术创新的战略层面，只有将知识产权与标准有机融合，实现协同发展，才能够最大限度推动创新。

技术标准战略贯穿于新产品的研究、设计、开发、应用和产业化的全过程，运用得当的话，能够促进技术创新。长久以来形成的国际标准、国家标准、行业标准、地方标准等标准形式，是各领域专家和技术人员经过长期研究实验和实践检验的结果，是宝贵的技术结晶。企业作为市场竞争主体，其优势离不开知识产权的支撑，只有将技术发展与知识产权有机结合起来，才能真正促进技术创新迭代，进而保持竞争优势。知识产权和技术标准是整合技术创新体系、优化资源配置的关键因素，知识产权战略与标准化战略协同共振，则可以进一步放大这种优势。③

知识产权与标准的协同发展，涉及知识产权法、反垄断法两个法律领域，跨越民商法和经济法两个法律部门，其难点在于怎样公平合理地确定知识产权权利人和标准使用者之间的权利和义务分类关系。对此，需要引入利益平衡的思想与原则。因为知识产权具有私的属性，标准具有公共利益属性，其性质的差异使知识产权与标准结合后的矛盾和冲突不可避免。应当指出，冲突的根本原因是利益不平衡。只要解决了利益不平衡的问

---

① 舒辉.技术标准战略：基于创新融合的视角[M].北京：经济管理出版社,2014:95;舒辉.知识产权与技术标准协同发展之策略探析[J].情报科学,2015,33(2):25-30.
② 王黎萤,陈劲,杨幽红.技术标准战略、知识产权战略与技术创新协同发展关系研究[J].科学学与科学技术管理,2005(1):31-34.
③ 中国标准化协会.标准化学科发展报告：2016—2017[M].北京：中国科学技术出版社,2018:78.

题,知识产权与标准是可以并存乃至协同发展的。这要求在处理知识产权与标准结合的关系时,首先要遵循公平合理无歧视、诚实信用等民事基本原则,既不能以相关知识产权是标准所必需为由,对知识产权权利人进行不合理的限制,也不能以与标准化战略协同为由,将知识产权与标准捆绑在一起,在标准中强行注入专利技术等知识产权,刻意为少数的知识产权权利人谋取扩大化的垄断利益。

(二)知识产权与标准相互依赖使协同发展顺理成章

相互依赖、相互需求是发生协同效应的必然结果。知识产权与标准两者有相互依存的前提性外在表现形态,即都具有无形性特征,因此标准能够作为知识产权的载体,无须做出制度设计上的妥协。知识产权融入标准体现了两者的合作:一方面,标准通过引进先进技术来体现其不过时;另一方面,知识产权进入标准,可以实现技术价值的最大商业化。[①] 有学者认为,如果一项技术能够成为标准中包含的技术,那么它预示着该技术将有可能成为未来的主导技术,市场会有所反应,对其进行追捧,就能使其快速成熟、广为扩散,进而获得相当的市场份额。[②] 也就是说,知识产权将标准与其结合,能够优化新兴市场中的竞争,对新兴产业领域的再创新起到良好的助推作用。标准同时也是提升知识成果运用效率的重要手段,因为以知识产权许可和流转为表现方式的知识成果运用可能会存在成本较高的问题,如果知识成果需求方与知识产权权利人之间的沟通谈判的成本太高,或者经济实力差距很大、信息不对称,那么技术需求方就难以从知识产权权利人那里取得授权许可,而且由于技术上依附关系的存在,知识产权在实质上都不能获得真正的利用,进而可以推断,产业链末端的社会公众不能够从技术进步中获得真正的好处。[③]

原国家知识产权局发布的《关于我国 2008 年授权发明专利运用状况的调查报告》显示,2008 年国家知识产权局授权发明专利为 93706 件,其中国内专利授权 46590 件,带来 1000 万元以上经济效益专利有 2249 件,占已实施专利的 10.4%。在已经实施的专利中,有 80.8% 是自行实施的,

---

① 丁蔚. Rambus 专利侵权诉讼与标准中知识产权的管理[J]. 电子知识产权,2007(2):45-48,58.

② Statement of Scott K. Peterson,Patents and Standard-Setting Processes[EB/OL]. (2002-04-18)[2019-03-28]. http://www.ftc.gov/opp/intellect/020418scottkpeterson.pdf.

③ 黎运智. 从专利技术标准化看专利法定许可问题[C]//国家知识产权局条法司. 专利法研究(2006). 北京:知识产权出版社,2007:382.

只有 19.2% 是转让或许可的。① 2014 年至今,我国有效发明专利实施率和产业化比率稳中向好。2018 年统计,我国有效发明专利实施率为 48.6%,靠近 50%;有效发明专利产业化率为 32.3%,连续 5 年保持在 30% 以上。② 以上数据与发达国家和地区 60% 至 80% 的水平相比,仍然有较大的差距。为了提高专利转化率,亟须借助标准的统一性及快速扩散性,扩大专利等知识产权创新成果的影响力。③

知识产权与标准协同发展、同频共振,可以弥补彼此的制度缺陷。标准作为技术经验积累与优化的产物,不会贸然引入不适合大规模产业化的技术内容,其所介入的往往是特定产业/产品领域较为成熟的技术要求,且标准文本的制定和修订的节奏往往以年为计算单位,这样的速度在当前来看是滞后于技术更新迭代速度的。因为伴随高技术的飞速发展,技术更新周期在某些产业领域(如计算机芯片制造行业)缩短至以月为计算单位,故而标准中融入专利技术,能够帮助标准克服其本身存在的技术滞后问题,并且能够提高知识产权运用效率。从对知识产权的助益作用来看,知识产权与标准协同发展使得知识产权突破了时间的限制,技术标准的稳定性能够有效延长专利使用寿命,即使后续对标准进行修订,由于技术的更新换代一般是在原有技术基础上进行开发,所以既存的知识产权不会轻易被取代。另外,标准可以突破知识产权区域性的掣肘,因为技术标准(特别是国际标准)一般是没有明显的地域限制的。一旦技术标准化组织(特别是国际技术标准化组织)接受某项知识产权,那么该知识产权就可以自动进入许多国家,而无须多国申请授权。④ 所以可以说,标准这一工具助力知识产权突破了地域性的樊笼。

(三)知识产权与标准共同目的性是协同发展原动力

同步推行知识产权战略和标准化战略,倍增了鼓励技术创新、促进技术在全社会推广应用的动能。首先来看知识产权。知识产权制度设计的本意是通过赋权和利益平衡方式,激励创新在可持续的轨道上健康发展。《与贸易有关的知识产权协定》第 7 条规定,保护和实施知识产权,应有助于技术创新、技术转让和传播,有助于技术知识的创造者和使用者共同利

---

① 中央政府门户网站.国家知识产权局调查报告:发明专利实施率超六成[EB/OL].(2010-06-21)[2019-05-08].http://www.gov.cn/gzdt/2010/06-21/content_1632554.htm.
② 韩瑞.严格保护效果明显　综合运用能力增强[N].中国知识产权报,2019-01-11(08).
③ 郭济环.技术标准与专利融合的动因分析[J].中国标准化,2011(11):32-35.
④ 郭济环.技术标准与专利融合的动因分析[J].中国标准化,2011(11):32-35.

益的实现,有助于社会经济福利和权利义务的平衡。① 授予创新知识成果创造人(或成果受让人)以知识产权,使其有通过使用、许可或转让而获利的可能性,能够有效刺激后续新的知识成果产出;授予知识产权的对价是创新知识成果信息的公开化,而且这种公开还要求是具有实用性的,由此同行业内的竞争者就可以透彻了解并掌握其技术内核,为自身制定竞争策略提供技术战略上的参考,从而促使技术创新能够在全社会得到应用。也就是说,知识产权的存在,不仅不会成为阻碍创新的手段,反而会成为推动技术创新与技术扩散的催化剂。再来看标准。标准是一种"宏观/战略+微观/战术"的复合型经济发展治理方法,通过强制或推荐的方式,在极细化的产品领域推广统一技术指标要求,企业按照指标要求组织产品生产,可以有效提高生产效率,最大限度地保证产品品质稳定,从而从战略层面间接实现降低全行业生产成本、减少产业重复建设、增进社会福利之目的。② 虽然知识产权与标准制度设计的具体内容、行为调整方式方法不同,分别是为保护激励创新和为维护社会公众利益而设计,但其目的都是实现一国或一个地区的经济利益和政治利益。③ 可以认为,知识产权与标准化相关法律规则之间是具有互补性的。

在知识经济时代,知识产权所蕴含的资本增值性,标准所具有的技术整合力、产业导向性等因素联合发力,扩大了知识产权和标准的积极作用,使知识产权和标准的结合呈现出不可抗拒的快速发展势头。④ 工业化与信息化的"两化融合"不仅加速了技术产业化进程,而且引发了战略性新兴产业国际竞争。这为知识产权和标准的协调发展提供了场域。尤其是对于战略性新兴产业来说,知识产权占据了其资产组成的相当重要比例,新兴产业只有统筹考虑知识产权的创造、运用、保护和管理,才能得以在瞬息万变的新经济形态下生存和发展。知识经济市场环境下,企业仅仅靠贩卖技术成果、兜售知识产权许可的方式来运行是远远不够的。因为知识经济时代战略性新兴产业领域处于技术创新的前沿,所以一种产品(如卫星导

---

① TRIPS Article 7:Objectives:The protection and enforcement of intellectual property rights should contribute to the promotion of technological innovation and to the transfer and dissemination of technology, to the mutual advantage of producers and users of technological knowledge and in a manner conductive to social and economic welfare, and to a balance of rights and obligations.

② 郭济环.技术标准与专利融合的动因分析[J].中国标准化,2011(11):32-35.

③ 程恩富,谢士强.从技术标准看技术性贸易壁垒中的知识产权问题[J].经济问题,2007(3):18-20.

④ 郭济环.技术标准与专利融合的动因分析[J].中国标准化,2011(11):32-35.

航系统、人工智能识别系统等)往往由多类技术聚合而成,既包括硬件设备等有形的"硬"的方面,也包括软件服务与数据处理等不易见或无形的"半软"或"软"的方面,跨界使用多学科相关技术创新的情况也是比较常见的。知识产权的排他性,对知识产权的许可使用渐渐变为对标准的反向许可使用,进而将标准由公共产品异化成为私人物品。知识产权纳入标准之中,则知识产权权利人得以以垄断者自居,掌控标准制定与贯彻执行的话语权,等于又增添了一重控制市场竞争的手段。例如,4G 通信设备、数字电视等新产品出现并迅速占领市场,其前提就是通过先期有预见性、分步骤的技术研发,从而产生了成体系的知识产权集群和产品技术标准族群。近年来,电子商务、医疗卫生、电子政务等领域也将知识产权与标准的协调作为其发展的重要途径。

三、知识产权与标准协同发展协调机制构建的基本思路

标准化是技术发展的最佳选择。标准化与技术发展的互动关系具体表现为两种模式:一是以技术发展促进标准化,二是以标准化促进技术发展。技术发展促进标准化的模式是在技术相对成熟后,将技术固化为标准。标准化前技术发展的技术固化不能仅仅记录现有的技术水平,还需要对已有的技术进行分析优化,凝练成高于现有技术水平的标准,然后标准化才能起到固化、升级和指导作用。而标准化促进技术发展的模式,可以应用到技术系统的统一化、系列化、模块化设计,合理划分产品的功能模块,确定产品通用组件、系列组件、模块之间的兼容关系,以最少的规格和变化覆盖最大的产品使用场景和性能要求。实践证明,标准化促进技术发展的模式对于产业发展的助益通常要大于技术发展促进标准化模式。当然,只要特定领域的标准化与先进有效技术思想发展相一致,那么不论是先标准化还是后标准化,标准化在优化技术发展过程中都是发挥着重要的正向作用的。① 这正是知识产权与标准协同发展协调机制构建思路的出发点。

当前从国家竞争层面来看,如何高效率、高质量地产出与应用科技成果,是考量一国整体综合竞争力的重要评价要素。知识产权与标准结合在一起协同发展,是加快技术成果产业化、在产业(尤其是高技术产

---

① 麦绿波.标准化学——标准化的科学理论[M].北京:科学出版社,2017:30.

业,或传统产业的前沿领域)发展中获得主导地位的新途径。知识产权包含着经济效益,体现着竞争优势,受到政府、标准制定者、企业的高度重视。21世纪初,美国、日本、欧盟等发达国家和地区先后推出标准化战略。它们都从战略优先级的高度关切知识产权和技术标准相结合所带来的巨大利益。

国外知识产权与标准协同发展的主要模式,是把企业联盟作为基础组织,将知识产权与标准自愿结合在一起。我国的标准化治理思路与国外的自由市场竞争的模式不同,大量国家标准被赋予了社会公共利益的属性,这使得政府站在标准研制的组织协调者角度,对标准中包含知识产权的问题采取了较为审慎的态度。由此延伸至司法机关,对于此类标准中的知识产权受到侵权的纠纷,态度也往往是倾向于弱化知识产权保护、促进标准施行。相当多的学者也非常关注知识产权与标准结合可能产生的"滥用权利"和"新垄断"两种极端现象,以 FRAND(公平、合理和不带歧视性的条款)原则为研究的切入点,展开热烈讨论,从理论上形成了对知识产权与标准融合的消极态度,即标准中的专利权,其权利范围、权利强度应屈服于标准的开放性要求,标准应消解掉专利的私权利属性,然而对于知识产权与标准如何协同发展,却讨论甚少。知识产权与标准结合,表面上来看是技术标准化的问题,实则是一个利益协调与平衡的问题。因为知识产权纳入标准、与标准协同,蕴含着巨大的经济利益,必定会在国家、社会和个人利益之间产生协调的难题。

知识产权与标准协同发展,也应当放在国际化视野予以讨论。其核心内容是技术标准和知识产权捆绑在一起,采取遏抑和许可费方式累加造成技术垄断。[①] 放眼当前国际市场竞争的总体情况,实力雄厚的跨国公司是技术垄断的主要威胁。技术垄断并非直接具有严重社会危害性,而且受制于知识产权和司法管辖的地域性,在一个国家之内,政府部门、司法机构和企业都很难有效应对。因此,制定知识产权与标准协同发展的相关政策时,万万不可忽视国际市场竞争压力和跨国企业技术"绞杀"的威胁。国际经济发展、产业竞争层面的软冲突,应该交由国际组织来直接面对协调。在经济全球化的背景下,制定任何国际标准或规则,不仅要考虑到少数国家、集团或企业的利益,而且要在兼顾各方利益的前提下,通过协商达成一致意见,完成利益的博弈。

---

① 安佰生.标准化中的知识产权:一个政策的视角[J].电子知识产权,2009(2):11-14.

追求规范的控制权,是标准化组织面临的主要问题。[①] 在市场经济模式中,每个市场主体都有权最大限度地追求利润,参加资源和资本分配,来促进社会公共利益最大化。[②] 这告诉我们,在同一社会环境下,个人利益与社会利益虽然性质不同,且在目标定位方面有冲突,但是两者并非不可调和,如果有科学合理的利益平衡制度设计,是可以取得共赢局面并良性互动的。甚至可以说,个人权益和社会公共利益并不矛盾,从某种意义上来讲它们是相通的,保护与鼓励个人合法权益,形成固定规则而非特权地位,推而广之到无差别的社会主体,则个人利益的"总和"就形成了社会公共利益。获取最大的社会效益的基础,就是实现个人权益的最大化。正因为如此,在法律规则设计上,须确认各个利益相关方诉求的合法与合理性,积极面对、保护和引导私人利益。

第二节　知识产权与标准协同发展的导向

一、国际标准组织的知识产权与标准协同发展导向

国际标准化组织(ISO)、国际电工委员会(IEC)与国际电信联盟(ITU)作为世界范围内重要的国际标准化专业组织,对知识产权问题尤为关注。国际标准化组织、国际电工委员会和国际电信联盟[在其电信标准化部门(ITU-T)和无线电通信部门(ITU-R)]历年来制定了多项与专利有关的政策,其目的是在专利权问题出现时,为技术机构的参与者提供简单易懂的实用指导。考虑到技术专家通常不熟悉专利法的复杂问题,ITU-T/ITU-R/ISO/IEC 的共同专利政策(common patent policy for ITU-T/ITU-R/ISO/IEC,以下简称"专利政策")在知识产权实施部分进行了详细规定,涵盖了完全许可或一部分许可。ITU-T/ITU-R/ISO/IEC 共同专利政策实施指南旨在澄清和促进专利政策的实施。其专利政策鼓励提前披露,以及识别正在开发中的可专利成果。这样做可以提高标准开发的效率,并避免潜在的专利权纠纷。国际电信联盟的知识产权政策最早

---

① 梁志文.标准化组织知识产权政策实证研究[J].科技与法律,2003(3):120-124.
② 龙文懋.知识产权法哲学初论[M].北京:人民出版社,2003:118.

可以追溯到其 1985 年颁布的《CCITT 知识产权政策》(The International Telegraph and Telephone Consultative Committee),该政策的目的在于将标准内部的知识产权纠纷交给利益相关方自行处理,使标准化组织回归协调标准的制定和修订以及贯彻执行的本职工作上去。随着全球产业技术的发展,国际电信联盟及其成员发现,早先的知识产权政策已经无法适应实际需要,因此制定了新的专利政策,将自己定位于中立地位,即只负责搜集专利相关的信息,不干预标准所包含的专利有效性和实用性的审查、专利纠纷的解决和专利技术的许可,其知识产权政策对纳入国际标准的知识产权的权利人承担信息披露和许可声明义务提出了要求。国际标准组织不参与评估与建议可交付成果有关的专利相关性或重要性,不干扰专利许可谈判,亦不参与解决专利纠纷,这应与过去一样留给有关各方自行处理。

（一）国际标准组织对知识产权与标准协同的基本态度

ISO/IEC 导则第 1 部分(ISO/IEC directives, part 1 consolidated ISO supplement-procedures specific to ISO,2018)第 2.14 条"专利条款"(reference to patented items)第 1 款明确了 ISO/IEC 对待知识产权的基本态度:如果是技术原因证明采取这种措施是正当的,则原则上不反对制定国际标准,其中包括使用专利权所涵盖的项目,即专利、实用新型和其他基于发明的法定权利。由于技术原因,需要编制包括使用专利权项目在内的文件的,应当按照下列程序办理:(1)文件提案人应提请委员会注意提案人所知的任何专利权,并考虑涵盖提案的任何项目。参与文件编制的任何一方应提请委员会注意其在文件编制的任何阶段所知的任何专利权。(2)如果提案因技术原因被接受,那么提案人应要求专利的任何持有人明确声明,主要内容为持有人愿意与世界各地的需求方就其权利全球许可的合理和非歧视性条款和条件进行谈判。此类谈判由持有人负责。权利持有人声明的记录应视情况存放在 ISO 中央秘书处或 IEC 中央办公室的登记处,并应在相关文件的引言中提及。如果知识产权持有人未提供此类声明,相关委员会未经 ISO 理事会或 IEC 理事会授权,不允许在文件中出现专利权所涵盖的项目。(3)除非有关理事会授权,ISO/IEC 在收到所有已确定专利权持有人的声明之前,不得公布文件。在公布专利许可文件后,是否应披露似乎涵盖了文件中包含的项目,在合理和非歧视性的条款和条件下无法确认,文件应提交给相关委员会进一步考虑。①

（二）知识产权信息披露

国际电信联盟电信标准化局（TSB）、国际电信联盟无线电通信局（BR）以及国际标准化组织和国际电工委员会（IEC）的首席执行官办公室没有义务提供关于专利或类似权利的证据、有效性或范围的权威或全面信息。因此，参与国际电信联盟、国际标准化组织或国际电工委员会工作的任何一方应从一开始就分别提请国际电信联盟 TSB 主任、国际电信联盟 BR 主任、国际电工委员会或国际电工委员会首席执行官办公室注意任何已知的专利或任何已知的未决专利申请，不论是他们自己的还是其他组织的，尽管国际电信联盟、国际标准化组织或国际电工委员会不能验证任何此类信息的有效性。

根据专利政策第 1 款的规定，任何参与两个组织工作的一方应从一开始就注意任何已知专利或任何已知的未决专利申请，无论是其自己的还是

---

① 参见英文原文：

2.14.1　If, in exceptional situations, technical reasons justify such a step, there is no objection in principle to preparing an International Standard in terms which include the use of items covered by patent rights-defined as patents, utility models and other statutory rights based on inventions, including any published applications for any of the foregoing—even if the terms of the standard are such that there are no alternative means of compliance. The rules given below shall be applied.

2.14.2　If technical reasons justify the preparation of a document in terms which include the use of items covered by patent rights, the following procedures shall be complied with:

（a）The proposer of a proposal for a document shall draw the attention of the committee to any patent rights of which the proposer is aware and considers to cover any item of the proposal. Any party involved in the preparation of a document shall draw the attention of the committee to any patent rights of which it becomes aware during any stage in the development of the document.

（b）If the proposal is accepted on technical grounds, the proposer shall ask any holder of such identified patent rights for a statement that the holder would be willing to negotiate worldwide licences under his rights with applicants throughout the world on reasonable and non-discriminatory terms and conditions. Such negotiations are left to the parties concerned and are performed outside ISO and/or IEC. A record of the right holder's statement shall be placed in the registry of the ISO Central Secretariat or IEC Central Office as appropriate, and shall be referred to in the introduction to the relevant document. If the right holder does not provide such a statement, the committee concerned shall not proceed with inclusion of an item covered by a patent right in the document without authorization from ISO Council or IEC Council Board as appropriate.

（c）A document shall not be published until the statements of the holders of all identified patent rights have been received, unless the council board concerned gives authorization.

2.14.3　Should it be revealed after publication of a document that licences under patent rights, which appear to cover items included in the document, cannot be obtained under reasonable and nondiscriminatory terms and conditions, the document shall be referred back to the relevant committee for further consideration.

其他组织的。在这种情况下,"从一开始"一词意味着此类信息应在起草标准草案的过程中尽可能早地确定。然而在标准草案完成之前,这几乎是不可能的,因为此时,标准草案文本可能仍然过于含糊或可能会在随后进行重大修改。此外,该信息应以诚信和尽最大努力的方式提供。除上述要求外,不参加技术机构的任何一方可以提请该组织注意其和/或任何第三方的任何已知专利。专利权人在披露自己的专利时,必须使用专利声明和许可声明表。引起对任何第三方专利的关注的信息应以书面形式发送给相关组织。相关组织的董事/首席执行官随后将要求潜在专利持有人提交声明表(如适用)。

专利政策和本指南也适用于在标准实施后披露或提请各组织注意的任何专利。如果专利权人不愿意根据专利政策进行专利信息披露,各组织应立即通知受影响的技术机构,以便采取适当的行动。此类行动包括但不限于重新审查标准文本,以消除潜在的冲突,或进一步审查和澄清引起冲突的技术因素。

（三）知识产权许可声明

如果提出了标准文本草案,并披露了第 1 款所述的信息,则可能出现三种不同情况:①专利权人愿意根据合理的条款和条件,在非歧视的基础上与其他各方免费协商许可。此类谈判留给有关各方,在 ITU-T/ITU-R/ISO/IEC 之外进行。②专利权人愿意根据合理的条款和条件,在非歧视的基础上与其他各方协商许可证。此类谈判留给有关各方,在 ITU-T/ITU-R/ISO/IEC 之外进行。③专利权人不愿意遵守第 2.1 款或第 2.2 款的规定,在这种情况下,建议交付不应包括取决于专利的规定。无论哪种情况适用(2.1、2.2 或 2.3),专利权人必须使用适当的"专利声明和许可声明"表格,分别向 ITU-TSB、ITU-BR、ISO 或 IEC 首席执行官办公室提交一份书面声明。本声明不得包含超出表格中为每种情况规定的额外条款、条件或其他任何排除条款。

为了在每个组织的专利信息数据库中提供清晰的信息,专利持有人必须使用每个组织网站上提供的申报表。申报表的目的是确保向各组织标准化提交专利持有人所做的申报。具体来说,通过提交本申报表,提交方声明其愿意(通过在表格上选择选项 1 或 2)或不愿意(通过在表格上选择选项 3),专利持有人根据专利政策,给予专项许可。如果专利持有人在声明表上选择了许可选项 3,在这种情况下,对于任何相关的知识产权,国际电工委员会强烈鼓励(但不要求)专利权人提供允许专利识别的某些附加信息。如果专利权人希望识别多个专利,并将其分类为同一建议的声明表的不同选项,则多个声明表是适当的。声明形式中包含的信息在出现明显错误时可以更正,例如标准号或专利号中的印刷错误。声明中包含的许可声明在形式上保持有效,除非被另一份声明形式取代。

(四)会议的召开

专利的早期披露有助于提高标准的透明度。因此,每个技术机构拟定标准草案的过程中,将要求披露对该标准相关技术领域至关重要的任何已知专利。技术机构组织协调部门将酌情在每次会议的适当时间要求起草标准的参与者明确是否知悉专利,以及这些专利可能涉及的标准。事实上,这个问题应记录在会议报告中。

(五)知识产权信息数据库

为了便于标准制定和应用,每个国际标准组织都会向社会公众提供一个包含标准必要专利的数据库。专利信息数据库可以包含特定专利信息,或者可能不包含此类信息,而是关于符合专利政策的特定信息汇总。专利信息数据库运行维护方不保证其中的专利信息是准确或完整的,只反映已传达给标准化组织的信息。因此,可以将信息数据库视为提醒标准实施者注意相关标准中可能包含有专利的信息来源。

二、典型国家和地区知识产权与标准协同发展做法

(一)欧盟

欧盟将专利引入标准的态度比较积极。欧洲标准化委员会(CEN)和欧洲电工标准化委员会(CENELEC)历来与 ISO、IEC 保持一致,对出于技术原因而在欧洲标准中写入专利内容的行为,原则上允许。但是,知识产权权利人应该配合欧洲标准化组织工作,按照以下基本原则组织自己的行为:第一,CEN 和 CENELEC 不会留存关于专利和类似权利的范围、有效性和证据的权威或可理解的信息,但希望获取这方面的详细信息。第二,如果标准中专利项目的使用建议在技术上被接受,应询问将被引用的专利持有人是否愿意以合理的成本和条件与世界各地的专利申请人协商其专利和类似权利的许可。专利权人的声明应保存在 CEN 和 CENELEC 的档案中,并应在相关欧洲标准中引用。专利权人未提供声明的,负责制定标准的技术机构不得继续推进将专利项目纳入标准的工作。第三,如果在某一项欧盟标准发布后,标准的使用者不能根据合理的费用和条件获得授

权,则应将该欧洲标准提交负责的欧洲标准制定机构进行进一步考量。[①]

欧盟注重协调知识产权与标准之间的关系,同时也非常重视知识产权与标准协同发展过程中遇到的垄断法律问题。反垄断法(竞争法)在欧盟发挥着反垄断以及维护自由公平竞争的作用。[②] 欧盟竞争规范主要源于1957 年《欧洲经济共同体条约》第 81 条至第 90 条,主要规定公司间竞争限制和其他联合行动的内容。1984 年 7 月欧共体颁布了《专利许可协议集体豁免条例》,1988 年 11 月颁布了《技术秘密协议许可协议集体豁免条例》。1996 年 1 月,欧盟通过了《技术许可协议集体适用欧共体条约第 85条第 3 款的第 240/96 号条例》,将上述两种情况结合起来。[③] 1999 年 10月,欧洲联盟理事会通过了《欧盟理事会关于标准化在欧洲的作用的决议》,强调必须建立一个强大的欧洲标准化体系,并继续向欧洲标准化委员会(CEN)和欧洲电工标准化委员会(CENELEC)提供财政支持,以促使形成一个统一的欧洲市场,并通过制定基于欧洲标准的国际标准,使欧洲的创新知识和技术传播到全世界。[④] 2005 年欧盟发布的战略规划文件指出,标准的实施有助于知识的传播和技术的推广以及应用,这也促进了创新,特别是服务业领域的创新。[⑤] 在这方面,欧盟提出了 9 项标准化的相关政策支持创新,通过标准化提高国家竞争力,其中专利与标准的协同作用就是一项重要的政策支持。欧盟敦促欧洲标准化组织和国家标准化组织向市场竞争对手提供知识资源和渠道,倡导通过创新而获得附加价值;强调知识产权和标准化既促进创新,又促进技术扩散,进而要求欧洲标准化组织特别关注基于专有技术的标准制定,并要求所有用户尽可能扩大标准的适用范围;强调知识产权实施程序必须符合公平、合理和非歧视的条件。[⑥]

2008 年 9 月,欧洲理事会第 2891 次会议《关于标准化与创新的决议——竞争(内部市场、工业及其研究)》[⑦]的决议中明确指出,应拨款支持

① 戴红. 标准化与知识产权[J]. 中国标准化,2006(7):6-8.

② Lee T, Wilde L L. Market Structure and Innovation: A Reformulation[J]. Quarterly Journal of Economics,1980,94(2):429-436.

③ 徐元. 知识产权与技术标准相结合的趋势、法律问题与解决途径[J]. 当代经济管理,2010,32(10):77-82.

④ 马文秀. 欧盟标准化工作又有新举措——欧盟理事会关于标准化在欧洲的作用的决议(1999 年 10 月 28 日)[J]. 中国标准化,2000(10):56-57.

⑤ Commission of the European Communities. Working Together for Growth and Jobs: A New Start for the Lisbon Strategy Communication from President Barroso in Agreement with Vice-President Verheugen[R]. Brussels:,2. 2005 COM(2005) 24 final.

⑥ 郭济环. 标准与专利的融合、冲突与协调[D]. 北京:中国政法大学,2011:130.

⑦ Council Conclusions on Standardization and Innovation,2891st Competitiveness,Internal Market,Industry and Research.

跟踪和探索最新技术发展,及时发现标准化活动对于特定技术领域研发成果转化的正向推动作用,并尽可能在技术研发成果有可能转化为标准时,不失时机地将其纳入标准范畴之内。

2017年11月,欧盟委员会(European Commission)公布了标准必要专利(SEP)诉讼和许可的指导性文件《欧盟委员会向欧洲议会、欧盟理事会和欧洲经济社会委员会的通报制定关于标准必要专利的欧盟方法》,这是欧盟委员会给出的知识产权新指导方针的一部分,旨在帮助创建一个有利于产品制造商和专利持有人的"公正平衡的制度体系"("fair and balanced system")。根据新政策,产品制造商将可获得具有透明性和可预测性的许可规定之下的技术使用许可;同时,作为回报,对专利持有人的研究、开发和标准化活动进行投资,以激励其将顶尖技术纳入标准中。欧盟委员会表示,更多的透明性和可预测性建议会提供给欧盟各成员,包括欧盟的很多初创公司,促使其在全球技术创新中保持领先优势。

欧洲专利局也密切关注标准制定机构的发展趋势,定期参加标准制定机构的标准化会议,有时是作为主席团成员参加的。可以看出,一方面,欧洲专利局非常重视标准中的必要专利问题;另一方面,也说明了标准制定组织对于欧洲专利局所发挥的作用是充分肯定的,对其重要地位是认可和接受的。在信息共享方面,欧洲专利局已与3家标准制定机构[国际电信联盟、欧洲电信标准协会、国际电气和电子工程师协会标准协会(IEEE-SA)]达成了合作协议,以标准格式文本的形式共享信息,以满足欧洲专利局对现有技术的检索需求。[①]

(二)美国

美国是高度发达的自由市场经济国家,在标准化政策方面,美国推行的是民间标准团体自治为优先的标准化政策。美国国家标准化战略提出的工作要点中,与知识产权有关的任务是:积极促使专利池形成事实标准。美国国家标准学会(American National Standard Institute, ANSI)是非营利性的民间标准化团体组织,然而实际上其已经成为美国国家推行标准化战略的执行组织机构。该组织起到了有机协作政府标准化系统与社会标准化系统的桥梁纽带作用。2000年,美国国家标准学会发布《美国国家标准战略》(United States Standards Strategy,简称USSS),这是美国标准化进程中的第一份纲领性文件。2004年该战略进行了修订,提出了7项战

---

① 孙捷,姚云,刘文霞.中外专利标准化知识产权战略的分析与研究——以中、美、欧、日的知识产权战略为例[J].中国标准化,2017(3):30-34.

略计划、6 项战略目标及 3 类 16 项战略方针和战略执行措施。2005 年,美国国家标准学会批准并发布了基于《美国国家标准战略》的修订版《美国标准战略》。《美国标准战略》进一步加强了《美国国家标准战略》的开放性、透明度和自愿一致性的基本原则,并制定了 12 项与其专利战略密切相关的具体战略。① 《美国标准战略》核心目标是努力满足全球标准化的需要,承担更多的 ISO/IEC 技术委员会秘书处工作任务,实现美国标准全球化,巩固美国在全球标准化竞争中的领先地位和优势,建立与美国的经济和安全利益相符合的国际标准化秩序,并保持其在高技术产业各个领域的主导权与话语权。②

美国联邦一级的标准化组织在处理标准与知识产权政策方面的态度和措施,与国际标准化组织比较相似。例如,美国国家标准学会(ANSI)和美国电气和电子工程师协会(IEEE),在尊重专利权人权利、保护标准用户利益的同时,普遍采取了"自我负责"的原则。③ 关于标准中所包含的专利技术的态度,典型地代表了美国联邦层面对知识产权与标准关系的处理态度。④ 美国专利与商标局(United States Patent and Trademark Office, USPTO)积极组织及参与了标准必要专利等知识产权与标准协同发展的相关政策的制定工作。2011 年,美国专利与商标局邀请美国国家科学委员会(National Science Board, NSB),专题研究专利在国际竞争视野内对于标准制定的影响与作用,研究了专利披露、专利许可、专利转让条款、破产程序中的专利处置方式等内容。⑤ 在专利信息披露方面,应考虑制定标准规范,提高知识产权信息披露数据的质量和准确性。在专利转让和许可承诺义务下的专利权属公开方面,相关法律制度应要求专利管理部门记录与专利转让有关的所有事项,使标准必要专利转让实现透明化。2013 年,美国司法部和美国专利与商标局联合发布的《遵守自愿 F/RAND 承诺的标准必要专利的行政救济》指出,美国司法部(DOJ)、美国专利与商标局(USPTO)和美国国际贸易委员会(ITC)就专利与标准应注意的问题做出了如下规定:专利权人在寻求救济手段时,应对标准必要专利做出声明,无

---

① 徐元.全球化下专利与技术标准相结合的趋势与问题解决途径[J].产经评论,2010(6):109-118.

② 杨锋,王金玉.主要发达国家制定和实施标准化战略的经验[J].标准科学,2011(1):87-93.

③ 孙维.标准化与知识产权[J].中国传媒科技,2005(4):20-22,26.

④ 王玉民,马维野.专利商用化的策略与运用[M].北京:科学出版社,2007:34.

⑤ 孙捷,姚云,刘文霞.中外专利标准化知识产权战略的分析与研究——以中、美、欧、日的知识产权战略为例[J].中国标准化,2017(3):30-34.

论是在诉讼中救济还是在非诉讼中救济,标准必要专利均受到 F/RAND 原则许可承诺的限制。①

(三)日本

为了加快创新成果产业化,日本实施标准与专利结合战略,以政府为主导促进技术创新、专利获取和标准化活动的一体化,提高产业国际竞争力。② 在专利行政部门方面,负责日本知识产权事务的日本特许厅(JPO)隶属于日本经济产业省,受理和批准专利和商标申请,以及制定知识产权政策等内容。③ 日本工业标准调查会(JISC)是日本国家级标准化主管机构,于 1949 年成立,负责制定日本标准化以及参与 ISO、IEC 等国际标准化活动的基本方针和发展规划。1968 年日本公平贸易委员会发布《国际许可协定的反垄断指导方针》,规定各机构不得签订含有限制不当交易和不公平贸易方法内容的国际协定或合同。④ 1989 年 2 月,日本公平贸易委员会又颁布了《关于管制专利和技术秘密许可协定中的不公平贸易方法的指导方针》,规定了公平贸易委员会在分析其许可协议过程中的适用标准。⑤ 1999 年日本公平贸易委员会出台《专利和技术秘密许可协定中的反垄断法指导方针》,根据当时的国内外形势,特别是上述经济全球化和日本政府管制的放松,对反垄断法在知识产权领域的应用提出了系统的指导意见。⑥ 日本在 2000 年 4 月制定的《国家产业技术战略(总体战略)》中,提出要最大限度地推广和应用技术发展成果,以标准化为手段进入新技术和新市场,开展研究和开发工作。⑦

日本对于知识产权与标准的协同发展关系,是 21 世纪以后才开始关注起来的。在标准化促进知识产权方面,2002 年,日本工业标准调查会(JISC)向政府提交了一份涵盖了 27 个领域的"标准化战略",其主要的内

① 刘晓春.摩托罗拉诉微软探寻 RAND 标准的努力[J].电子知识产权,2014(1):52.
② 徐元.全球化下专利与技术标准相结合的趋势与问题解决途径[J].产经评论,2010(6):109-118.
③ 孙捷,姚云,刘文霞.中外专利标准化知识产权战略的分析与研究——以中、美、欧、日的知识产权战略为例[J].中国标准化,2017(3):30-34.
④ 徐元.知识产权与技术标准相结合的趋势、法律问题与解决途径[J].当代经济管理,2010,32(10):77-82.
⑤ 徐元.全球化下专利与技术标准相结合的趋势与问题解决途径[J].产经评论,2010(6):109-118.
⑥ 安佰生.标准化中的专利权问题:进展与挑战[J].知识产权,2008(5):40-45.
⑦ 韩卫卫.欧盟、美国、日本标准化战略模式比较分析及启示[J].郑州经济管理干部学院学报,2006(3):5-9;杨锋,王金玉.主要发达国家制定和实施标准化战略的经验[J].标准科学,2011(1):87-93.

容包括：一是采取措施，加快国内标准的普及，提升国内标准化队伍，促使国内政府和私营企业研发项目向标准国际化方向迈进；二是创造条件，培养专利标准化专业人才，开展专利标准化研究工作；三是推动民营企业的标准化活动，鼓励企业积极利用日本公平贸易委员会获得咨询服务；四是支持有潜力做好标准化工作的知识产权联盟，考虑企业的特殊需求和国际发展趋势，政府应建立一套机制，包括防止知识产权许可费过高的措施、技术标准中核心专利论证和核心专利的评估方法等。[①]

在促推知识产权标准化方面，日本《知识产权推进计划2002》明确提出了将标准与知识产权相结合的战略思想，竭力推动国内研发成果转化为现实生产力，扩大占领国际市场，并以此为出发点，提出了将知识产权与国内外标准化活动相结合的具体措施。[②] 另外在《知识产权推进计划2010》中，日本政府进一步申明其知识产权推进计划的重点战略之一是"通过在国际标准化特定战略领域获得国际标准从而提高国际竞争力"，将拥有强大技术能力的产业作为"国际标准化特定战略领域"，有重点和有选择性地推进战略的实施。首先，要在高端医疗、第二代汽车、机器人等七个领域集中力量，强化国际竞争能力，获得国际标准，灵活运用知识产权，推进知识产权管理。在国际标准化特定战略领域制定出包含标准化路线图的竞争力强化战略，并在全日本有秩序地推行。同时，不但要同美国、欧盟继续发展合作事业，还要同亚洲各国进行合作，寻求取得国际化标准的战略性伙伴，在2010年制定出共同研究开发计划。以国际标准化特定战略领域为中心，以拥有国际竞争力的产业经营层为对象，在全社会发起包括国际标准战略在内的知识产权管理意识改革。

在日本《知识产权推进计划2017》中，为了提升第四次产业革命时代下的产业竞争力，推广以开放创新为重心，强化企业和业界的标准化战略，加强官民的标准化体制，对包括官民的协作体制在内的基准认证制度应然状态的探讨；实现社会系统与尖端领域的国际标准化；推进中坚和中小企业的标准化；支持中坚和中小企业在国外取得认证；加强标准化人才的培养；推进第四次产业革命时代下的IOT（物联网）服务等相关的国际标准化战略。

---

① 孙捷，姚云，刘文霞.中外专利标准化知识产权战略的分析与研究——以中、美、欧、日的知识产权战略为例[J].中国标准化,2017(3):30-34.
② 王加莹.专利布局和标准运营 全球化环境下企业的创新突围之道[M].北京:知识产权出版社,2014:238.

三、我国知识产权与标准协调发展政策导向分析

(一)知识产权与标准协调发展政策设计

政策是国家机关、政党和其他政治团体为实现政治、经济、社会或文化目标而采取的行为准则,包含了战略、法规、法令、措施。[①] 从国家层面而言,知识产权制度是一个社会政策的工具。[②] 各级政府在进行社会治理的过程中,其知识产权相关主管部门会根据本级工作职责要求,从其归口的知识产权工作出发,制定实施各类中短期政策来创造、应用、保护、管理知识产权,弥补知识产权法律空白,构建知识产权法和公共政策完整体系。[③]知识产权政府政策是强制性法律的补充,围绕上述平等、公正、效率的法律价值,形成了保护权利、平衡利益、促进科技进步和经济增长的社会功能。[④]

目前,我国经济增长方式转变,产业结构调整,转型升级进入攻坚期,高度依赖知识产权制度的发展来推动创新型国家建设,知识产权政策在"中国仿造"到"中国制造"再到"中国创造"的转变过程中能够发挥作用。[⑤]这方面作用的发挥有赖于政府。[⑥] 我国与一般发展中国家的不同之处在于有一批市场主体在改革开放过程中形成了较强的产品加工能力和一定的创新能力。[⑦] 因此,应强化知识产权政策导向,加强知识产权公共政策在科技、经济、贸易领域的影响力,加大对知识产权取得和运用的支持,促进知识产权与标准的融合,实施"知识产权+标准"政策,使其充分发挥在产业结构调整、区域经济转型和对外贸易中的引导保障作用。[⑧]

2012年《国家标准涉及专利的管理规定(暂行)》(征求意见稿)明确了标准化管理与协调组织在处理专利问题时不介入的原则,规定了标准中的专利权转让以及转让时的处理方法等内容。针对广泛征求意见过程中汇总到的主要意见与建议,国家标准化管理委员会与国家知识产权局、工业和信息化部、最高人民法院、中国标准化研究院等不同性质、不同类型的组

---

① 陈振明.公共政策分析[M].北京:中国人民大学出版社,2003:43.
② 刘华.知识产权制度的理性与绩效分析[M].北京:社会科学文献出版社,2004:46.
③ 刘华,孟奇勋.知识产权公共政策的模式选择与体系构建[J].中国软科学,2009(7):10-18.
④ 吴汉东.知识产权多维度解读[M].北京:北京大学出版社,2008:3.
⑤ 吴汉东.利弊之间:知识产权制度的政策科学分析[J].法商研究,2006(5):6-15.
⑥ 范晓波.中国知识产权管理报告[M].北京:中国时代经济出版社,2009:48.
⑦ 郭强.强化我国知识产权导向政策问题研究[J].知识产权,2012(4):76-80.
⑧ 郭强.强化我国知识产权导向政策问题研究[J].知识产权,2012(4):76-80.

织机构进行了深入讨论,使在国家标准中融入专利的管理方式和操作流程方法等与国际标准组织的做法相一致。2013 年 12 月,国家标准化管理委员会和国家知识产权局发布了《国家标准涉及专利的管理规定(暂行)》。随着科学技术的发展和社会的进步,将专利技术纳入国家强制性标准的可能性越来越大。①

2015 年出台的《国家标准化体系建设发展规划(2016－2020 年)》鼓励企业和社会团体制定严于国家标准或行业标准的企业标准和团体标准,将体现关键技术的知识产权纳入企业标准或团体标准中去,促进技术创新、标准化和产业的协调发展。同时,加强专利与标准的结合,促进标准对于新技术的采用。在 2016 年 8 月发布的《"十三五"国家科技创新规划》中还指出,应完善技术标准体系,促进科技、标准和产业的整体协同创新,完善科技成果向标准转化的机制,加强基础通用技术标准和产业共性技术标准建设,加快新兴产业领域和跨学科交叉领域的技术标准体系建设,完善科技创新、知识产权保护和标准互动互助机制建设。②

2016 年 7 月,国务院办公厅下发了《关于新形势下加快知识产权强国建设的若干意见》,要求完善标准必要专利的公平、合理、非歧视性许可政策,停止侵权申请规则;积极参与国际标准制定,推动有知识产权的创新技术转化为标准;加强创新成果的标准化和专利化工作,催生创新成果;研究制定标准必要专利布局指南。这些任务都与将专利纳入技术标准有关。③

（二）协调知识产权与标准现有政策分析

目前,我国调控标准中包含专利的政策有国家标准化管理委员会、原国家知识产权局联合出台的《涉及专利的国家标准制修订管理规定(暂行)》(国家标准化管理委员会、国家知识产权局公告 2013 年第 1 号,以下简称《管理规定》)和国家标准《标准制定的特殊程序第 1 部分:涉及专利的标准》(GB/T 20003.1－2014)。前者原则上规定了从宏观层面制定和修订涉及专利的国家标准,后者作为前者的配套实施文件,进一步细化了操作层面国家标准中专利处置的要求和程序。将两者对照起来看,基本明确

① 孙捷,姚云,刘文霞.中外专利标准化知识产权战略的分析与研究——以中、美、欧、日的知识产权战略为例[J].中国标准化,2017(3):30-34.
② 孙捷,姚云,刘文霞.中外专利标准化知识产权战略的分析与研究——以中、美、欧、日的知识产权战略为例[J].中国标准化,2017(3):30-34.
③ 孙捷,姚云,刘文霞.中外专利标准化知识产权战略的分析与研究——以中、美、欧、日的知识产权战略为例[J].中国标准化,2017(3):30-34.

了与专利有关的国家标准的处理规则。① 它们一方面考虑国际标准组织的惯例,另一方面借鉴了一些主要发达国家的政策。② 一般来说,我国国家标准中确立的专利处置规则立场如下。

1. 必要性原则

国家标准中的专利必须是必要的专利。这是世界范围内的通行做法,意味着进入标准的专利技术必须是必要的专利或者是必要的权利要求。③《管理规定》第 1 章第 4 条明确规定:"国家标准中涉及的专利应当是必要专利,即实施该项标准必不可少的专利。"国家标准的贯彻实施,离不开该类专利的利用,并且没有实质性理由排除此类专利。由于对什么是必要专利定义缺乏国际共识,GB/T 20003.1—2014 从必要的权利要求的角度出发,对《管理规定》中的必要性原则做出了完整的定义:必要的权利要求,是假设在实施标准时不可避免地被侵权的专利权,在此基础上将"必要专利"定义为"至少包含一项必要的权利要求的专利"。这就使得我国的标准必要专利的定义更加清晰、准确了。

2. 主动公开原则

《管理规定》根据必要专利权人参与制定和修订标准的深入程度,规定了不同的披露义务。专利披露制度是标准组织知识产权政策的核心内容之一。其主要内容是解决谁承担什么样的专利公开披露义务、在何时披露以及谁有义务披露专利相关信息的问题。标准必要专利披露制度的主要功能,是消除标准修订过程中存在的风险点,加快标准修订和贯彻实施的过程。④ 按照主动公开的原则,《管理规定》区分了参与标准修订和没有参与标准修订两种情况,规定了不同程度的专利披露义务。在国家标准制定和修订的任何阶段,参与标准制定和修订的用户应尽快向国家有关专业标准化技术委员会或者标准归口管理单位披露其所拥有的必要专利;同时,还须提供相关专利信息和相应的证明材料,并承诺对其所提供的所有材料的真实性负责。如果参与制定标准的组织或者个人未按照规定公开其专利,应认定为违反了诚实信用原则。同时,国家还鼓励未参加国家标准制

① 杨晓丽.中国国家标准涉及专利的处置规则评价(下):标准专利处置实务系列 4[J].电子知识产权,2014(9):44-47.
② 杨晓丽.中国国家标准涉及专利的处置规则评价(下):标准专利处置实务系列 4[J].电子知识产权,2014(9):44-47.
③ 黄德海,聂宁乐,贾玉姣,等.产品新设计的知识产权保护[J].电子知识产权,2014(9):79-85.
④ 杨晓丽.中国国家标准涉及专利的处置规则评价(下):标准专利处置实务系列 4[J].电子知识产权,2014(9):44-47.

定和修订的组织或个人在国家标准制定和修订的任何阶段，披露其所拥有的必要专利的相关信息，同样地也需要向国家有关专业标准化技术委员会或标准归口管理单位提交专利信息资料和证明材料，并对所提供证明材料的真实性负责。GB/T 20003.1—2014 第 4.1 部分详细规定了专利披露时间、披露范围、披露方法、披露程序、证明材料要求以及判断披露义务是否完全履行的标准等内容。

3. 承诺许可原则

许可声明是标准中包含的专利权人同意对该类专利做出许可的声明。获得知识产权权利人的许可声明，是将必要专利纳入推荐性国家标准的前提。如果国家标准在制定和修订过程中遇到必要的专利不能绕过的情况，相关专业标准化技术委员会或标准归口管理单位将要求知识产权权利人在标准中以明确的方式公布。如果专利尚未到实质审查阶段，那么就由专利申请人作为"准权利人"，具体执行相关的许可工作。知识产权权利人（或前述"准权利人"）的许可可以是免费的，也可以是收费的，但是应当都是基于"公平、合理、无歧视"的原则而为之的，不得因任何理由对将来标准的使用人产生差别待遇。如果没有获得知识产权权利人或"准权利人"的许可承诺，那么相关的推荐性国家标准不会得到国家标准化管理委员会的批准发布。专利权人或者专利申请人转让已经提交国家专业标准化技术委员会或者其归口管理单位的专利的，应当事先将专利实施许可声明的内容告知受让人，并保证受让人同意受专利权人的约束。[①] 可以看出，在不涉及强制性标准相关利益的情况下，我国对于标准中必要专利的态度并不是一味地压缩知识产权权利人的权利空间。

4. 公平、合理、无歧视（FRAND）原则

公平、合理、无歧视原则是标准组织知识产权政策的基础性原则。[②]虽然各个国家或地区的公权力机构及标准民间组织对该原则的理解和表述有不同之处，但该原则作为基本的核心准则普遍存在于各标准化组织制定的规则中。前述承诺许可原则与公平、合理、无歧视原则直接相关联，是先后步调协调的关系。前面提及，我国对推荐性的国家标准之中存在的专利，要求知识产权权利人明确表示：要么同意在公平、合理、无歧视基础上免费许可或者收费许可，要么不同意许可。除了不同意知识产权与标准协同的意愿，无论知识产权权利人选择前面哪种，其许可依据都是"公平、合

① 朱珊珊.《国家标准涉及专利的管理规定》发布[J].电器工业,2014(1):67.
② 杨晓丽.中国国家标准涉及专利的处置规则评价(下):标准专利处置实务系列 4[J].电子知识产权,2014(9):44-47.

理、无歧视"(on fair, reasonable and non-discriminatory basis,即FRAND)。这三种模式主要源于 ISO、IEC 和 ITU 标准组织,参考了其共同专利政策中的许可条件,为我国参与 ISO、IEC 和 ITU 的国际标准化工作奠定基础,避免政策不一致可能产生的矛盾和冲突,有利于国家标准与国际标准的相互转化。[①]

5. 不干涉原则

所谓不干涉原则,是指标准组织仅对组织成员纳入专利的行为做程序上的协调服务。在实质层面,标准组织不会代替国家知识产权审查机关,对专利的法律状态和有效性进行二次审核;不会取代知识产权中介服务或法律服务机构的职能,不会作为独立一方参加标准必要专利的许可谈判,也不会提供证明纳入标准专利有效性的证据材料;[②]同时,也不会取代行业协会等专业技术组织,不评估专利技术的价值和标准中存在的必要性;标准必要专利的许可由专利权人和标准实施人协商确定,标准专利纠纷由利益牵涉各方自行解决。[③]《管理规定》第 17 条的规定是符合国际惯例的,对于国家标准中包含的必要专利实施许可问题,由标准使用者与专利权人(或者专利申请人)在专利实施许可声明的基础上协商谈判来解决。

一方面,标准化主管部门可以更好地集中精力组织技术专家制定技术标准,将非其所长的与专利许可谈判有关的法律问题留给法律专家去解决;[④]另一方面,标准化主管部门等于是授予了专利权人或专利申请人和标准实施者自由谈判的权利,相关利益各方可以根据自己的意愿自由选择利益冲突的解决方式与内容安排。[⑤]

四、我国典型省市知识产权导向政策实证分析

(一)知识产权导向的体系论解读

以体系化的思路制定知识产权政策,产生导向作用,就是从完善知识

[①] 黄德海,聂宁乐,贾玉姣,等.产品新设计的知识产权保护[J].电子知识产权,2014(9):79-85.

[②] 杨晓丽.中国国家标准涉及专利的处置规则评价(下):标准专利处置实务系列 4[J].电子知识产权,2014(9):44-47.

[③] 杨晓丽.中国国家标准涉及专利的处置规则评价(下):标准专利处置实务系列 4[J].电子知识产权,2014(9):44-47.

[④] 杨晓丽.中国国家标准涉及专利的处置规则评价(下):标准专利处置实务系列 4[J].电子知识产权,2014(9):44-47.

[⑤] 黄德海,聂宁乐,贾玉姣,等.产品新设计的知识产权保护[J].电子知识产权,2014(9):79-85.

产权制度和政策体系本身的角度出发做好相关工作的。其知识产权政策文件的主要表述是：强调地方知识产权法律和政策体系的完整性和全面性，完善知识产权政策的制定，加强知识产权管理。[①] 例如，2006 年西藏自治区在其《〈保护知识产权行动纲要（2006—2007 年）〉实施方案》[②]中，明确指出了部门间及部门内细化政策措施配合的重要性，要求在科技创新和经贸活动中贯彻知识产权保护的规定，并围绕经济科技发展规划、目标和产业发展，密切协调政府经济、科技、贸易等部门的工作，加强知识产权政策的研究、制定和实施。此外，河南省在 2008 年发布的《知识产权战略纲要》[③]中也强调，知识产权的导向作用应体现在各级政府部门制定的产业发展、经济结构调整、人才引进和培养、科学发展和人才培养等政策中，引导和支持市场主体创造和利用创新知识成果。浙江[④]、河北[⑤]两省的知识产权政策定位较为明显，两省都提出建立以"科技创新"为核心的知识产权导向机制，在科技创新规划中突出知识产权工作的重点。也就是说，政府在纵向科技项目立项、审批、验收的全过程中，应当以获得自主知识产权的技术为依据进行评估；科技创新平台建设应以提高自主知识产权的研发能力为目标；在引进、吸收和再创新相关技术的同时，应将产出高质量的自主知识产权的技术成果作为一项重要衡量标准。

（二）知识产权导向的市场论解读

市场论导向的知识产权政策注重市场参与者的知识产权意识以及具体工作内容的引导，强调地方知识产权政策的制定与执行，离不开对市场主体即企业行为的调研、考量与预测。制定这种知识产权战略的思路是：知识产权政策应与市场相结合，利用利益刺激市场参与者的自主创新行为；同时，考虑到市场机制本身存在诸多缺陷和市场失灵，知识产权资源的有效配置和转移离不开政府的有效干预与调控。[⑥] 所以，政府公共政策有效执行力度和市场资源高效配置要相结合，充分发挥企业自主创新的主体

---

① 郭强.强化我国知识产权导向政策问题研究[J].知识产权,2012(4):76-80.

② 西藏自治区人民政府办公厅.《〈保护知识产权行动纲要（2006—2007 年）〉实施方案》(藏政办发〔2006〕101 号).

③ 河南省人民政府.《河南省知识产权战略纲要》(豫政〔2008〕59 号).

④ 浙江省人民政府办公厅.《关于印发〈浙江省贯彻国家知识产权战略纲要实施意见〉的通知》(浙政办发〔2009〕189 号).

⑤ 河北省人民政府.《关于贯彻国家知识产权战略纲要的实施意见》(冀政〔2009〕129 号).

⑥ 郭强.强化我国知识产权导向政策问题研究[J].知识产权,2012(4):76-80.

作用,激发全社会创新活力与创新热情。① 知识产权导向的市场论立场强调,知识产权政策要围绕企业展开,对其研发创新获得知识成果的活动进行全方位引导扶持。上海市在知识产权短期政策及中长期战略规划中,在引导企业明晰有形资产权属、提升资产运营效率的同时,注重强化企业知识产权战略管理能力,提升其对知识产权等无形资产的管理水平,将知识产权的归属、应用、管理和保护作为企业技术中心、高新技术企业和高新技术产业园区认定、评价和复审的必要条件之一;② 努力培育发明专利权、驰名商标和重点软件著作权,促进具有自主知识产权和核心竞争力的企业发展。③ 甘肃省支持企业专利技术产业化,支持企业采用和制定行业标准、国家标准和国际标准,重点支持企业创新能力建设项目,力争建设一批具有自主知识产权的技术创新示范企业。④

(三)知识产权导向的功能论解读

以功能论为主导思路制定知识产权政策的方式,主要是强调知识产权政策的工具性,认为制定知识产权政策的目的是更有效地进行科技管理。同时,这种政策制定的思路也注重建立健全知识产权管理和服务体系。⑤ 例如,江西省在 1995 年提出,各级政府有关部门要加强知识产权工作的政策导向,及时制定知识产权奖励政策,各级知识产权管理机构和服务机构要加强指导企业、科学研究机构和高等学校知识产权的创造和应用,及时向企业、事业单位提供知识产权最新信息资讯。⑥ 广东省在其《广东省知识产权战略纲要》中提出,要加强知识产权宏观管理,完善知识产权制度建设,发展知识产权服务体系,建设知识产权人才队伍,构建结构合理、运作科学、管理完善的知识产权服务体系,切实加强知识产权保护。⑦ 四川省在《四川省知识产权战略纲要》中指出,知识产权政策应服务于科技创新,应完善政府资助创新成果的所有制和利益分享机制,建立重大科技成果的

---

① 刘华,孟奇勋.知识产权公共政策的模式选择与体系构建[J].中国软科学,2009(7):10-18.

② 上海市人民政府.《印发〈关于进一步加强本市知识产权工作若干意见〉的通知》(沪府发〔2003〕48 号).

③ 上海市人民政府.《关于印发〈上海知识产权战略纲要(2004—2010 年)〉的通知》(沪府发〔2004〕33 号).

④ 甘肃省人民政府.《关于进一步深化科技体制机制创新的意见》(甘政发〔2009〕74 号).

⑤ 郭强.强化我国知识产权导向政策问题研究[J].知识产权,2012(4):76-80.

⑥ 江西省人民政府.《办公厅贯彻落实国务院关于进一步加强知识产权保护工作决定的通知》(赣府厅发〔1995〕3 号).

⑦ 广东省人民政府.《广东省知识产权战略纲要(2007—2020 年)》(粤府〔2007〕88 号).

知识产权工作机制,注重知识产权的获取和保护,开展全过程跟踪服务,将知识产权指标纳入高新技术企业认定、企业技术创新活动评价等工作中,大幅增加对发明专利的资助和奖励,引导企业、事业单位自主创新,或通过购买、合并、许可等方式,获得关键核心知识产权。①

(四)知识产权导向的综合论解读

综合论思路指导下的知识产权政策的制定特点,大致可以总结为:知识产权政策能够有效助力技术创新活动。然而在经济社会发展的全局中,仅仅依靠知识产权政策的支持是不行的,应着眼于科技管理的全过程,区域知识产权政策措施必须与本地及上级的产业发展、科技创新、贸易促进等其他多个类型的政策共同发力,形成一个整体,才能产生联动效应。② 例如,江苏省强调将知识产权管理纳入科技创新管理的全过程,加强科技计划制定、项目申报、评审、项目评估等各个阶段的知识产权管理,在项目审查、项目发布、合同签订、中期检查和结题验收等阶段都紧抓知识产权不放松。③ 其后江苏省在 2009 年颁布的《江苏省知识产权战略纲要》中,提出加强经济运行、技术研发、文化事业等领域活动中的知识产权管理,加强知识产权在经济、科技、文化政策中的导向作用,加强科技、教育、文化、卫生政策与知识产权政策的协调,保障社会公众在各项社会活动中依法合理使用创新成果和信息的合法权益。④ 云南、福建在实施国家知识产权战略的意见中,也都强调知识产权政策与产业政策、区域政策、科技政策、贸易政策等其他领域政策之间的联系,制定了支持各行业知识产权事业发展的政策措施,从而直接加强知识产权在经济、文化和社会政策中的主导作用。⑤

---

① 四川省人民政府.《关于印发〈四川省知识产权战略纲要〉的通知》(川府发〔2009〕15 号).

② 郭强.强化我国知识产权导向政策问题研究[J].知识产权,2012(4):76-80.

③ 江苏省科学技术厅、江苏省知识产权局.《关于印发〈江苏省知识产权区域试点工作计划实施方案〉的通知》(苏知发〔2002〕80 号).

④ 江苏省人民政府.《关于印发〈江苏省知识产权战略纲要〉的通知》(苏政发〔2009〕1 号).

⑤ 云南省人民政府.《关于贯彻国家知识产权战略的实施意见》(云政发〔2009〕118 号);福建省人民政府.《办公厅关于印发贯彻国家知识产权战略纲要实施意见任务分工的通知》(闽政办〔2010〕123 号).

第三节　知识产权与标准协同发展的模式

一、知识产权与标准协同表现形式

(一)"模仿跟随"型知识产权与标准协同模式

最初知识产权与标准产生交集,往往是基于技术压制与技术追赶而被动展开的。这种协同模式,可以称作"模仿跟随"型的知识产权与标准协同模式,是企业在采取模仿型技术创新战略与跟随型技术标准战略匹配下的知识产权与技术标准相互协同发展模式。[1] 模仿与跟随主流技术的企业,一般来看,其规模体量、研发能力、市场份额等往往是相对较弱的,即使拥有少量知识产权,也无法形成实质上的市场竞争力。[2] 模仿跟随者由于主导市场的能力欠缺,其在标准的制定过程中也就基本没有什么参与权和话语权,当然也就更谈不上将其少量的、非核心的知识产权融入全行业的标准中去了。当然,这并不意味着跟随市场领先技术被动创新的企业无法生存下去,在某些情况下,实时跟随市场主流技术的企业(尤其是中小企业)足够顽强,挺过起步阶段,没有被市场淘汰的话,那么就可能会磨炼出比较强的消化吸收技术的能力,如果能够对市场引导者的技术加以改进,形成二次创新,及时推出具有差异性的新产品,并且及时申请改进发明,就可以实现反超,迫使技术标准领导者进行战术调整乃至技术发展方向的战略调整,为原先的"模仿跟随者"提供喘息之机,留下可观的市场份额,甚至返身与原处于弱势的模仿跟随竞争者进行合作。

以我国打火机制造业为例,20 世纪 90 年代初中国企业初涉打火机出口市场,就面临美国市场的 CR(child-resistance,儿童保护)法规,又相继遭遇了欧盟、日本当地市场的新 CR 法规以及美国"337 调查"等。为应对国外市场的标准壁垒,宁波新海电气股份有限公司研发出了进入美国市场的打火机儿童保护专利。2005 年,由宁波新海公司等牵头的宁波市打火机行业协会成立,有 75 家会员企业加盟,会员统一采用更加安全的打火机防儿童开启保护专利,开始走联合对抗和交涉国外技术标准的道路。此种联

---

① 舒辉.知识产权与技术标准协同发展之策略探析[J].情报科学,2015,33(2):25-30.
② 倪蕙文.企业专利战略应用研究[J].科学管理研究,2003(5):68-71,75.

合,可以说是被动地应对国外市场技术要求的挑战而做出的不得已之举,客观上也促进了知识产权与标准的"协同"。①

(二)"生态系统"型知识产权与标准协同模式

我国《中国制造 2025》战略提出"建立优势互补、合作共赢的开放型产业生态体系",将其确定为推进信息化与工业化深度融合基本思路。有实务专家及学者对于企业在"互联网＋"组织升级过程中如何落地的现实问题,提出了"互联网生态"的概念,认为互联网颠覆了传统制造业生态链,未来企业之间的竞争,关键在于建立跨界商业生态竞合关系。② 这其中,专利与标准是促进企业之间携手构建"创新生态系统"一前一后两个比较实际的抓手。

"生态系统"型知识产权与标准协同模式,本质上是"发明—分享—协作"的模式,也就是投入大量研发成本进行技术创新,再以专利授权的形式,将其所持有的专利技术通过一定的商业策略布局,与部分或经过选择的市场主体进行合作分享,随后推动形成客观上的协作和规模化,普及整个产品领域,最终形成完整的"产业生态系统"。在"生态系统"型的协同模式下,"优势物种"与其他"非优势物种"的互动关系是复杂而多元的,并且沟通的渠道越多、链条越长,系统的生命力就越强大,具体到本书所特指的产业链生态系统来说,企业要想扮演并长期保持市场引领者角色,就必须凭借自身由技术创新而产生的竞争优势,不断升级标准中所包含的技术,促使技术标准的修订间隔越来越短,产业生态越来越多样化,指引市场,使竞争者疲于应对,从而始终占据市场领先优势地位。③

(三)"开放社区"型知识产权与标准协同模式

开放创新理论创始人、美国学者 Henry W. Chesbrough 教授认为,在现代社会,企业的创新已经由以往的封闭式模式,无可争议地进入了开放式模式。④ 企业间顺利进行"技术对话"的基本要求就是统一技术标准,而通行于全世界的标准并非一蹴而就,亦非毕其功于一役,其生命力的本源,在于开放、兼容,以及持续改进,标准化战略的深入推进非常需要开放式的

① 巫强.技术性贸易措施下出口企业被动创新效应[J].经济理论与经济管理,2007(10):70-75.

② 喻晓马,程宇宁,喻卫东.互联网生态:重构商业规则[M].北京:中国人民大学出版社,2016:2-3.

③ 舒辉.知识产权与技术标准协同发展之策略探析[J].情报科学,2015,33(2):25-30.

④ Chesbrough H W. Open Innovation: The New Imperative for Creating and Profiting from Technology[M]. Boston: Harvard Business School Publishing Corporation,2003:1-3.

合作创新。在占主导地位的国际规则层面上,美国一直主张世界贸易组织《技术性贸易壁垒协定》(WTO/TBT)中联盟标准的合法性。欧盟一直反对美国的观点,认为只有国际标准化组织(ISO)、国际电工委员会(IEC)和国际电信联盟(ITU)等传统国际标准组织制定的标准才能被视为国际标准。然而,近年来,一方面,欧盟开始讨论在欧盟内部技术法规和政府采购中直接引用欧盟标准的问题;另一方面,其在世贸组织的提案中也主张,如果欧盟的标准满足其在市场上广泛使用的条件,并且其知识产权许可条件不会对标准的实施造成障碍,则可以将其视为国际标准。①

以电子技术与电信产业的结合为例,蓝牙技术联盟(The Bluetooth Special Interest Group, SIG)在成立之初,其联盟成员之间就通过章程性文件,在技术研发方面进行了着眼于全球市场的战略分工,例如,英特尔公司(Intel Corporation)主攻半导体芯片(semiconductor chip)和传输软件(transfer software)方面的无线传输技术,爱立信公司(Telefonaktiebolaget LM Ericsson)和诺基亚公司(Nokia Corporation)负责开发无线射频(radio frequency)与移动电话软件(cell-phone software),IBM 公司(International Business Machines Corporation)和东芝公司(Toshiba Memory Corporation)负责统一联盟成员内部的笔记本电脑产品接口规范(system interface specification)等。蓝牙技术联盟的成员享有免费使用蓝牙协议及相应专利的权利,相互之间进行专利互换,所有成员都可在其产品开发和服务中使用蓝牙技术,并在经过认证后使用蓝牙技术联盟的商标许可。② 蓝牙技术规范的开放性与生俱来,这赋予了与蓝牙技术相关的产业以强大的生命力。

在新能源汽车领域,开放知识产权的"开源行动",也可以看作建立技术开放社区的典型事例。2014 年,美国特斯拉公司对外宣布开放其所有专利,并且不附加任何利益性条件。其后,日本丰田汽车公司也于 2015 年1 月宣布将与其他汽车生产商免费分享将近 5700 项氢燃料电池专利,希望借此加速新能源汽车产业采用氢能源有关技术。开放专利给同行业企业使用,可以增加参与新能源汽车产业的车企数量,帮助其在短时间内跻身新能源汽车技术体系布局的上层,避免重复研发和资源浪费;开放专利的企业在该产业领域也可实现主导制定国际标准,或形成事实标准。

---

① 安佰生.标准化中的知识产权问题:认知、制度与策略[J].科技进步与对策,2012,29(5):101-103.

② 王德禄.联盟为纽 探索产业自主创新道路[J].中国高新区,2007(3):30-33.

二、标准化组织的知识产权政策

(一)允许必要专利纳入标准

必要专利,是指在标准中无其他非专利技术可以代替的专利,必要专利往往体现为发明专利。具体来说,该专利技术必须与标准所适用的某种产品或生产方法有直接联系,然而由于技术路线的单一性,必要专利技术在该技术标准领域处于不可或缺的地位,没有其他非专利技术能够将其替代。①

标准化组织对待专利的态度经历了由排斥到接受的转变。国际标准化组织早期的总体态度是建议在技术标准中使用非专利技术,这么做的理由是如果标准中所包含的技术为专利权所覆盖,那么就不可避免地涉及诸多与标准适用无关的额外问题,包括授权许可谈判、技术价值评估、费用支付方式、侵权风险、专利无效风险等。② 但随着高技术产业特别是信息技术产业的发展,技术密集导致了专利密集,标准化组织及企业在制定和修订标准时越来越难以在标准文本中回避专利技术。基于此,各标准化组织对于将专利纳入标准的态度正在逐步转变,最终允许将必要的专利纳入标准。例如,根据国际标准化组织 ISO/IEC 的专利政策,如果技术考虑是合理的,国际标准可以包括专利和类似权利,这在原则上是可以接受的。③欧洲标准化委员会(CEN)和欧洲电工标准化委员会(CENELEC)的知识产权政策原则上不因技术原因反对在标准中使用专利。④ 根据美国国家标准学会的《基本要求:美国国家标准公正程序要求》,如果从技术上证明标准的制定和修订将牵涉专利技术的话,那么原则上,标准提案不排除在其起草中包含相关专利。⑤

(二)知识产权信息需事前披露

知识产权信息披露,是指标准制定和修订过程中,参与者必须将其所持有的专利通过标准组织所要求的方式进行披露。这里的披露主要是对

---

① Anthony S F. Antitrust and Intellectual Property Law: From Adversaries to Partners [J]. AIPLA Quarterly Journal, 2000, 28(1):3-28.

② 董颖. 数字空间的反共用问题[J]. 电子知识产权,2001,(12):38-40.

③ Guidelines for Implementation of the Common Patent Policy for ITU-T/ITU-R/ISO/IEC, 2007, March, Part I.

④ CEN/CENELEC Guide 8:Standardization and Intellectual Property Rights (IPR), 2009.

⑤ ANSI Essential Requirements:Due Process Requirements for American National Standards,3.1.

知识产权信息的主动的、透彻的、有针对性的提示。知识产权信息披露制度建立的初衷,是防止标准组织成员借专利手段滥用标准化形成新的垄断。专利权人在参与制定和修订与实施技术标准时,不得谋求市场垄断地位。该制度要求各成员向标准化组织披露其所拥有或者控制的、所掌握的专利信息,以及其制定的标准中所包含的专利技术信息,这些信息应当按照标准化组织事先规定的知识产权信息披露规则向社会公开。① 信息披露制度还有一个考虑,是规避不应有的风险和法律责任。标准的制定和修订有着固定的流程,其间可以多次公开征求产业乃至全社会的意见与建议,并适时调整标准草案的文本,标准化组织或主持标准制定和修订的组织成员通过标准披露知识产权信息的方式,可以有效避免因未承担告知义务而引发的法律纠纷。

知识产权信息披露制度既满足了标准管理组织、知识产权权利方和标准用户披露知识产权信息的合理预期,也符合知识产权和标准化领域信息披露的制度要求。参与制定标准的专利申请人,在向知识产权行政主管部门提交专利申请后,将利用在标准制定会议上从其他成员处获得的技术信息对其专利申请进行修改。这将带来两个问题:一方面,专利申请获得批准后,标准的实施是必要的;另一方面,因为标准制定会议上已经讨论了这些信息,那么就意味着专利失去了新颖性。虽然专利的有效性在获得批准后可以提起无效之诉,但如果专利当局通过标准化组织获得相关信息,则可以提前解决问题②,从而有效减少社会公共资源使用成本。因此,标准研制过程中的专利申请信息披露非常有必要。在标准制定过程中,尤其是在征求意见和审查阶段,标准化组织应当加强对所披露的知识产权信息的审查,充分衡量标准所涉及的知识产权的情况,督促参与制定标准的企业做好知识产权信息的披露和许可承诺。如果出现可能因知识产权障碍导致标准难以推广实施的情况,应及时协调标准制定各方的调整计划。特别需要强调的是,对于自立项阶段就参与标准制定的企业,要保证知识产权权利信息的公开,并随着标准项目研发的进展做好知识产权布局。

目前,三大国际标准化组织(ISO、IEC、ITU)、欧洲标准化委员会和主要发达国家的标准化机构[如 ANSI(美国国家标准学会)、BSI(英国标准协会)、DIN(德国标准化学会)等组织]的知识产权政策中,都包含了知识产权信息披露制度。为了更好地落实知识产权信息披露制度,ITU、ISO

---

① 赵启杉.论与技术标准有关的知识产权信息披露制度[C]//张乃根,陈乃蔚.技术转移与公平竞争.上海:上海交通大学出版社,2008:63.

② 安佰生.标准化中的知识产权:一个政策的视角[J].电子知识产权,2009(2):11-14.

和 IEC 均向社会公众提供了专门的知识产权信息备案数据库,知识产权信息数据具体是以声明表(statement)的形式传递给 ITU、ISO 和 IEC。标准化组织中的知识产权信息数据库中,可能包含特定专利的详细技术信息,也可能是索引信息和概况描述。标准化组织对知识产权信息数据库中的录入信息不承担实质性审查义务,即对披露知识产权数据信息的准确性和完备性不承担有瑕疵的法律责任。所以,此类知识产权信息数据库更具有表征意义,意在提醒社会公众:标准中所包含的必要专利与专利权人向标准化组织提交的声明表中的内容具有实体联系,这些专利确定可以在公平、合理、无歧视(FRAND)原则下授权给标准实施者来使用。①

三、推进知识产权与标准协同发展的路径

(一)构建知识产权与标准协同发展多方参与引导机制

从全球化的视野来看,掌握标准话语权说到底是一国技术先进程度、产业发展水平,乃至综合国力的真实呈现。发达国家就知识产权如何与技术标准实现融合与协同发展,进行了比较深入的理论研究,实务操作方面也以开放知识产权与标准的形式实现了高技术前沿领域的突破。我国需要尽快构建符合我国国情又与国际惯例相协调,具有良好激励作用的知识产权与标准协同发展制度体系,规范标准制定和修订过程中涉及知识产权关键核心问题点的应对程序与措施,平衡知识产权持有者和公众之间的利益。政府应在协调知识产权和标准协同关系方面发挥主导作用,引导企业利用好自己手中的专利技术,通过将其融入标准,提高竞争力。对于需要经过长期的基础性研究才能加以应用的项目,政府应有倾向性地予以立项,加大核心技术领域探索论证和研发攻关的力度,为扩大标准必要专利的规模奠定坚实基础。积极与行业协会等技术中介组织合作,加强知识产权与标准化协同发展意识,鼓励企业以市场为导向,按照产业政策发展方向参与标准制定和修订以及贯彻标准工作。②

从产业层面来讲,知识产权与标准的协同发展,需要重点着力于战略性新兴产业。公权力机关要努力突破标准中自主知识产权推广应用的制

---

① Guidelines for Implementation of the Common Patent Policy for ITU-T/ITU-R/ISO/IEC.

② 王惠珍.专利标准化技术贸易壁垒对宁波经济的影响及对策[J].宁波经济(三江论坛),2016(1):17-20.

度障碍,构建促进自主知识产权产业化应用的长效机制①;应当在产业战略规划发展重点领域以及"互联网＋"的关键环节组建知识产权与标准联合运营机构,聚合若干关键技术专利上升为标准,做好重点产业的国际化知识产权布局,避免其滥用专利权形成对我国产业有威胁的技术性贸易壁垒;应开阔"走出去"的视野,支持各类市场创新主体,借助"一带一路"倡议和国际产能合作的背景与机遇,推动我国自主知识产权产业化推广与应用②;要着眼于加强制造强国建设,完善知识产权政策与标准政策;实现知识产权政策与产业发展政策、质量标准政策、科技创新政策和财政政策的有机结合,整体纳入标准化政策范畴内,聚合各类资源,实现知识产权战略与标准化战略的协同发展。

(二)形成以企业为主体的知识产权与标准协同竞争模式

知识产权与标准的协同创新,是通过引导和机制安排,促进企业、院校、研究机构整合、发挥各方资源和要素优势,加速技术和标准研发、推广、应用,协同开展产业化活动。实践证明,技术标准是提高研发质量和成果转化成功率与效率的有效工具,是科技成果向现实生产力转化和产业化的桥梁和催化剂,是科技成果加速扩散、拥有知识产权的核心技术迅速占领市场的有力武器。因此,要引导和鼓励"产学研政"各方建立完善科研、专利、标准相融合的协同发展模式与机制,把技术与标准的同步研制、协同、创新作为科研的最高目标,把握和关注科技发展新动向、新趋势,及时组织科技研发和标准研制,实时更新新技术、新标准,始终保持科研成果和技术标准的先进性,引领产业发展。

在国际市场竞争中,企业首先追求的是自身的经济利益,然而这并不与产业利益及国家利益相冲突,也就是说,只要追求利益的途径和方法是合法(包括国际条约、国内法)的,那么企业自身的利益、企业集群体现出来的产业利益以及国家经济社会发展利益就是捆绑在一起的。企业作为市场活动的主体和技术创新的主力,应成为我国参与全球标准竞争的骨干代表力量。技术创新体系要以企业为主体,企业按照市场需求组织申请专利、研制标准,形成开放、竞争、协作的运行机制,集中国家、地方、企业、行业组织力量,共同打造知识产权与标准相结合的创新体系和运行模式。③因此,我们应该强调企业在市场竞争中的主导地位,为企业进入国际市场

---

① 张义忠.建设制造强国要善用知识产权利器[N].科技日报,2016-04-15(06).
② 张义忠.建设制造强国要善用知识产权利器[N].科技日报,2016-04-15(06).
③ 李文文.第八讲:标准中知识产权问题的综合解决框架思考[J].中国标准化,2009(8):73-74.

提供平台和机会。

(三)建立以知识产权为连接因素的产业技术标准联盟

产业技术标准联盟是企业之间进行对外战略合作的新型组织形式,是知识产权与标准结合的重要载体,将成为一国培育本国优势产业,更好地应对全球化竞争的有效途径。在产品趋同的产业集群内,联盟标准正逐渐成为产业集群建设的重要抓手,联盟标准使共同制定标准的企业,首先会考虑技术和标准化的产业化道路,通过技术向标准转化,促进双方在专利技术等知识产权问题方面达成共识,实现成果转化;同时,联盟标准的制定、推广和实施会吸引外围企业的追捧、跟随、扩散,更易获得转变为国家标准、国际标准的先机。

产业技术标准联盟应找准市场定位,着力进行产业链的纵向整合,打通产业链上下游各环节,通过有计划的技术推广行为,使知识产权融入行业内所广泛采用的标准中去;应形成完整的治理结构,通过专门的组织体系,开展技术标准的研发、测试认证和市场推广,形成技术标准联盟运营的价值链。[①] 创建产业知识产权与技术标准联盟,可以更好地实现我国的产业结构深化调整和经济转型升级,政府主管部门可以更有效地进行有区别的政策性引导,同步协调专利和标准政策,合力引导标准技术的研发和产业化。在产业技术标准联盟中合理进行知识产权运营,对于战略性新兴产业技术领域来说,能够高效助推拥有高技术的企业进行知识产权的战略布局,谋取未来发展的市场话语权;而在传统产业技术领域,引导企业发展和完善核心以及周边专利,增加了交叉许可的可能性,最终通过形成的整体优势带动技术薄弱环节的建设,实现产业集群优势。[②]

在之前部分提到的知识产权与标准协同发展的模式中,已经处在技术联盟中的企业可以采取联盟形式的知识产权与标准协同模式。此种知识产权与标准的协同模式,具有思想容易统一、市场响应及时、制定速度快等特点,更重要的是这样的合作基础使得知识产权纳入标准的问题在组织内部得到较好解决,并朝着彼此合作的方向发展,一旦遇到标准中的侵权问题便可联合应对。

(四)明确知识产权与标准在关键产业领域的冲突与交叠关系

知识产权与标准的矛盾冲突与交叠互动,是当前世界范围内产业界面

---

① 曾德明,朱丹,彭盾,等.技术标准联盟成员的谈判与联盟治理结构研究[J].中国软科学,2007(3):16-21.

② 王晓丽,林燕琼.标准与专利的协同发展[J].科技创新与应用,2015(32):276.

临的共同新难题,也是我国实施标准化战略未来的重点任务之一。从发生学上来讲,标准规范首先是应科学和技术发展的需要而产生的,治理社会的功用较弱,而专利制度作为法律的制度的一种,其调整权利义务的规范性作用的意味要重很多。标准的规范性仍只存在于科学和技术层面,也就是说标准属于单纯的技术规范。① 要从中国的国情出发,搞清楚知识产权与标准的交叠互动运作机理,明辨其中存在的利益分配与协调机制,创设包括知识产权信息披露制度和许可制度在内的知识产权与标准冲突协调制度,从而有效遏制知识产权与标准冲突产生的负面影响,平衡与最优配比各利益相关方的正当利益需求。战略性新兴产业取得突破,意味着重大技术突破乃至国家产业布局的重大调整,引领带动了一国经济社会发展的全局。目前我国处于创新型国家建设攻坚阶段,培育和发展战略性新兴产业是重中之重。就具体举措来讲,应加强知识产权保护和管理,鼓励建立以企业为主导的纵向产业链合作模式的知识产权联盟;完善市场准入标准体系,加快建设有利于战略性新兴产业发展的重要行业标准和产品技术标准体系,优化市场准入审批管理程序②;应及时把握战略性新兴产业领域国际标准化发展动态,鼓励企业尽早介入、重点参与战略性新兴领域国际标准制定和修订③;应将战略性新兴产业作为关键产业领域,进行知识产权与标准双重布局,鼓励知识产权与标准的交叉、融合与协同发展。

（五）形成附着于"产业链+集群"的知识产权与标准竞争格局

知识产权与标准协同发展的高阶形式,是形成附着于"产业链+集群"的知识产权与标准协同的市场竞争格局。在许多发达国家和地区,标准化战略突出了企业在实施战略中的主导地位,强调了促进利益相关者(主要是企业)积极参与国际标准竞争的必要性。④ 企业作为市场经营活动主体和创新要素集聚主体,具有政府公权力机关所不可比拟的灵活性与自治性。政府机构不能做企业的市场决策领导者,更不能充当企业夺取国际市场份额的"急先锋",而是应当摆正自己的角色,作为企业在国际市场上进行利益博弈的支持者与保障者。在国际竞争中,企业所追求的自身利益和国家政治经济利益、产业发展利益并不总是矛盾的。政府公权力机构在知

---

① 柳经纬. 标准的规范性与规范效力——基于标准著作权保护问题的视角[J]. 法学,2014(8):98-104.

② 国务院.《关于加快培育和发展战略性新兴产业的决定》(国发〔2010〕32号).

③ 田为兴,何建敏,申其辉. 标准经济学理论研究前沿[J]. 经济学动态,2015(10):104-115.

④ 陈锐,周永根,沈华,等. 技术变革与技术标准协同发展的战略思考[J]. 科学学研究,2013,31(7):1006-1012.

识产权与标准协同发展竞争的层面要充分信任企业,突出企业在标准化战略实施过程中的作用,引导、支持、鼓励企业深度参与国际标准化活动。从国内政策治理角度来讲,政府主管部门最关键的做法是借助《标准化法》修订的有利时机,利用好团体标准制度工具,在我国已经占得先机的优势产业领域内培育和发展企业知识产权与标准联盟,引导与鼓励企业组建富含自主知识产权的团体标准,形成产业发展引领态势,同时引导企业作为发起者和组织者,广泛聚拢和吸纳优势技术领域内具有高水平研发能力的高校、科研院所等非营利性组织,联合起来推动专利技术的标准化和国际化,形成市场导向、经济利益驱动的标准制定和修订联合体。

第四章 知识产权与标准协同发展组织创新

第一节 "标准＋知识产权"创新联盟构想

一、"标准＋知识产权"联盟的定位

根据协同理论,每一个与外界有足够物质和能量交换的开放系统,在其由无序向有序演化的过程中,都遵循着共同规律,在特定的条件下,由于组成上一级系统的大量子系统的协同作用,系统整体就在临界点发生了质的变化,从混乱状态向新的宏观有序状态发展,从而形成了一个新的系统。[①] 社会经济发展和公共生活健康运行需要协同治理,政府、企业、民间团体、自然人等不同类型的主体构成了一个具有交互性的整体开放系统,借助于系统各要素或子系统之间的非线性协调和相互作用,调整系统有序可持续运行的战略背景和结构,使整个系统在保持高阶参数的基础上共同管理社会公共事务,最终实现社会公共事务的协调,最大限度地维护和促进公共利益。[②] 组建"标准＋知识产权"联盟的过程,就是一个协同治理的过程。合力推进特定产业领域的新技术研发和标准化工作,正成为企业之间进行市场合作的行为模式。企业技术联盟是一种特殊的生产和技术贸易形式,其以构建新的技术开发体系为目的,以营利为根本动机,具有极强的灵活性,强调技术开发、资源共享与互补。在治理结构上,企业技术联盟一般具有相对成熟和完善的知识产权管理体系和运行机制,通过专门的组

---

① 孙中一.耗散结构论·协同论·突变论[M].北京:中国经济出版社,1989:47.
② 鲍红.知识产权与转变经济发展方式论坛论文集[M].北京:华夏出版社,2010:304.

织体系进行技术标准的研发、测试和认证以及市场推广,形成了一个相对成熟和完善的知识产权管理运营价值链。^①"标准＋知识产权"联盟的主要参与者是企业,辅之以多种类型组织,以知识产权为连接媒介工具,通过集群的形式实施技术创新和标准化工作。"标准＋知识产权"联盟通常是在特定产业或跨产业技术领域形成的技术创新合作组织。技术标准联盟有很多,在电子信息产业领域,如 MPEG(动态图像专家组)组织,DVD 的"3C""6C"联盟、Blue-Ray 联盟和 HD-DVD 联盟,以及我国的 TD-SCDMA(时分同步码分多址)产业联盟、闪联等,都是这样的联盟组织。^②

　　服务于知识产权与标准协同发展的联盟组织,应当是"标准＋知识产权"形式的纵向整合技术联盟,要以高技术产业(high technology industry)为切入点,聚焦于与生产或利用尖端的或复杂的设备、设施、方法等相关的技术,典型者如电子信息、生物医药、航空航天等领域。技术创新要取得成功,不能靠强制性指令,只能靠激励、引导以及良好的法律环境来调动技术创新主体的积极性,而知识产权制度是一种直接的创新激励手段。^③ 知识产权制度是高技术产业有关知识产权法律机制的基础和主要组成部分,^④知识产权决定了高技术产业集群的诞生时间和地点,高技术产业集群内的企业也往往将专利等知识产权作为最优先或次优先考虑的竞争优势要素。^⑤ 高技术产业的发展对传统知识产权法的理论和实践产生了强烈的冲击,使知识产权的无形性更加突出,影响了知识产权的地域性特征。同时,传统的权利限制可能给高新技术时代的知识产权保护带来一些不利因素,例如传统知识产权法的合理使用规则,在互联网开放创新的时代,在更加迅捷的模仿复制技术的影响下,可能会极大地损害发明者、创作者的利益。^⑥ 由此,发展高技术产业要求知识产权法的平衡机制进一步改进,必须充分保护知识产权权利人的创新成果,将引导发展高技术产业与保护发

　　① 李庆满.辽宁产业集群构建技术标准联盟问题研究[J].标准科学,2011(6):16-21.

　　② 李明星.以市场为导向的专利与标准协同发展研究[J].科学学与科学技术管理,2009,30(10):43-47.

　　③ 傅家骥.技术创新学[M].北京:清华大学出版社,1998:346.

　　④ 李颖怡.我国高技术产业知识产权制度的法律机制[J].中山大学学报(社会科学版),2000(3):105-109.

　　⑤ Graham S J H, Merges R P, Samuelson P, et al. High Technology Entrepreneurs and the Patent System: Results of the 2008 Berkeley Patent Survey[J]. Berkeley Technology Law Journal, 2009, 24(4):1255-1279.

　　⑥ 中山信弘,张玉瑞.多媒体与著作权[J].电子知识产权,1997(9):22-26.

明者权利的法律环境协调起来。① 协同创新的过程,是新技术、新产品、新工艺从设想、发明、生产到推广应用的过程,是一种高级、复杂、创新活动,具有原创性、高效性和不确定性等特点。

科技部发布的《关于推动产业技术创新战略联盟构建与发展的实施办法(试行)》中,明确这类产业技术创新联盟是新型的技术创新合作组织,主要由企业、大学、科研机构或其他组织组成,根据企业发展需要和各方共同利益,实现优势互补、利益共享和风险共担。② 产业技术创新战略联盟旨在提高特定行业的技术创新能力,联盟成员之间签订技术协议是合作的必要保证。公司只有拥有标准相关专利组合,才能签订此类战略技术协议,真正领导标准化开发过程。③ 随着经济全球化的深入发展,跨国公司运用技术优势改变竞争格局的手段越来越娴熟,标准联盟自然成为技术联盟的最高形式,加速了专利与标准的融合。④ 高技术产业知识产权联盟可以视为一种产学研合作机制,是产业技术创新战略联盟的高级组织形式,体现了一种超常规的聚合创新能力。联盟组织多个企业群体参与大规模的创新活动,在创新活动的前、中、后各阶段均有严格的行为规范,利用互联网等现代技术,形成创新矩阵网络和社区,加强创新主体之间的接触、互动与交流。⑤

二、"标准十知识产权"联盟的组建方式

传统的产业知识产权联盟组建方式,往往是若干行业内的骨干企业主动发起,针对某产品领域形成以保护市场竞争优势为目标的知识产权联盟,如电子信息产业的 DVD"3C"和"6C"联盟等。知识产权联盟可以在很大程度上减轻联盟成员之间的知识产权交易额外负担,最大限度避免形成知识产权壁垒,减少或避免相关的知识产权侵权诉讼。以电子信息产业领域的专利为例,同一行业的竞争对手围绕创新性发明专利开发了系列封闭

---

① 国际多媒体与信息高速公路知识产权制度专家会议(奥地利).行动议程[J].版权公报,1995(3).

② 科技部.《关于推动产业技术创新战略联盟构建与发展的实施办法(试行)》(国科发政〔2009〕648 号).

③ 吴林海,崔超,罗佳.我国未来技术标准发展战略研究——基于跨国公司标准与专利的融合[J].中国人民大学学报,2005(4):105-110.

④ 徐元.全球化下专利与技术标准相结合的趋势与问题解决途径[J].产经评论,2010(6):109-118.

⑤ Gloor P A. Swarm Creativity: Competitive Advantage Through Collaborative Innovation Networks[M]. New York: Oxford University Press, 2006, 4.

性专利,形成对开创性专利的包围。为了解决这些问题,企业组建了知识产权联盟,可以在一定程度上避免或消除封闭性专利带来的影响。①

我国产业标准化发展状况与发达国家产业发展相比,主要区别是政府的引导作用很强,对产业发展策略、技术方向、技术标准等有决定性的作用。往往是在建立产业联盟的同时,会通过政府的支持成立一个对应的标准工作组,或者由政府批准该产业联盟的标准制定和修订功能。目前国内产业联盟与标准工作组的职责比较明确,联盟在标准化工作方面一般是进行协调性的工作,成员分别兼以标准组织成员的身份参与相关标准的制定和修订。②

目前,知识产权开放许可已成为高新技术产业知识产权联盟的一种新的组织模式。"标准＋知识产权"联盟建设初期,往往有一个或多个知识产权优势企业试探性地开放专利,形成专利池。2014 年 6 月,美国特斯拉汽车公司(Tesla Motors)宣布,将对外公布本公司的全部专利,鼓励所有汽车制造产业链的组成企业都来关注、使用其专利技术,从而推动全球汽车实现大幅度迈进。紧接着,日本丰田汽车公司于 2015 年 1 月宣布,将开放氢燃料电池技术专利,其氢燃料电池技术的专利可供世界各地的主机厂和零部件供应商自由使用,另外丰田还将在全球范围内开放 5680 项氢燃料电池技术专利,其中包括用于氢燃料汽车"未来"(Mirai)的 1970 项关键专利。③ 可以看出,当前国外有影响力的产业联盟建设,具有强烈的"标准＋知识产权"性质与模式倾向。

在我国,部分领域和组织也初具"标准＋知识产权"联盟雏形。以国家半导体照明工程研发及产业联盟(China Solid State Lighting Alliance,CSA)为例,该联盟成立于 2004 年,现有成员单位 630 家,2017 年联盟成员产值占国内 LED 产值的 70%。在《国家半导体照明工程研发及产业联盟章程》④中,将知识产权与标准紧密结合在一起,进行了规定。联盟的业务范围中关于知识产权与标准的内容包括:推动建立技术标准、质量检测、认证和评价体系,参与和推动国际标准化工作;建立专利合作平台与机制,提

---

①　刘银良. 生物技术的知识产权保护[M]. 北京:知识产权出版社,2009:243.

②　王加莹. 专利布局和标准运营[M]. 北京:知识产权出版社,2014:135.

③　刘杨. 丰田汽车开放氢燃料电池技术专利使用权[N]. 中国证券报,2015-01-07(05).

④　国家半导体照明工程研发及产业联盟. 国家半导体照明工程研发及产业联盟章程(第四次修订稿)[EB/OL]. (2013-11-10)[2018-10-25]. http://csa. china-led. net/? c＝about&id＝13&cid＝1.

升行业国际竞争力；扩大国际合作，树立自主品牌，提升国际影响力和话语权①；以技术支撑标准的发展，突破产业发展的核心技术，形成技术规范产业发展的技术标准，开展产品质量认证服务；推进专利池建设，建立成员间知识产权优先共享或专利技术优先许可机制，实现知识产权共享，探索知识产权运营的新模式。再以中国电子工业标准化技术协会知识产权工作委员会（以下简称"知识产权工作委员会"）为例，该委员会是 2012 年经民政部、工信部和原国家知识产权局批准成立的非营利性社会组织，是中国电子工业标准化技术协会（CEISTA）在工业标准化领域从事知识产权相关工作的分支机构。知识产权工作委员会旨在围绕行业技术标准化工作开展研究、咨询和服务，重点关注标准涉及的知识产权相关问题，探索知识产权与标准冲突解决与协调。② 同时，充分发挥政府、行业和企业间的纽带作用，促进标准中的知识产权信息交流，在国际范围内推进标准中的知识产权管理政策和技术许可，最大限度协调促进产业标准化工作。其工作职责，既包括参与技术标准制定过程中的知识产权处置工作，如组织设立标准的知识产权专门管理机构及评估专家小组，开展专利评估、专利挖掘、专利分析、专利跟踪工作，制定标准中的知识产权披露政策，开展标准中的专利运营工作，制定和实施标准中的商标和版权管理政策，也包括支撑行业标准化组织开展标准中专利的许可工作，如研究制定标准中知识产权的许可模式和许可策略，协助或代表标准化组织开展专利许可工作，探索和实施标准中的知识产权交易、许可和产业化，协助行业标准化组织处理标准中知识产权的反垄断审查。③ 可见，当前我国标准化协调机构的功能极大地得到了拓展与强化。

当然，联盟成员除了须具有高效的组织结构和管理制度基础，还应注重对利益分享机制和知识产权保护的后续设计和完善。以高技术产业发展为例，高技术产业发展前景并不明确，在技术上存在高风险性。所以免费开放专利技术，可以看作是间接组建知识产权联盟的试探性步伐，同时也对后续的知识产权运用产生了极大影响。协同创新组织的特点在于，由于包含有政府、高校科研院所等不同层面主体，它不仅增加了协同创新组织的创新资源，而且往往是增值潜力巨大的"知识型资源"，为优化知识产

---

① 王炳富，刘芳.产业技术创新战略联盟网络能力与治理绩效案例研究[J].社科纵横，2018,33(12):47-52.

② 司建楠.中电标协成立知识产权工作委员会[N].中国工业报,2012-05-22(A01).

③ 中国电子工业标准化技术协会知识产权工作委员会.服务宗旨、工作职责与组织架构简介[EB/OL].(2014-05-07)[2018-11-01].http://www.cesa.cn/HeadList.aspx? id＝lHm5I＋h8YOs＝.

权资源的使用、提高资源的后续共享和利用效率提供了可能。① 因此,目前我国产业界的首要任务,就是在现有的合作组织内部建立起知识资源的协调与共享机制,使合作伙伴可以以较低的交易成本使得创新资源价值最大化,形成并保持市场竞争优势,从而提高创新资源的利用效率,有效降低创新成本。②

三、"标准＋知识产权"联盟建设目标与重点任务

"标准＋知识产权"联盟以实现大规模产业经济效益为目标。我国近年来颁布的促进技术创新战略联盟的部门规章和政策文件,主要是为了规范产业技术创新战略联盟的创新协调活动。③ 2009 年六部委发布的《国家技术创新工程总体实施方案》④明确指出,要引导产业技术创新战略联盟的建设,推动产学研各方围绕产业技术创新链在战略层面建立可持续稳定的合作关系,根据产业技术创新的需要,开展联合研究,制定技术标准,共享知识产权,整合资源建立技术平台,共同培养人才,实现创新成果产业化;引导和鼓励地方政府结合地方实际,构建支撑本地经济发展的技术创新战略联盟,为地方经济发展提供支持;鼓励行业协会发挥组织协调、沟通和咨询服务的作用,推动行业联盟建设。

"标准＋知识产权"联盟主要完成以下重点任务。

(一)开展区域科技发展战略与政策拓展

围绕创新型城市建设,积极开展区域科技发展战略与创新管理、知识创新、知识挖掘、知识产权激励机制等方面的政策落实与拓展活动,协助推进《国家知识产权战略纲要》实施,区域科技规划和技术创新战略环境分析、区域科技政策制定与绩效评价、区域科技创新促进政策比较等,为地方政府出台和调整知识产权政策提供决策咨询。

---

① 杨玲莉,蔡爱惠,杨超华,等.协同创新模式下高校知识产权有效协作机制研究[J].科技进步与对策,2012,29(22):134-136.

② 李伟,董玉鹏.协同创新过程中知识产权归属原则——从契约走向章程[J].科学学研究,2014,32(7):1090-1095.

③ 我国有关促进技术创新战略联盟的部门规章和政策性文件主要有:《关于推动产业技术创新战略联盟构建的指导意见》《国家科技计划支持产业技术创新战略联盟暂行规定》《关于推动产业技术创新战略联盟构建与发展的实施办法(试行)》。此外,《国家技术创新工程总体实施方案》等也涉及产业技术创新战略联盟的构建等问题。

④ 科学技术部,财政部,教育部,国务院国资委,中华全国总工会,国家开发银行.《国家技术创新工程总体实施方案》(国科发政〔2009〕269 号).

（二）推进创新成果知识产权化的技术研发

提供知识产权情报挖掘分析、知识产权信息服务标准制定与推广、专利技术预见与路线图制定等公共服务，参与科技协同创新，激励知识产权创造，提升将创新优势转化为知识产权优势的能力。从知识产权信息入手，分析知识产权信息的组织、存储和加工标准[①]，协作推广以基于引证关系的专利知识聚类技术、知识产权信息知识地图技术、基于知识发现的企业技术竞争及专利预警分析技术等为代表的知识产权信息加工与服务关键技术应用。

（三）协助企业推进知识管理创新

以国家知识产权局《企业知识产权管理规范》等标准规范为抓手，协同开展知识产权提质增量。针对重点产业集群的创新态势和创新需求进行分析，构思有效的知识产权信息服务平台运行方式，帮助企业做到在知识产权申请上上数量、上水平，在知识产权管理保护上有预案、有人才，为我国产业发展与转型升级提供有力的智力支持和信息保障。

第二节 "标准＋知识产权"联盟的治理与知识挖掘

一、"标准＋知识产权"联盟的治理

组建"标准＋知识产权"新型联盟，需要以市场为导向，组织和管理应遵循市场协调机制。联盟的基本治理方式，一般是在某一产业领域（或某些交叉关联领域经产业整合）龙头、骨干、核心企业的引领、带动和倡导下，持有相关技术的企业发起成立联盟，贡献所持有的核心专利，并由联盟协调管理机构完成专利的评估与打包。[②] 联盟的协调管理机构可以是由联盟成员组成的共同委员会，也可以是聘请专业的第三方主体进行管理。此种类型的联盟，来自政府的行政干预不再是决定性因素，基于市场的企业间协调成为主导治理方式。从联盟成员构成方面来看，在自愿加入的开放

---

① 洪少枝，尤建新.高新技术企业知识产权战略评价研究：一个综述[J].价值工程,2011,30(16):1-3.

② 李薇.中国制度环境下的技术标准战略及其联盟机制[J].华东经济管理,2012,26(10):111-116.

规则下,联盟成员的类型和数量变得丰富起来。① 同时治理结构也呈现出集约化的特征,即由联盟牵头单位成立联盟管理委员会,或委托专业的第三方机构,对联盟事务进行管理,包括对申请加入联盟的单位划分级别,并制定各层级管理制度。从联盟成员间关系看,每个成员都容易更主动地与其他成员开展互补性知识或能力的共享与学习,进行深层次的互动。②

在实务工作中,"标准+知识产权"能够形成相对封闭的技术权利空间,在对外授权许可方面,可能产生针对非联盟组织市场竞争者的技术封闭或者价格高压态势,也可能限制非联盟成员对关键专利的使用。而且,主动利用知识产权结成联盟,也有可能触及反垄断的法律界限,这类案例在国内外都有出现过。美国联邦最高法院曾于 1902 年的 E. Bement & Sons v. National Harrow Co. 案中判决专利权的独占不属于反垄断法的控制范围,不受《谢尔曼法》(Sherman Act)制约。③ 但在 1912 年的 Standard Sanitary Manufacturing Co. v. United States 案[226 U. S. 20(1912)]中,美国联邦最高法院却明确指出联邦政府有权制止通过专利联盟共谋达成的垄断;在 1945 年的 Hartford-Empire Company v. United States 案[323 U. S. 386(1945)]中,美国联邦最高法院还判决拆分了玻璃器皿行业的专利联盟,当时该联盟成员的销售额已经达到全美国玻璃制品销售额的 94%。④ 近年来,我国也开始关注联盟行为导致的市场垄断现象,2015 年 2 月,国家发展和改革委员会裁决美国高通公司(Qualcomm Inc.)在中国构成滥用市场支配地位实施排除、限制竞争的垄断行为,责令整改并依法对高通公司处以其 2013 年度在中国市场销售额 8%的罚款,计人民币 60.88 亿元,这一罚款数额创下了中国对单个企业反垄断罚款的纪录。⑤ 所以,"标准+知识产权"联盟应有的治理模式是一个实务性很强的问题。

未来企业之间的知识产权竞争模式逐渐趋于联盟化、区域化和集群化,单个企业难以适应这种联盟抱团式的竞争。⑥ 联盟内部强大的跨部门

① 李薇. 中国制度环境下的技术标准战略及其联盟机制[J]. 华东经济管理,2012,26(10):111-116.

② 王加莹. 专利布局和标准运营[M]. 北京:知识产权出版社,2014:247.

③ E. Bement & Sons v. National Harrow Co. , 186 U. S. 70(1902).

④ Levang B J. Evaluating the Use of Patent Pools for Biotechnology: A Refutation to the USPTO White Paper Concerning Biotechnology Patent Pools[J]. Santa Clara High Technology Law Journal, 2002(19):237-238.

⑤ 裴宏,赵建国. 高通构成垄断被罚 60.88 亿元[N]. 中国知识产权报,2015-02-11(06).

⑥ 周辉. 基于专利联盟的企业专利战略研究[J]. 科技情报开发与经济,2012,22(9):85-87.

知识交流和广泛的信息共享有助于建立良好的学习关系,同时,这种建设性的合作关系也将引发更大程度的知识转移。[①] 联盟成员之间的文化差异增加了知识转移的难度,有效实施知识转移需要引入科学的治理机制,以解决成员之间的冲突,消除文化差异产生的矛盾,确保组织的正常运作。[②] "标准＋知识产权"联盟应高度重视知识产权和标准化等各项法律问题,构建全面有效的协调机制,保障"标准＋知识产权"联盟稳步发展,将知识产权与标准化思维融入联盟建设的每一个环节。在"标准＋知识产权"联盟构建和运行中,除了需要以知识产权和标准化战略为指导,还需要在项目立项、研发、产权认定等创新成果产业化全过程中,有效规范知识产权管理。"标准＋知识产权"联盟构建和运行应有利于促进创新要素聚集,同时有利于促进产业技术创新链的形成以及重点产业和支柱产业的发展。[③]

科学地应用知识产权是提高行业整体竞争力的当务之急,行业知识产权管理是实现行业自律、协调、服务、维权的重要支撑。[④] 行业协会等组织可以通过邀请企业加盟,协同知识产权信息资源开发与利用的基础建设,为行业重点领域关键技术、共性技术和前瞻性技术的协作开发提供科学指南;着力于行业核心技术和关键技术信息的开发和应用,建立专利、技术秘密专用数据库以及主要竞争对手知识产权的监测数据库[⑤],从而实现资源共享,为各类科技创新计划选准创新方向和为内容提供咨询建议。[⑥] 组织利用平台化的资源,为组织成员提供行业科技创新和市场竞争中的有关"标准＋知识产权"信息、预测及决策咨询方面的服务,利用网络资源,为联盟内的企业特别是中小企业提供专业化服务。

尤其是对于高技术产业来讲,知识产权高度密集,对核心技术的依赖性强,因此建设基于协同创新的高技术产业知识产权联盟,是未来提升我

---

① Rebecca G. Utilizing Collaboration Theory to Evaluate Strategic Alliance[J]. American Journal of Evaluation, 2004,25(1),65-77.

② 骆品亮,周勇.虚拟研发组织中知识转移的道德风险模型分析[J].研究与发展管理,2005 (3):64-69,89;Choi C J, Lee S H. A Knowledge-Based View of Cooperative Inter-Organizational Relationships[M]//Beamish P W, Killing J P. Cooperative Strategies: North American Perspectives. San Francisco: New Lexington Press, 1997.

③ 冯晓青.产学研一体化技术创新体系的作用机制及其实现研究[J].福建论坛(人文社会科学版),2013(8):24-30.

④ 陈武.行业协会在实施知识产权战略中的作用[J].电子知识产权,2006(5):35-37.

⑤ 晓梦.多层次、有重点地实施知识产权发展战略[J].江苏科技信息,2004(2):34-37.

⑥ 杨晨.用知识产权管理赢得竞争优势 知识产权管理理论[M].北京:科学出版社,2008: 76-77.

国产业国际竞争力的有力手段,能将高技术产业领域分散的核心技术集合在一起,对内实现联盟成员技术共享,不断提高联盟成员自主创新能力,对外可以大大提高我国高技术产业的整体竞争力,形成知识产权集群优势,迅速抢占高技术产业领域技术高地。总体来看,"双方或多方知识产权许可协议—专利池/知识产权联盟—开放式知识产权社区"的发展路线是最优考虑。

二、"标准＋知识产权"联盟知识挖掘与管理

产业联盟的目标集中于推进产业化,通过企业在全链条、全领域范围内的联盟,综合知识产权、标准和市场推广,带动整个产业链的发展。目前我国产业联盟中成员大部分都具有自主知识产权,联盟的一个主要目的是集中对知识产权进行管理,对内实行不同程度的共享,对外争取最大化的利益。[①] 随着经济全球化加速发展和世界宏观经济结构深度整合,知识产权尤其是专利已经成为许多国家发展和博弈的重要手段,其中的知识产权信息服务也将扮演越来越重要的角色。只有创新知识产权管理,才能使企业在激烈的市场竞争中立于不败之地。为此,有必要通过建立"标准知识产权"联盟的方式,推动企业顺利渡过模仿阶段,降低本地企业技术同质化、低价竞争程度,开发具有自主知识产权的关键技术,提高技术创新水平,合理规避专利壁垒,有效防范知识产权风险,建立多元主体参与的知识产权分析、决策、管理和咨询支持系统,让企业及时从系统中获取可资利用的深度、可靠信息及科技情报,同时通过部门间协作实现企业的知识管理创新。

知识挖掘(KDD)是在知识管理的基础上形成的更具实践性的范畴,从一般意义上说,通过知识挖掘,可以从纷繁的知识大数据信息集合中筛选出潜在有用的数据信息,并进行优化组合。而对知识产权信息开展专门性的知识挖掘,所得到的结果很可能更加具有攻克产业技术难题的直接适用性。知识产权信息是一种战略性的知识信息资源,以知识产权中最重要的专利为典型代表,其包含了某专项技术领域解决方案相关的详细整套技术信息。世界上90％～95％的发明能在专利文献中查到,并且许多发明只能在专利文献中查到。[②] 然而,专利信息是专利权载体的组成部分,在

① 王加莹.专利布局和标准运营[M].北京:知识产权出版社,2014:135.
② 杨武,杨大飞.基于专利数据的产业核心技术识别研究——以5G移动通信产业为例[J].情报杂志,2019,38(3):39-45,52.

权利要求的范围之内,未经授权不得使用。如果将专利说明书中的技术信息分解拆散,得到的就只有海量的、不完整的、随机性的数据信息片段了。如果基于数据挖掘思维和技术,将知识产权信息的内容集成化、数据化,然后进行加工和分析,那么就能识别出有效的、新颖的、潜在有用的知识产品,并最终理解技术信息的演化过程。①

由此,有必要建立标准化语境下的知识挖掘与协同服务组织。该类服务机构应达到以下标准:一是应用高端信息化技术。知识产权信息服务事业的发展有赖于先进的现代信息技术、高素质的人才队伍和优质的数据资源的支持。其中,现代信息技术(特别是自然语言理解和海量信息检索技术)是开发高端知识产权信息应用系统和产品的重要支柱。机器翻译、语义检索、跨语言检索、文本聚类、自动索引等自然语言理解技术不断应用于知识产权信息检索与分析产品的研究与开发,提高了知识产权深度挖掘的应用水平。二是行业服务标准化。知识挖掘和协同服务由于自身的特点,通常为用户提供软件产品、文本报告或咨询服务等无形产品,很难建立统一的管理、服务或工作标准,也在一定程度上影响了高端知识挖掘和协同服务的发展,使知识挖掘和协同服务规范化的市场价格机制难以形成并实现标准化。②

第三节 典型分析:生物产业知识产权与标准联盟

一、生物产业知识产权与标准联盟建设背景

当前,我国药品市场规模为 1279 亿美元,已经成为世界第二大药品市场,仅次于美国。市场规模到 2023 年将达到 1618 亿美元,占据全球市场 30%的份额。③ 从药品成分分类来看,化学药依然占国内药品市场的主导,2016 年五大终端化学药市场销售规模达到 9748 亿元,占比 66.2%,市场规模同比增长 8.1%;中成药市场规模 3635 亿元,占比 24.6%,同比增长 5.0%;生物制品市场估摸 1351 亿元,占比 9.2%,同比增长 11.5%。随

---

① 马芳,王效岳.基于数据挖掘技术的专利信息分析[J].情报科学,2008(11):1672-1675.

② 台新民.我国专利信息服务业发展现状与对策研究[J].生产力研究,2011(5):139-141.

③ 郭庆娜.药物创新获政策支持 中国成世界第二大药品市场[EB/OL].(2019-12-31)[2020-05-01].http://www.cankaoxiaoxi.com/finance/20191230/2398996.shtml.

着越来越多生物医药制品上市,其中不乏单抗等大品种上市,生物制品增速已经超过化学药和中成药。① 2019 年随着"三医"联动改革持续深化,我国从药品、医疗、医保改革和行业监管等方面提出多项举措,以药物、医疗器械为主体的生物医药产业已经成为新一轮产业竞争的前沿焦点。②

生物医药产品从开发、中试、规模生产直到销售,将会是一个漫长复杂的过程。全球生物医药产业呈现集群化、融合化发展趋势。从全球看中国,我国生物医药产业高质量发展面临一系列挑战。生物医药产业与其他高技术技术产业相比,更强调安全性和有效性的平衡,其中安全性是最优先考虑的因素。随着生物医学技术的飞速发展,药品技术标准的内容正从最初的普通技术规范向包含一定专利技术的方向发展,将专利技术纳入药品标准已成为一种趋势,知识产权对标准的影响越来越大。③

二、开放创新背景下生物产业知识产权现状

开放创新模式,由美国学者 Henry Chesbrough 最先提出,是市场主体在技术创新过程中,同时利用内部和外部相互补充的资源实现创新知识成果。④ 开放式创新有助于知识的快速传播,由此可能导致研发主体对知识成果的权益丧失控制,造成巨大损失。⑤ 科学管理、合理运用与全面保护知识产权,是开放创新理论的核心内容之一。开放创新引发了国外生物产业理论和实务界极高的关注,因为与其他高技术产业相比,现代生物产业的研发、商业化等创新活动有投入高、模仿成本低等特点,以致有学者认为,还没有其他经济技术领域能够像生物产业领域一样高度依赖专利等知识产权的保护。⑥ 还有学者分析了 2004 年开始的"开放社会的生物学创新计划"(the biological innovation for open society, BIOS),认为其将成为工

①　中康研究院.2016 年中国药品销售市场规模分析[EB/OL].(2017-03-17)[2020-05-01].https://www.askci.com/news/dxf/20170317/17083093652_2.shtml.

②　赛迪顾问,新浪医药.2019 中国生物医药产业发展报告[EB/OL].(2019-12-30)[2020-05-01].https://med.sina.com/article_detail_103_1_76015.html.

③　韩晓东,王文兰,刘岩峰.生物医药产业专利技术融入标准现状分析与对策研究[J].标准科学,2011(2):32-35.

④　Chesbrough H W. The Era of Open Innovation[J]. MIT Sloan Management Review,2003,44(3):35-42.

⑤　后锐,张毕西.企业开放式创新:概念、模型及其风险规避[J].科技进步与对策,2006(3):140-142.

⑥　Cook-Deegan R M, Mccormack S J. Intellectual Property-Patents, Secrecy, and DNA[J]. Science, 2001, 293(5528):217.

业开放资源创新模式的有益尝试。① 学界在开放创新理论观点影响下,先后提出了"开放生物技术"(open biotechnology)、"开源生物技术"(open source biotechnology)等理论术语。它们所提倡的共同和"开源"的研发模式,致力于解决研究团体或研究者研究资源匮乏问题,确保研究和创新所需的生物技术工具的可及性。② 对于如何应对开放创新背景下生物产业面临的知识产权问题,有学者进行了有益探讨并指出,生物技术知识产权数量过多将可能发生"反公地悲剧"(The Tragedy of Anti-Commons),而在其他产业中也出现过的某些做法(如构建专利联盟)有助于促成专利授权的谈判。③ 类似地,Opderbeck 也指出,对于生物产业领域中由于知识产权过于密集可能产生"专利丛林"、进而产生"反公地悲剧",应该建立国家主导的生物信息数据库(national biotechnology database,NBTD),通过合理博弈,解决知识产权权益纠纷。④ 另外有学者以国际人类基因组单体型图计划(Hap Map)为例,提出了"公共免费资源+专利+技术秘密"的开放资源管理和知识产权权益保护的复合型权益配置构想。⑤ 从理论和实务两方面来看,专利技术许可样本协议(boilerplate agreements)有利于生物技术产业发展。⑥

我国学者对于生物产业的知识产权问题几乎与国外学者同时期开始关注。学者意识到了生物产业知识产权的重要程度,指出应加强生物技术产业的知识产权保护意识,完善相应的管理制度,全面保护和管理生物技术产业的知识产权,促进我国生物技术产业健康发展。⑦ 还有学者对生物技术知识产权保护的对象,即基因和蛋白质的序列与结构、生物信息数据

① Dennis C. Biologists Launch Open-Source Movement[J]. Nature, 2004, 431(7008): 494.

② Gitter D. M. Resolving the Open Source Paradox in Biotechnology: A Proposal for a Revised Open Source Policy for Publicly Funded Genomic Databases[J]. Computer Law & Security Review, 2008, 24(6):529-539.

③ Heller M A, Eisenberg R S. Can Patents Deter Innovation? The Anticommons in Biomedical Research. [J]. Science, 1998, 280(5364):698-701.

④ Opderbeck D W. The Penguin's Genome, or Coase and Open Source Biotechnology[J]. Harvard Journal of Law & Technology, 2004, 18(1):168-227.

⑤ Gitter D M. Resolving the Open Source Paradox in Biotechnology: A Proposal for a Revised Open Source Policy for Publicly Funded Genomic Databases[J]. Computer Law & Security Review, 2008, 24(6):529-539.

⑥ Hunter J, Stephens S. Is Open Innovation the Way Forward for Big Pharma? [J]. Nature Reviews Drug Discovery, 2010, 9(2):87-88.

⑦ 刘银良. 生物技术产业的知识产权保护和管理[J]. 生物技术通报,2000(3):34-38,44.

库、生物技术软硬件的知识产权问题进行了初步探讨。[①] 针对开放创新背景下的生物产业知识产权问题，有学者认为，现代生物技术创新研发阶段投入大、商业化模式单一、理论研究与应用开发之间界限逐渐模糊，同时生物产业新产品的仿制和转换成本很低，所以知识产权在现代生物技术创新过程中应该以动态、全方位的方式存在。[②] 有学者以人类遗传数据为研究对象，认为开放共享模式与知识产权制度两者的互补与融合将共同促进生物产业领域新型知识产权的保护，对生命科技成果形成合理的治理格局。[③] 整体上来看，国内外对于生物产业开放创新背景下的知识产权保护问题的研究还处于初始阶段。国外理论和实务界从生物产业的发展视角对现有知识产权体系带来的挑战及相关对策、具体生物技术中某个领域的知识产权保护等问题都有深入研究，并且提出了有针对性的对策建议。我国对该领域的研究虽然不比国外晚，但是相关研究成果的深度、广度相对于国外来讲，尚有待于进一步深化。

生物医药产业是世界公认的五大高技术领域之一，其涵盖新型农业、新药发现与开发、疾病治疗、基因组、蛋白质组等多个方面。然而，由于生物医药产业是新生产业形态，其研究成果的表现形式与传统的知识产权类型不同，所以在知识产权定位方面存在产权不清、保护模式不明确等诸多问题，研究投入难以获得应有的收益。生物医药产业作为典型的高技术产业，深入研究现代生物产业中的知识成果权益界定、分配、管理与保护方式，理清生物产业知识产权保护策略选择，具有重要的现实意义和理论价值。我国生物医药产业与国外行业相比较，在知识产权战略运用方面尚不够灵活。我国在生物制药（基因制药技术）领域的研究主体，以高校和科研机构为主，且企业与高校、科研院所的理论研究与产业化结合不够紧密，存在技术与市场无法联动的弊病。目前只有如"沈阳三生""深圳科兴"等比较大型、效益比较好的生物制药企业有自己的研究基地，并和北京大学生命科学学院等科研单位有密切的合作。[④]

---

① 朱雪忠，常俊丽，何光源.生物信息技术的知识产权保护初探[J].知识产权，2006(1):27-32.

② 冯薇，银路.基于创新过程的现代生物技术企业知识产权策略研究[J].管理学报，2012,9(2):250-257.

③ 伍春艳，焦洪涛，范建得.人类遗传数据的开放共享抑或知识产权保护[J].知识产权，2014(1):55-60.

④ 陈谊.中外生物制药行业专利战略比较研究[J].电子知识产权，2004(3):24-27.

三、生物产业知识产权与标准联盟建设路径

知识产权作为非关税壁垒的主要形式之一,一直是全球化背景下企业竞争的关键节点,在市场发展和市场保护过程中发挥着极为重要的作用。[①] 知识产权战略的实施是一项基础性、系统性工程,涉及面广,缺乏可参考借鉴的典型,需要各单位、各部门通力协作。而知识产权战略联盟的发展需要推进标准化,即知识产权和标准化相结合,以更好地维护和促进知识产权战略联盟的发展。

通过分析现代生物技术产业的特点,我们发现,探讨生物技术知识成果知识产权化与标准化确有必要,应进一步分析资源开放的结果与传统知识产权垄断性质之间的冲突,以及开放资源原则是否能适用于生物技术发展并成为一个标准要素。知识产权和标准化是企业核心竞争力的重要支撑,也是企业占领市场的重要手段,成立"生物医药产业知识产权与标准联盟",引导企业、高校和科研机构等多元主体整合资源,在技术创新、自主知识产权创造与标准研发方面发挥整体优势,推动知识产权与标准的融合、协同发展、良性循环,将有利于整体提高我国企业的核心竞争力,为在国内外市场竞争中取胜提供有力保障。

在生物医药产业领域,以联盟组织形式推进知识产权的标准化,实现知识产权与标准的协同发展,在一定程度上可以摆脱知识产权时间性和地域性的限制。为了维持标准的稳定性,技术标准尽量避免频繁改动,所以标准中所包含的专利技术往往都是具有相当前瞻性的。同时,知识产权还具有地域性的限制,只在被授权国家或地区范围内产生合法垄断的法律地位,而标准具有普遍适用性,一旦国际标准化组织机构将某项专利技术纳入标准之中,则该项专利就不需要在多国获得授权,也可以获得事实上的垄断地位。也就是说,标准依然成为国际市场竞争的游戏规则,企业在掌握核心技术专利的前提下,参与制定和修订技术标准,就等于在获得市场准入权的基础上进一步取得了产业发展的话语权;而采取跟随战略的企业极有可能陷入被动;无法达到标准要求的企业,则可能被排除在市场竞争之外。[②]

在知识经济时代,国际生产趋同要求许多行业建立统一的技术标准。

---

① 刘治山.国际贸易中的知识产权保护分析[J].中国外资,2013(9):74-76.
② 杨辉.技术标准与知识产权的协调发展探析[J].印刷质量与标准化,2011(10):51-56.

生物产业也不例外,对于药品的副作用、成分、用途等要有一套国际技术标准。要想将产品打入国际市场,首先要符合其标准。对我国生物医学产业而言,"技术标准"战略主要包括两个方面:如何应对反映发达国家利益的药品国际技术标准,以及如何以自身优势技术创设国际技术标准。[①] 由于前述利益的驱动,以专利技术为核心的知识产权渗入生物医药产业各类技术标准之中,已成为产业基本发展趋势。发达国家技术标准的制定和修订基本上是以企业为主体,凭借其深厚的技术积累、雄厚的研发实力和积极深度参与的热情,往往能通过参与制定和修订技术标准而结成事实上的技术联盟。正是因为企业参与标准制定和修订的意识超强,发达国家利用知识产权和标准搭建新型贸易壁垒的效果往往是达到预期的,对发展中国家的技术进步和产业转型发展造成了阻碍。反观我国实际情况与现实需求,如果生物医药技术依靠知识产权与标准联盟的成立,引导企业把握先机,整合联盟成员知识产权资源,形成合力,提高整体竞争力,就可以获得标准话语权,抢占市场份额的同时实现经济效益最大化。

---

① 陈谊.我国生物制药行业专利战略探析[J].前沿,2004(5):65-69.

第五章 知识产权与标准协同 发展权益协调

第一节 知识产权与标准联盟中的知识产权归属

一、创新模式演化引发的知识产权权益冲突

通常来讲,产学研合作会经历四个发展阶段,即"单一项目合作阶段""技术联合攻关阶段""市场导向的合作阶段"以及"协同创新战略联盟阶段",主要合作模式和内容包括:知识产权交叉许可、关键技术联合攻关、研发平台共建、人才培养合作等。随着我国建设创新型国家要求的提出,产学研模式也随之被要求以产学研联盟的形式为主,这是产学研合作从较低层次向较高层次发展的客观要求。① 协同创新,相对于我国理论与实务界曾经在传统意义上热烈讨论的产学研合作模式而言,是一种在更高层级上运作的创新组织协调形式,其关键是以企业、高校、科研院所作为核心主体,以政府主管部门、金融服务机构、科技中介组织、公益性技术信息服务平台等为参与力量,建立固定的多主体协同互动的网络创新模式,通过知识创造主体和技术创新主体间的深入合作和资源整合,演化出扁平化的自治型的"联合创新网络"。②

在协同形式的创新组织模式中,成员单位除企业外,还有高校、科研院所等,涉及地域广泛,动机不同,对合作产生成果的期望值不同,导致协同创新组织与成员间及成员之间的关系复杂化。在协同创新的组织中,各主

---

① 赵莉.以知识产权推动产学研合作的创新机制研究[C]//陶鑫良.上海知识产权论坛.上海:上海大学出版社,2006:155-185.
② 陈劲.协同创新[M].杭州:浙江大学出版社,2012:12-13.

体关系定位的理想状态为:政府是引导者、监督者,企业是协同创新的主力军,高校和科研机构是骨干,金融机构是支持者。本质上来讲,协同创新还是由利益驱动的。协同创新是在国家、高校、科研院所、金融机构和企业之间优势互补、利益共享基础上的协同效益产生的过程,是风险共担、利益共享的合作机制。① 2012 年,教育部、财政部正式启动实施高等学校创新能力提升计划(即"2011 计划"),该计划以四年为一个周期,旨在以高校为落脚点,广泛吸纳科研院所、优势企业、地方政府乃至国际创新力量参与,建立一批"协同创新中心",从而有效推进不同创新主体之间发挥所长,避免直接利益冲突,进行深度合作,探索适应产业不同需求的协同创新模式。这其中没有否认协同创新联盟组织的逐利诉求与特征,在创新模式演化到协同创新阶段,仍然有必要讨论其引发的知识产权权属问题。协同创新过程中,新出现的知识产权权属问题主要体现在以下方面。

首先,从组织愿景来看,各个成员利益追求不一致有可能导致利益冲突。协同创新组织中,高校科研院所与企业的不同价值追求,最容易在协同创新组织内部产生知识产权利益冲突。因为对于企业来讲,其处于产业运行的最前线,最为直接的需求就是追逐利润,其更关注的是新技术的直接产业化应用,高度重视投资回报,相对注重技术的短期利用;高校等教育科研机构对于技术知识更注重长期获取。② 高校及科研院所内部的各个项目团队是相对独立的,其开展技术研发活动一般是以课题组为单位进行,由于功能定位、经营能力及精力所限,所承担的主要是前端研发任务,利益诉求一般是中标研究项目及获得研发经费,从单位到项目组一般都没有由市场竞争导致的生存威胁,来自同类主体的竞争威胁也较小。尽管高校及科研院所越来越重视知识产权的归属和产业化应用,但其仍不愿轻易将协同创新成果的知识产权转让给企业,而是自己通过控制该知识产权而进行后续的研发。③ 而对于政府及公共服务机构来讲,其追求的是广泛的、宏观的社会效益,更注重社会公共知识资源的增加。也就是说,对于企业来讲,知识产权是获得垄断的排除竞争的工具;对于高校及科研院所来讲,获得知识产权授权是完成项目研究任务的绩效考核指标;对于政府及社会公共服务机构来讲,其没有持有和具备知识产权的资格及积极性,协

---

①　陈劲.协同创新[M].杭州:浙江大学出版社,2012:31.

②　Fassin Y. Strategic Role of University-industry Liaison Offices[J]. Journal of Research Administration, 2000,(2):42-160.

③　谢惠加.省部产学研创新联盟需厘清五大知识产权利益关系[J].广东科技,2010,19(8):2-5.

调其他主体协同研发出新技术成果,并将其转化为公共产品性质的标准,才是其参与协同创新活动的初衷。

其次,从内部来看,协同创新组织权属协议不完备,易形成知识产权风险。由于协同创新的复杂性,各成员需要在合作开始前签订协议,然而各成员间的合作协议有可能无法周全地照顾到未来合作过程中可能发生的有关知识成果权益归属与利益分配的矛盾,而且合同很难做到对先后加入的成员一视同仁,保证权利义务规约完全一致。尤其是随着协同创新的推进,技术拐点出现,产生了新的技术成果利益争夺点时,很可能出现部分组织成员为了自身的利益而不惜退出,进而造成知识产权权属混乱以及研发过程中技术信息的泄露。①

最后,从内外部知识交流来看,知识外溢可能造成知识产权权益的流失。知识外溢指知识在交流、使用和传播过程中,即使其他使用者在主观上不主动索取相关权利人的知识,也会在客观上获得一部分知识内容。②广泛的传播性及高度的流动性,是知识得以延续并发展的本质特征,站在经济和社会综合效益全局角度来考量,可以发现,知识外溢能够影响和吸引外部潜在成员加入协同组织,或者选择妥协归并、退出竞争,这样就直接或间接地推动了协同创新的发展。然而从拥有创新知识资源的协同创新组织成员的角度来看,尤其是对于那些前期进行了巨大投入才最终获得相关知识产权权利的主体来说,在未获得足额预期效益回报之前,知识外溢带来的只能是资产的流失、竞争手段的折损、市场控制力的减弱。即使是获得了足量的预期回报,从协同创新组织中观利益考量,也冲淡了协同创新组织存在的必要性,无力保障组织内部成员的权益,将会使得其存在感降低,令组织发起者面临内外皆无力掌控的尴尬局面。由此,为了避免知识外溢产生的负面影响,协同创新组织的知识外溢的程度应当是受到科学合理控制的,协同创新组织及其成员一般会尽力保护自己的知识资产,当然这就与社会公众对知识资源共享交流需求意愿相抵触了。

总之,为了使协同创新这一新出现的技术创新组织模式得以顺利发展壮大,知识产权权益归属是一个基础性的问题,决不容忽视。非常有必要系统梳理知识产权方面与合作协同创新行为有关的各类各条法律制度、政策规定以及规程指导意见细则等规范性文件资料,推导出我国以往关于知识产权权属与使用的思路,并充分设计论证未来理想的知识产权权属分配

---

① 汪忠,黄瑞华.合作创新的知识产权风险与防范研究[J].科学学研究,2005(3):419-424.

② 单莹洁.供应链节点企业合作创新的"囚徒困境"分析[J].技术经济与管理研究,2009(5):42-44.

策略模型。在标准化这类公共领域使用知识产权,有社会多方主体的参与,广泛涉及公共利益,所以要充分体现"开放"精神,才能保证对所有标准的参与者做到公平、合理、无歧视。一个值得注意的情境是近年来一系列的"开放"运动兴起,包括开放源代码、开放专利、开放标准等,显示出知识产权传统许可模式"私权自治"的属性,在信息社会中正受到公共利益的必要限制与修正,知识产权与促进创新和公平竞争的良性互动越来越受到关注。①

二、与协同创新有关的知识产权归属法律政策分析

(一)协同创新知识产权归属的立法现状

我国理论界对协同创新过程中产生的知识产权归属、利益分配以及资源共享等问题已经开始了初步研究,比较关注的问题点是协同创新的知识产权确权问题,对于社会公共利益的考量尚不足。然而,在协同创新模式下,调整权利人与社会公众间原有利益均衡机制已经出现某些不和谐之处,已经不能在新环境下继续维持相关主体之间知识产权权益的平衡。②同时,由于协同创新合作模式尚在初创探索阶段,典型实务案例相对还比较少,移植套用既存的知识产权有关法律、规则能否有效应对将来可能出现的矛盾、冲突与风险,现有关于协同创新的促进政策是否会造成法律真空,都是不确定的。

我国现有法律关于多主体合作产生的知识产权成果归属的规定其实是比较空泛的。例如《中华人民共和国合同法》第 340 条规定:"合作开发完成的发明创造,除当事人另有约定的以外,申请专利的权利属于合作开发的当事人共有。当事人一方转让其共有的专利申请权的,其他各方享有以同等条件优先受让的权利。合作开发的当事人一方声明放弃其共有的专利申请权的,可以由另一方单独申请或者由其他各方共同申请。申请人取得专利权的,放弃专利申请权的一方可以免费实施该专利。合作开发的当事人一方不同意申请专利的,另一方或者其他各方不得申请专利。"可以看出,在我国协同创新产生的知识产权归属可以遵循"约定优先、共有补充"的原则。《中华人民共和国专利法》第 8 条规定:"两个以上单位或者个

---

①　张平. ICT 标准之知识产权"开放授权"模式探讨[J]. 科技与法律,2008(3):44-49.

②　李玉璧,周永梅. 协同创新战略中的知识产权共享及利益分配问题研究[J]. 开发研究,2013(4):144-148.

人合作完成的发明创造,一个单位或者个人接受其他单位或者个人委托所完成的发明创造,除另有协议的以外,申请专利的权利属于完成或者共同完成的单位或者个人;申请被批准后,申请的单位或者个人为专利权人。"另外,在委托开发和合作开发的科研项目产生的科技成果归属问题上,1996年颁布的《中华人民共和国促进科技成果转化法》第40条规定,单位与其他单位合作完成科技成果转化的,科技成果权益应当由合同约定归属相关单位享有。没有约定的,按照下列原则处理:合作转化中没有新的发明创造的,该科技成果的权益属于该科技成果完成单位;新的发明创造合作转化中产生的新发明创造,新发明创造的权益由合作各方共同享有;合作转化中产生的科技成果,合作各方都有权实施该科技成果,转让科技成果权利的,应当经过合作各方的同意。

以上法律中关于专利"共有"的类似规定,在处理协同创新产生的知识产权成果权利归属上存在较大问题。一方面,其他创新主体能否以及在什么情况下可以阻止任何创新主体实施共有的专利权;另一方面,与权利归属紧密相连的是协同创新成员或经授权的其他主体实施专利权所获得的报酬如何进行二次分配。[①] 在协同创新中投入的主要是知识、技术和信息资源等无形资产,同时具有很大的流动性和互通性,难以明确作价计量,协同创新各方贡献度如何衡量有可能超过协同创新协议约定范围,所以很难清晰地在创新主体间就实施知识产权所获得的收益进行合理的分配。

(二)协同创新知识产权归属的政策调整

目前,我国高校、科研院所、企业之间基于利益驱动的自愿协同创新模式尚未定型,现阶段主要是在政府调控下健全外部驱动机制,政府政策也是除法律规定之外的重要引导力量。我国地方各级政府近年来从构建科技平台共享机制入手,根据"整合、共享、完善、提高"的原则,借鉴国外成功经验,制定各类科技资源的标准规范,建立了促进科技资源共享的政策法规体系[②],这有利于将来协同创新组织的发展,也表明了对待其中产生的知识成果的基本态度。对于国家下达的科研项目,2002年科技部、财政部联合发布的《关于国家科研计划项目研究成果知识产权管理的若干规定》(以下简称《规定》)第1条规定,除涉及国家安全、国家利益和重大社会公共利益外,国家对科研项目承担者给予奖励。项目承担单位对于相关研究

---

① 张丽娜,谭章禄.协同创新与知识产权的冲突分析[J].科技管理研究,2013,33(6):163-166.

② 陈劲.协同创新[M].杭州:浙江大学出版社,2012:50.

成果知识产权,可以依法决定独立实施、允许他人实施、转让、作价入股等,并取得相应的权益。同时,在特定情况下,国家保留根据需要无偿使用、利用和获取利益的权利。同时,《规定》第 6 条还明确,国务院有关部门和省、自治区、直辖市人民政府可以根据国家需要报国务院批准,决定推广应用项目研究成果知识产权,对于项目研究成果,可以由指定的单位在一定范围内实施,并且可以根据不同的情况,决定由实施单位无偿使用还是向项目承担单位支付一定的费用而使用。

综览我国之前的相关法律政策,可发现它们均比较重视有关产学研合作创新技术成果对社会公共利益的促进作用。更长远来看,为了保障今后阶段我国协同创新活动的全面持续深化发展,需要建立国家相关行业产业的"产学研用"创新体系,充分发挥高校、科研院所在其中的技术导向作用,还必须解决以知识成果有效协作为导向的权利归属问题,形成协调、有效的组织结构体系,保证高校与企业、科研院所相互协调、共同发展。①

三、协同创新知识产权共享模式分析

协同创新的模式决定了在创新联盟组织成员之间不可避免地要共享思路、方案、数据、信息等知识,不论这些知识对某一成员是否敏感、暂不宜公开给其他人。考虑到创新联盟组织成员之间存在的竞争与合作的复杂共存状态,组织成员将自有关键技术信息和数据暴露给其他组织成员,市场风险就变得不可控了。正是基于规避市场风险的考虑,前述提及的法律和政策才需要引导合作/协作/协同创新的各方尽量达成一致,约定双方投入的资源以及在此基础上的权利义务关系,尤其是对投入的知识产权及协同创新将产生的知识产权评估作价,明确各自应享有的权利,并实现权利义务的平衡。② 那么,通过协议约定的知识产权成果的"契约式"共享模式是否适应协同创新的复杂系统? 知识产权双方/多方协议是否有助于协同创新组织的高效运行? 这一系列的问题还需要从协同创新主体之间的利益博弈关系,以及成果权益共享特征的角度进行分析。

协同创新中的知识产权(主要是专利权)权益共享,大致可分为协商共享与强制共享两种模式。协商共享主要是协同创新成员间在自愿互惠的

---

① 杨玲莉,蔡爱惠,杨超华,等.协同创新模式下高校知识产权有效协作机制研究[J].科技进步与对策,2012,29(22):134-136.

② 周荣辅,单莹洁,吴玉文.合作创新中的"囚徒困境"及其防范机制[J].科技管理研究,2009,29(5):71-73.

基础上通过契约方式相互享有或让渡知识产权权属和使用问题的分配机制，强制共享主要是在公共领域法律强制规定由社会公众享有知识产权的分配机制。[①] 与传统意义上的"产学研"合作关系不同，协同创新主体之间的关系在于"互动"，协作程度更加紧密，关系更加复杂，作为政策导引/监管机构的政府主管部门、作为协调机构的行业协会组织以及作为产业链末端的用户都有机会参与进来，形成包含"政产学研用"多主体的复杂网络关系。毕竟，在协同创新组织中，企业才是关键的内核，根据市场的需求提出创新需求，并进行协同创新成果产业化的投资。然而，协同创新中参与的主体越多，知识产权共享及利益分配的难度就越大。对于简单向度的合作创新类型，或者在多元主体合作创新的初期阶段，订立产学研协同创新合同是必需的，以合同为基础，能够使知识产权的归属明确化。[②]

真正意义上的协同创新，展现出的是一种更高级别的集群创造力（swarm creativity）。[③] 协同创新发展到成熟阶段，能够形成创新网络矩阵，呈现以下三大特点：①创新原动力在于大规模有组织的集体创造；②合作遵循严格伦理和行为规则；③沟通主要是通过网络直接进行接触。[④] 以当前国外已经成形的诸多专利联盟/专利池（patent pool，如：MPEG LA、DVD "3C"、DVD "6C"等）为例，其最大限度地满足了联盟内多个不同国家或地区企业（包括跨国公司）的共同战略利益。然而，由于联盟成员构成是以企业为主体的，专利极少是完全互补或完全替代的关系，专利资源更多的是"以产权为基础的资源"，很难做到共享，科技成果的排他性成为障碍。[⑤] 协同创新联盟利益分配机制也是市场规律的产物，其成员企业仍是以个体经济利益的最大化为导向的。正是个体效益对成员企业的重要性，使实现产业技术联盟效益的优化分配、让整体联盟效益平稳转化为企业个体效益，成为联盟分配机制中最重要的一环。[⑥] 另外，政府主管部门、事业单位、高校科研院所等行政性、社会公益性、非营利性主体的参与，使协同创新组织体内的以知识为基础的创新资源不断增多，为提高资源后续

① 李玉璧,周永梅.协同创新战略中的知识产权共享及利益分配问题研究[J].开发研究,2013(4):144-148.

② 万兴亚,赵亚静.促进企业知识产权建设的战略机制框架研究[C]//鲍红.知识产权与创新发展论坛论文集.北京:知识产权出版社,2012:322.

③ Gloor P A. Swarm Creativity: Competitive Advantage Through Collaborative Innovation Networks[M]. New York: Oxford University Press,2006:4.

④ 钟灿涛.面向协同创新的大学知识产权管理[J].科技进步与对策,2012,29(22):127-131.

⑤ 罗维东.科研创新要源于企业高于企业[N].中国教育报,2012-07-16(05).

⑥ 苏靖.产业技术创新战略联盟构建和发展的机制分析[J].中国软科学,2011(11):15-20.

共享与利用程度提供了可能。应在协同创新组织内部构建更加高级、高度集约化的创新知识资源确权与共享机制,通过创新资源在协同创新组织成员间的共享共用共治,降低创新资源的获得与交易成本,提高创新效率。

　　在系统性、复杂性极强的协同创新组织成员之间,如果采用协议的方式规制知识产权权属相关关系,是无法应对多主体协同创新组织内部盘根错节的主体权益交联的。我们认为,将来我国协同创新知识产权成果归属宜采取"章程化"做法,将知识产权权属问题固化为加入协同创新组织所必须认同的章程组织条款,或者就知识产权成果归属及权益分配问题制定一整套规约,形成协同创新组织各成员单位共同遵守的"内部宪章",填补法律政策规定的空白,改变多主体多协议的低效与权益失衡状况。具体来说,对于市场接受度较好的协同创新专利成果,即短期内可显著增强企业市场竞争力的知识产权成果,协同创新组织可在章程中赋予企业主体对其较大自由度的支配权限;对于市场风险较大(或过于超前)的知识产权成果,可在组织章程中将其归属于高校科研单位,这样,既照顾了高等院校和科研院所所注重的科研评价标准,又符合以创新成果提升企业竞争力的协同创新目的①;对于协同创新主体独立完成的发明创造,本不应存在权利归属问题,但是如果该知识产权对于达成协同创新组织任务目标不可或缺,可在对权利人采取一定补偿措施的情况下,实现知识产权在组织内部的"共有";协同创新组织章程还可规定,新加入的成员可以在一定限度内利用既存知识产权成果,成员在组织存续期间及解散后的一定期间对知识产权成果享有优先使用权等。② 通过"章程"提高知识成果共享程度和知识转移效率,最终是为了达到提高技术创新效率,降低创新风险的目的。③另外,从外部法律政策环境来看,应以法律政策的形式,明确多元主体协同创新组织的知识产权归属问题。此类规定可以是任意性规定,为联盟成员约定创新成果知识产权归属提供指导性建议,或在联盟成员没有约定时为其提供权属界定的法律依据。

---

① 王越,费艳颖. 推进中小企业协同创新的法律路径分析——以产业技术创新联盟模式为视角[J]. 湖北大学学报(哲学社会科学版),2013,40(3):115-118.
② 程国辉. 知识产权归属章程化助力协同创新[N]. 科学导报,2014-12-02(B01).
③ 王立荣. 合作创新企业间技术知识共享保障策略分析[J]. 现代情报,2007(2):201-202,172.

第二节　知识产权与标准联盟知识产权开放共享

一、高技术产业发展引发的知识产权开放与共享问题

　　组建产业联盟、开展协同创新,是高技术产业取得突破性发展的重要模式,能够有效保障协同创新成果权益,将协同创新落到实处,进而有力提升我国高技术产业的国际竞争力。联盟内知识产权共享与许可规则,可以采取自动许可、专利池等方式,并以转化到标准中去作为努力的方向。高技术产业联盟应搭建知识产权与标准化服务平台,开展信息挖掘、特色定制以及知识产权托管等活动,聚合创新知识成果,形成市场竞争力。

　　传统知识产权法律的精神,是促进技术创新,引导技术发展方向,平衡权利人合法权益与社会公共利益,保护由知识产权合法地位而产生的垄断地位不受恶意侵害,这些知识产权法的基本原则是在知识产权法律制度演进发展过程中一点一滴积累起来的精华,是当今高技术产业得以生存和发展的前提条件。因此,知识产权制度是高技术产业有关知识产权法律机制的基础和主要组成部分。[1] 近年来,我国学者逐渐开始关注高技术领域的知识产权保护。对于高技术(high technology)一词,我国学者形成了较为统一的认识:高技术是指与生产或使用复杂仪器、设施、方法等有关的科学技术,特别是在电子和计算机领域的科学技术。[2] 高技术产业是知识经济的支柱,而保护知识产权又是高技术产业得以可持续健康发展的必要保障。[3] 国外学者对高技术产业知识产权保护问题极为关注,其往往以某个高技术产业(如信息技术产业、生物医药产业等)作为典型进行研究,认为知识产权决定了高技术产业集群的诞生时间和地点,并发现高技术产业集群内的企业均将专利等知识产权作为最优先或次优先考虑的竞争优势

---

　　[1]　李颖怡.我国高技术产业知识产权制度的法律机制[J].中山大学学报(社会科学版),2000(3):105-109.

　　[2]　陈伟,康鑫,冯志军,等.基于群组决策特征根法的高技术企业知识产权开发评价指标识别[J].科技进步与对策,2011,28(11):116-119.

　　[3]　罗玉中,易继明.论我国高技术产业中的知识产权问题[J].中国法学,2000(5):74-85.

因素。①

　　高技术产业发展需要协同创新。高技术产业崛起与蓬勃发展,使得传统的知识产权权利限制对知识产权的保护可能产生不利因素。协同创新是高级复杂性创新活动,新的技术思路和工艺从构思到实现,再到生产和推广应用,在具有高效率性和巨大的发展带动作用的同时,也具有高度的不确定性和高风险性。创新就是从无到有的一个过程,需要大量资源集聚、海量信息输入和加工,经过整合,最终产出智力成果。然而,突破性的、可持续性的技术创新不是靠强迫命令强压出来的,需要科学的引导机制、充分的激励机制以及良好的权益保障机制共同作用,把技术创新主体的积极性给调动起来,从而实现成果的持续且成规模的涌现与产出。对智力创新成果进行知识产权确权,就是一种直接的创新激励手段。② 知识产权与标准联盟的创新活动与实施知识产权战略的深度应紧密相关,因为产业技术创新战略联盟实施技术创新需要在知识产权战略的指引和指导下,适时对创新成果进行知识产权确权和科学管理,及时将创新成果纳入产业化轨道。③

二、知识产权与标准联盟的聚合服务功能

　　在以互联网为代表的信息通信技术影响下,关于经济发展的传统区位优势论被赋予了新的内容:一方面,区域创新活动呈现离散化表征;另一方面,信息技术的发展使区域创新主体在内部协调与交流得以越来越频繁。高新技术产业中的一些知识成果具有生产力和工具性的特点,也使得传统知识产权法单一部门调整的局限被打破,实行知识产权法律分支部门之间的跨部门的综合保护,由此使得知识产权法律制度进入了一个新的领域和更高的层次。④ 有学者甚至针对这一趋势,提出了制定"边缘知识产权法"(或称为"特别工业产权法")的设想。⑤

　　我国的高技术产业创新生态系统,应选择多主体治理、多枢纽联通的

---

① Simcoe T S, Graham S J H, Feldman M P. Competing on Standards? Entrepreneurship, Intellectual Property, and Platform Technologies[J]. Journal of Economics & Management Strategy, 2010, 18(3):775-816.

② 傅家骥.技术创新学[M].北京:清华大学出版社,1998:346.

③ 冯晓青.国家产业技术政策、技术创新体系与产业技术创新战略联盟——兼论知识产权战略的作用机制[J].当代经济管理,2011,33(8):19-26.

④ 李颖怡.我国高技术产业知识产权法律制度探析[J].中外法学,1999(6):71-76.

⑤ 郑成思.信息、新型技术与知识产权[M].北京:中国人民大学出版社,1986:133.

模式,以确保有效运行。要提高创新资源配置效率,充分发挥创新生态系统的功能,必须建立健全以专利为基础的知识产权治理体系,建立协商机制、利益分享机制、信息披露和平台开放机制。这些机制可以为企业之间的互动与合作过程提供细化的行为准则,确保企业之间的有效合作,进而促进新兴产业创新生态系统的高质量运作。①

以北京市重点行业知识产权联盟为例。2007 年北京市知识产权局在北京市 6 个重点领域(电子信息、医药生物、新材料、能源环保、光机电、精密仪器制造)推进建设北京市重点行业知识产权联盟,通过搭建国外共知共用专利技术引进消化吸收及再创新公共信息平台,指导和资助专利翻译、检索、分析、代理、管理和保护等专业的知识产权中介机构,将已被外国授权但不受我国专利法保护的国外有效高端发明专利进行消化吸收和再创新,同时为企业科研投入、知识产权战略运用、进出口贸易以及可能出现的涉外知识产权纠纷提供预警。② 再以深圳市"新能源标准与知识产权联盟"为例。出于引导和服务产业发展的需要,深圳市新能源行业协会、深圳市太阳能学会联合深圳市标准技术研究院及相关企业在 2011 年 4 月成立了"新能源标准与知识产权联盟"。③ 该联盟建立的目的在于整合现有技术资源,推进建立健全与新能源产业相关技术标准体系,发挥联盟资源整合的整体优势,促使知识产权与标准有机结合,为了提高新能源产业在国内外市场的核心竞争力,应该为联盟企业提供更有效的技术信息和其他支持。④ 新能源标准与知识产权联盟最终将推动该产业领域形成"技术专利化—专利标准化—标准许可化"的良性循环的链条,政府职能部门将为该联盟的发展壮大发挥推动和引导作用,抢占国际新能源标准的话语权。⑤

行业竞争力是有关行业经营活动的市场驾驭能力以及对行业未来发展的促进能力,其来源于技术创新及知识产权优势。科学地应用知识产权是提高行业整体竞争力的当务之急,行业知识产权管理是实现行业自律、协调、服务、维权的重要支撑。⑥ 行业协会可以通过组织企业加盟,协同知识产权信息资源开发与利用的基础建设,为行业重点领域关键技术、共性

① 吴绍波,顾新.战略性新兴产业创新生态系统协同创新的治理模式选择研究[J].研究与发展管理,2014,26(1):13-21.

② 张清奎.医药及生物技术领域知识产权战略实务[M].北京:知识产权出版社,2008:19.

③ 尹航.新能源标准与知识产权联盟在深圳成立[J].能源研究与信息,2011,27(2):94.

④ 尹航.新能源标准与知识产权联盟在深圳成立[J].能源研究与信息,2011,27(2):94.

⑤ 马磊.新能源联盟主攻电动汽车[J].中国标准化,2011(6):19-20.

⑥ 陈武.行业协会在实施知识产权战略中的作用[J].电子知识产权,2006(5):35-37.

技术和前瞻性技术的协作开发提供科学指南;[①]着力于行业核心技术和关键技术信息的深度挖掘与价值评估,实现资源共享,为各类科技创新计划选准创新方向和为内容提供咨询建议;利用行业协会平台,为会员提供行业科技创新和市场竞争中的知识产权信息、预测及决策咨询服务,促进会员利用网络等信息技术,提高知识产权信息利用的自动化水平;利用网络资源,为行业内的企业特别是中小企业提供信息及专业化咨询服务。[②]

三、知识产权与标准联盟的权利共享与许可

(一)知识外溢对产业联盟权益分配的影响

高技术产业创新具有信息外溢效应。知识产权制度赋予知识产权权利人以合法的垄断地位,使其能够自行或借助国家公权力机关的力量阻止他人对其知识产权的模仿跟随,对价是技术信息的公开。知识产权制度的精妙之处在于,既要保证知识产权权利人的合理经济利益预期,又要保证创新技术信息的共知共享,促进知识的流动与合理溢出,在利益的动态平衡中推动经济社会发展进步。[③] 高技术产业的质变式发展导致企业产品迭代速度加快,围绕核心技术展开的市场竞争更加激烈,产品受众需求随着技术进步得以充分释放,导致每一代产品的生命周期相较于之前缩短。技术路线分叉加快,绕开技术壁垒的路径变得更加灵活多样了,再加上产品系统的复杂化,知识产权保护期限到期或先进技术取代应用于消费终端时,就使得任何一家企业都没有办法长期把持住某一产品所附带技术的垄断状态。知识经济时代高度发达的经济和技术为知识成为有价商品提供了环境,知识成为财产是以可交易为条件的,而知识进入市场又是以知识产权的确立为前提的。[④] 从开放创新的视角来看,企业将知识产权(附条件)注入公有领域,这将有助于形成联智发明(collective innovation),企业和竞争对手都会公开自己的研究思想和成果,促使企业之间形成非正式的合作网络,从而实现成功的渐进式创新,提高整个行业的生产力。[⑤]

① 晓梦.多层次、有重点地实施知识产权发展战略[J].江苏科技信息,2004(2):34-37.

② 杨晨.用知识产权管理赢得竞争优势 知识产权管理理论[M].北京:科学出版社,2008:76-77.

③ 郑成思.知识产权法[M].北京:法律出版社,1997:50.

④ 斯亚奇,陈劲,王鹏飞.基于知识产权外部商用化的知识收入研究[J].技术经济,2011,30(2):1-7.

⑤ 陈劲,郑刚.创新管理:赢得持续竞争优势[M].北京:北京大学出版社,2013:182;斯亚奇,陈劲,王鹏飞.基于知识产权外部商用化的知识收入研究[J].技术经济,2011,30(2):1-7.

　　企业联盟的形成是竞争利益协调的结果,其知识产权政策也反映了这一特点。因此,知识产权联盟的根本目的,在于降低各知识产权权利人之间相互许可或者是向第三方许可时的交易成本,减少乃至避免知识产权权利人出于信任关系考虑而互设法律障碍,从而最大限度地提高成员的利益。这既说明专利联盟是较为传统的一种产业实践,并不是一种新概念,也说明随着历史的发展,专利联盟有可能在结合新技术或新产业特点的基础上,能够持续地为科学研究、产业发展和知识产权保护提供服务。① 在知识产权联盟中,知识产权收益分配也是至关重要的问题,其关键点在于各联盟成员利益的最优化配置,这里的利益既包括长远的市场份额与产业引领效益,也包括短期的利润增长的经济利益。应尽可能地使联盟成员获得他们所应该获得的那部分利益,实现各利益相关者的利益均衡,这样一来,收益的优化配置过程实质上就是对联盟各成员激励制度的安排过程,因为收益分配的合理性和公平性直接影响到联盟各成员创造的积极性,最终影响到联盟绩效。② 所以,知识产权与标准联盟工作的基本出发点和主旨目标,就是设计激励制度、产权规约,协调与平衡联盟成员之间的利益关系。

(二)联盟内部知识产权权益分配依据

　　知识产权联盟本质上是契约型联盟,联盟成员在加入"集体组织"时,要通过认可并遵守"集体协议",按照协议进行知识产权利益的分配③,从而在成员之间形成一种预设的准市场交易关系。知识产权联盟不能像科层制的行政机关那样,通过"独裁式""委员会式"的权威实现利益分配,只能通过"议会式"的协商进行知识产权利益博弈,协议成果的背后是各个企业在支配力、控制力和谈判力方面的较量。知识产权与标准联盟在治理方面,应着重关注协调联盟内部各企业之间的权利义务与利益分配,着力实现联盟中各成员和联盟本身经济利益的最大化,这关系着联盟内部和外部关联者的切身权益。④ 知识产权与标准联盟与传统产学研合作组织治理的最大区别之处,在于治理的出发点和工具性手段不是传统产业联盟所惯

---

① 刘银良.生物技术的知识产权保护[M].北京:知识产权出版社,2009:241.
② 张利飞,曾德明,李大平,张运生.技术标准联盟治理的本质分析[J].科学学研究,2007(4):687-690;李大平,曾德明.高新技术产业技术标准联盟治理结构和治理机制研究[J].科技管理研究,2006(10):78-80,104.
③ 张利飞,曾德明,李大平,张运生.技术标准联盟治理的本质分析[J].科学学研究,2007(4):687-690.
④ 李遒.技术标准联盟的相关机制及中国应对技术标准化的策略[C]//张乃根,陈乃蔚.技术转移、后续研发与专利纠纷解决.上海:上海交通大学出版社,2009:132.

用的"控制权",联盟成员之间不能再延续以往"控制"与"反控"的模式,而是应该在地位平等的基础之上,通过谈判解决"收益优化配置"的问题。① 知识产权联盟管理机构由核心知识产权持有者指定,负责知识产权联盟的管理,核心知识产权持有者保留其在知识产权联盟之外的知识产权许可权。② 联盟内的知识产权权益分配机制,可以追溯到 19 世纪美国缝纫机联盟。缝纫机联盟是经典的专利池,联盟内四家主要生产商作为初始成员在不妨碍自由竞争的前提下,将自己的核心专利技术捆绑在一起,交叉许可各自的专利。申请加入联盟的会员为每一台生产的缝纫机支付一定数额(15 美元,后降为 7 美元)的许可费,这笔费用的一部分专项用于解决联盟外知识产权纠纷,剩下的部分由联盟创建成员平均分配。由于该领域绝大部分核心专利集中在联盟初始成员手中,所以知识产权纠纷总量比专利池形成之前的"内战时期"反而是减少了。③

我们认为,知识产权联盟成员实现利益的内部和外部双优选择,是制定(或形成)和推行团体标准,推而广之至全行业,至少要占到拥有话语权的份额。然后,借助被市场和消费终端受众所接受并认可的标准,迫使联盟外的竞争对手向自己寻求技术许可,从而实现联盟的战略意图。④ 如蓝牙技术联盟(Bluetooth Special Interest Group,SIG)在 1998 年成立初期,就建立了完整的组织架构,分为:委员会(committees)、研究组(study groups)、专家组(expert groups)和工作组(working groups)。联盟成员之间进行了技术研发上的细致分工:英特尔公司负责蓝牙技术中半导体芯片和传输软件的开发,爱立信和诺基亚公司负责射频和手机软件,IBM 和东芝公司负责笔记本电脑的接口规范。⑤ 随着蓝牙技术被市场广泛接受,产品端的需求面迅速变得宽广起来,联盟成员之间多个主体联合研发蓝牙技术的情况越来越普遍,如:英特尔将其芯片技术与微软的软件技术相结合,开发了针对 Windows 系统的蓝牙支持技术,允许在无线设备和拨号网络之间同步无线传输计算机文件。⑥ 蓝牙技术联盟成员享有免费使用蓝牙协议及相关专利的权利,并相互共享专利。所有联盟成员均可在产品开发和服务中使用蓝牙技术,并经认证后使用蓝牙技术联盟颁发的蓝牙规范和

①　曾德明,朱丹,彭盾,孙耀吾.技术标准联盟成员的谈判与联盟治理结构研究[J].中国软科学,2007(3):16-21.

②　马忠法.专利联盟及其专利许可政策[J].企业科技与发展,2009(7):44-45.

③　王晋刚.专利疯 创新狂——美国专利大运营[M].北京:知识产权出版社,2017:59-60.

④　马忠法.专利联盟及其专利许可政策[J].企业科技与发展,2009(7):44-45.

⑤　王德禄.联盟为纽 探索产业自主创新道路[J].深交所,2007(6):41-43.

⑥　王德禄.联盟为纽 探索产业自主创新道路[J].深交所,2007(6):41-43.

蓝牙(Bluetooth)商标许可证。①

四、知识产权与标准联盟中的法律风险分析

协同创新是新型的合作模式,打破了创新者之间的壁垒,有效整合专业、人才、技术、资本、信息等创新资源,实现创新者之间的深度合作、利益共享和风险共担。② 这种创新模式的核心意义是整合政府主管部门、产业界、高校科研院所等多个主体力量的优势,重点解决关键问题,提高创新的效率。知识产权是与创新密切相关的权利,是任何创新体系中法律权利不可回避的载体。协同创新的本质决定了知识产权需要充分进行共享。知识产权共享与保护机制反过来也影响着协同创新主体的主动性,两者互相促进,却又截然不同。有学者指出,知识产权风险、竞争风险和组织风险都是协同创新所可能面临的风险,而这其中,知识产权风险是居于首位的。③由于目前学界缺乏对协同创新知识产权风险的认识,以及缺乏防控机制,使得创新者之间的协同合作顾虑重重,这直接阻碍了协同创新合作模式的推广应用。从整体风险的角度来看,协同创新战略中的知识产权风险,主要表现为未经授权使用知识产权而产生法律责任的风险、"公地悲剧"和"反公地悲剧",以及知识产权被淡化的风险。对于协同创新知识产权法律风险体系研究的薄弱环节,本书拟系统探讨协同创新中与知识产权有关的具体法律风险及其危害,并提出相应的风险防范和控制建议。

由于知识产权的垄断性特征,所以极力创新与限制竞争、保持私人信息的私密性和保障公共信息资源共享之间的矛盾总是难以得到妥善处理。在协同创新中,一方面,创新者需要对现有的知识产权展开投资活动;另一方面,协同创新中产生的知识产权存在不同的利益相关者,涉及多种利益,这些利益既一致又相互冲突。④ 协同创新的多主体性和多面性特点也使得人们更难把握两者之间的平衡。所以,对于协同创新主体而言,相关的

---

① 王德禄.联盟为纽 探索产业自主创新道路[J].深交所,2007(6):41-43.

② 张丽娜,谭章禄.协同创新与知识产权的冲突分析[J].科技管理研究,2013,33(6):163-166.

③ 郭永辉,郭会梅.设计链协同创新与知识产权的矛盾探析[J].科技进步与对策,2011,28(5):26-29.

④ 李玉璧,周永梅.协同创新战略中的知识产权共享及利益分配问题研究[J].开发研究,2013(4):144-148.

知识产权受到了更多的限制,在一定程度上反而是阻碍了创新主体的主动性。[①] 此外,合作创新需要双方密切联系和技术知识共享,而更加复杂高端的技术攻关需要大量的沟通、互动与交流。在这一过程中,知识不可避免地会溢出,这也会造成知识产权仿冒的风险。由此我们可以看出,知识产权仿冒最大的危害是,它直接降低了知识产权权利人进行权利共享的信心,同时增加了各方对合作风险的忧虑。

知识产权的载体也呈现出多样化、难控制的趋势。从最常见的商标和图像的具体存在到域名、技术甚至形象等抽象事物,知识产权的载体日益增多,知识产权侵权的识别标准也在发生着变化。同时,由于互联网的快速发展而引起的信息爆炸也大大增加了知识使用的频率,创新创意作为引人注目的因素在互联网环境下可以充分实用化,自然受到了各方关注。然而,由于信息量巨大,不同的创新客体之间不可避免地会出现重复交叠、权利边界相冲突的情况。而有意仿冒和无意间的重复两者的主观恶性是有区别的,直接体现在对相应法律后果的责任承担上。此时,知识产权法律制度如何对两者进行准确分辨,几乎是无能为力的。正是由于主体之间利益和需求的不同,以及许多难以预计的情况,网络环境下知识产权的法律风险急剧增加。在知识产权法中,何为"假冒"或"仿冒",一直都无最终定论,特别是在当今日益多样化的信息呈现形式中,仿冒侵权的外延已经远远超出了过去立法者的预期,这也导致了互联网环境下知识产权侵权的广泛危害。

协同创新更深层次的知识产权风险在于合作目标的不一致。协同创新作为一种新型的多元化合作方式,不同于一般意义上企业间的市场拓展合作。大多数时候,协同创新多个合作方之中会有企业、高等院校和科研院所。企业往往追求短期经济效益最大化,对于投资回报预期比较敏感,这对于高校和科研院所来讲似乎不是开展相关科研攻关活动的第一追求,因为高校、科研院所进行创新活动,更多是从学科建设角度出发,为的是取得高水平的科研成果,其对时间节点的控制不直接受制于市场反馈,甚至趋向于如何最大化地增长社会效益而非经济效益。因此,合作各方在工作目标方面的差异将直接影响参与者的创新动力、资源投入和创新成果分配,从而使合作协同创新过程中高概率地产生争议和纠纷。[②]

知识跨领域流动也造成了协同创新的知识产权法律风险。高等院校

---

① 张丽娜,谭章禄.协同创新与知识产权的冲突分析[J].科技管理研究,2013,33(6):163-166.

② 李朝明.基于协同创新的企业知识产权合作[M].北京:经济科学出版社,2018:77.

作为知识交流的枢纽,讲求的是知识的高速流动性,而且这种流动是很有可能发生在不同学科之间的交叉性的流动。在协同创新的过程中,注重创新知识机密性的企业在与高校进行非经营性知识交流过程中,更容易造成专有知识呈开放式的传播扩散,而这种类型的创新知识的过早扩散是非常不利于企业利用技术掌握市场话语权的。另外,也有随主体流动的专有知识过早扩散问题,即创新知识生产者自行创业或者到其他企业工作,不可避免地会将相关创新知识引进其他市场竞争主体消化吸收,从而对原合作主体产生负面影响。这种情况目前在我国逐渐增多,一个典型的案例就是:亚什兰许可和知识产权有限公司、北京天使专用化学技术有限公司诉北京瑞仕邦精细化工技术有限公司、苏州瑞普工业助剂有限公司、魏某侵害发明专利权纠纷案。① 在此案中,被告魏某原来是北京天使专用化学技术有限公司员工,他的职位使他有机会详尽地了解本案所涉及方法专利的应用细节问题。后来魏某辞去原公司职务,成立了苏州瑞普工业助剂有限公司,并使用亚什兰公司的专利开展生产经营活动。在被告没有提供进一步相反证据的前提下,一审法院根据案件的具体情况,认定原告所指控的侵权技术方案侵犯了所涉及的专利权,被告构成了知识产权侵权行为。② 最终,该案通过调解解决。

第三节　知识产权与标准协同的反垄断问题

一、知识产权与标准协同反垄断问题概述

知识产权与标准相结合,可能会导致垄断的形成。前文已述及,标准是科研成果和实践经验的累积结晶,是研发出来供各方遵守的技术标准和依据。然而,随着信息技术的迅速发展,发达国家通过各种政策有效地维护了不完全竞争的市场结构布局。这种垄断地位使其在国际技术竞争中获得了丰厚的利润以及正在获得更高的利润。知识产权权利人利用标准的优势,通过在一定的市场、行业甚至全球范围内推广应用创新前沿技术,可以控制特定领域的市场,将技术垄断升级为标准垄断。

---

① 江苏省苏州市中级人民法院〔2010〕苏中知民初字第 0301 号民事调解书.

② 中国知识产权司法保护年鉴编辑委员会. 中国知识产权司法保护年鉴 2013 年[M].北京:法律出版社,2014:550.

在协同创新环境中,知识产权权利人在投入资源后,其知识产权的排他性被大大稀释,扩散到协同创新各个成员间共享。因此,各协同创新主体成员利用原有知识产权再创新的成本就大大地降低了,而加入协同创新的成本是要付出各成员所认可的对价的,这极有可能使得知识产权滥用的情况愈演愈烈。企业之间进行知识交流和技术合作时,通常会采用和实施同一标准以创设统一的技术交流语境,但这可能会产生竞争法上的问题。知识产权作为一种合法的垄断权,一般是作为反垄断法的适用例外而存在的。但是,知识产权这种独占权往往会使得其拥有者在某一特定的市场上形成垄断或者支配地位,限制了该市场的竞争,尤其是在某些情况下拥有知识产权的人可能会滥用其依法获得的独占地位,通过不正当行使知识产权来非法限制竞争[1],从而触及反垄断法律底线。法律意义上的反垄断主要是规制三种不当行为,即垄断协议、滥用市场支配地位以及经营者集中。知识产权与标准的融合与协调活动都有可能涉及前述三种行为。世界各国反垄断法认定非法垄断的通行做法,都是结合行为的本身违法性与合理性原则进行递进式判断的,对于知识产权与标准协同过程中可能涉及的垄断行为的判断也是如此。[2] 标准的法学研究对于反垄断问题有专门论述,集体协商性的标准化会以不同的方式引起反竞争效应,如标准对成本结构的影响、标准提高产业的进入壁垒等,然而通过比较标准化的成本和收益,可以发现以标准化作为取得市场合法地位的手段,具有合理的必要性,是不一定落入反垄断规制范围之内的。[3] 标准作为一种产业经济秩序,可以促进国内分工和贸易发展,也能够达到在对外贸易中设置技术壁垒和产业壁垒的目的。

知识产权和标准应该是促进贸易便利化和产业合作的纽带。知识产权作为一种法定的垄断权,旨在激励和保护创新,形成全社会积极创新的竞争秩序,促进全社会的共同进步。如果标准主要考虑公共利益,那么增加受法律保护的知识产权无疑会使利益平衡向私人利益倾斜。发达国家及其垄断企业通过国家标准、企业标准和国际标准组织,将知识产权与标准体系结合起来,在高新技术产业的各个领域占据制高点,控制着行业的发展,以标准带动产业发展,以标准垄断实现市场垄断。在开放式的协同

---

　　[1]　王先林.若干国家和地区对知识产权滥用的反垄断控制[J].武汉大学学报(社会科学版),2003(2):154-159.

　　[2]　王加莹.专利布局和标准运营[M].北京:知识产权出版社,2014:312-313.

　　[3]　Anton J J, Yao D A. Standard-Setting Consortia, Antitrust, and High-Technology Industries[J]. Antitrust Law Journal, 1995, 64(1):247-265.

创新过程中,如果产生新的知识成果,那么根据协同创新各方的约定,协同组织各成员共享新产生的知识成果是理所当然的。如果新技术共享与转化的速度大大高于协同创新整个研发的进展速度,再加上合作成员对知识成果的滥用,两个因素合并在一起极有可能导致协同创新的失败。协同创新中的"公地悲剧"主要就是表现在对共同知识成果权利的滥用上。本质来讲,任何的"公地悲剧"都是个人追求利益所导致的结果,如果协同创新过程中任何一个协作主体产生这种想法并践行之,则其他主体要么跟进模仿、要么提出指责并加以干预,无论如何都会产生协作关系的裂痕,其后果往往会导致后续协同创新过程中各成员之间的信任度降低,使得协同创新联盟组织产生离心力,并最终导致协同创新达不到预期目标。这就是"公地悲剧"在协同创新过程中,因为知识产权权益协调不周而产生的危害后果。

与"公地悲剧"相反,"反公地悲剧"主要体现在公共利益领域。每个人都有权劝阻其他成员使用资源或能够相互设置障碍,导致每个人只有名义上的资源使用权,但实际上不能使用资源,最终造成资源的浪费和闲置这样的一种混沌状态。"反公地悲剧"表现为产权的分割和有效利用与整合的缺失。在当前知识产权制度的背景下,企业在生产经营方面有两大趋势:一是生产技术的持续集成化,体现出了前所未有的复杂性;二是技术的持续专利化。[1] 它们之间看似不一致的发展趋势往往导致一种新的局面,即各种专利成果的联合研发往往分散在不同的专利权人手中。专利本身的专属性赋予了专利权人防止他人随意使用该项专利的权利。因此,为了避免侵犯专利权,某一包含了诸多不同专利的新产品必须在生产前得到专利权人的授权许可。然而,在专利池中,有时由于相关专利存在于产业链的不同环节,专利许可费有可能会出现多次重复支付的情况和问题。[2] 此外,在庞大繁复的专利组合掩护下,任何一个细微的漏洞或疏忽,都可能导致专利权人借此机会在生产过程中向制造商索要不合理的高额许可费。由于过度追逐自身利益极易导致"反公地悲剧",明显违背了建立知识产权联盟或协同创新组织的初衷。对于标准中包含知识产权产生的反垄断问题,必然需要考虑专利法、合同法等因素,因此需要更宽广的视野和更审慎的态度。

---

① 徐明华,陈锦其.专利联盟理论及其对我国企业专利战略的启示[J].科研管理,2009,30(4):162-167,183.
② 马忠法.专利联盟及其专利许可政策[J].企业科技与发展,2009(7):44-45.

二、知识产权与标准融合引发反垄断的原因

标准本质上来讲，是一种能够调动全社会资源、引导整个产业行为的规则。通过实施标准，可以统一相当范围内的技术事项，进而确保产品、流程以及管理高质量、高水平发展，增强通用性、互换性和兼容性，进而降低社会资源重复建设的同时，促进技术进步。[①] 包含有知识产权的标准能够与其他法律规范一起发挥作用。具体来说，如果标准中知识产权的拥有者是企业，且其所占的市场份额不足以牵动市场走向，其他机构若要使用此标准，就必须按照相关知识产权法律规定向该企业支付知识产权许可费；如果该企业因为持有知识产权所占的市场份额过高，那么监管部门就可能会对该企业展开调查，并根据反垄断法律对该企业做出相应的处理措施。微软公司反垄断案就是典型案例，1997—2004 年，微软公司先后在美国、欧盟、日本和韩国接受反垄断调查，并受到了相关国家的反垄断处罚。[②]

当专利纳入技术标准并成为必要的专利时，适用标准意味着必须实施相关的专利技术。[③] 知识产权的合法加上垄断性标准的统一性，这两者的结合就使得专利的垄断性变得更加强大了，甚至是超出了当初立法所预期的垄断范围，所以知识产权和标准引起的反垄断问题不容忽视。一方面，当前时期针对知识产权与标准融合而可能引发的垄断问题的相关法律主要有《专利法》与《反垄断法》，《专利法》主要从保护知识产权权利人的角度进行规范，针对标准中的必要专利被滥用的规制与预防等未明确规定，只是对于"专利权人行使专利权的行为被依法认定为垄断行为"的情况，可以适时予以强制许可，这无疑不能从根本上解决知识产权利用标准化活动制造"法外限度的"垄断的问题。另一方面，从反垄断法律部门角度来看，运用《反垄断法》对标准中包含的知识产权进行法律规制的基本逻辑思路，其前提是认定知识产权权利人有市场支配地位，再认定其利用标准的手段滥用了自己的市场支配地位，从而认定其违法，并依据《反垄断法》进行相应的处理。然而现实情况是，绝大多数标准中所包含的知识产权的权利人单独是不具有市场支配地位的，也就是说《反垄断法》不适用于大部分知识产

①　吴广海.专利权行使的反垄断法规制[M].北京:知识产权出版社,2012:318-319.
②　魏凤.全球标准化战略发展态势及重要技术标准化分析[M].北京:科学出版社,2018:6.
③　叶若思,祝建军,陈文全.标准必要专利权人滥用市场支配地位构成垄断的认定——评华为公司诉美国 IDC 公司垄断纠纷案[J].电子知识产权,2013(3):48-54.

权权利人,只对少数具有市场支配地位的优势企业有约束作用。① 根据《反垄断法》,原国家工商行政管理总局制定了《关于禁止滥用知识产权排除、限制竞争行为的规定》(国家工商行政管理总局令第 74 号,以下简称《规定》),目的在于保护市场的公平竞争,鼓励我国企业在竞争中创新,防止经营者滥用知识产权排除和限制竞争。《规定》第 13 条详细规定了排除和限制滥用知识产权竞争,要求经营者在行使知识产权的过程中,不得利用制定和实施标准(包括国家技术规范的强制性要求)排除限制竞争。具有市场支配地位的经营者,在制定和实施标准的过程中,无正当理由不得实施下列排除或者限制竞争的行为:第一,在参与制定标准的过程中,故意不向标准制定机构披露权利相关信息,也不声明放弃其权利,但标准涉及专利后,对标准的实施者进行排他性的权利行使行为;第二,知识产权权利人的专利成为标准必要专利之后,违反公平、合理、不歧视的原则,以拒绝许可、捆绑销售(搭售)或者增加其他不合理的交易条件的方式,排除或者限制竞争。

反垄断法与知识产权法的宗旨是一致的,都是促进技术创新,但由于法律实施路径存在差异,而使得两者的关系有时会处于冲突状态。从理性的经济学角度分析,知识产权权利人希望最大限度通过知识产权的专有性、垄断性获取高额收益,为此权利人可以通过建立技术联盟的形式合作,进而将知识产权融入联盟标准,形成更高层级的垄断。结合了知识产权和标准的技术联盟可以通过编制和公布正式标准来增加竞争对手的成本,也可以预先布局研制引领性的产业技术标准,在未来的技术发展热点领域对潜在的非联盟内竞争对手进行有效技术狙击,同时也起到扭转技术发展局面的作用,实现引导技术朝向自己可控方向发展的战略意图。② 然而,这并非一味值得鼓励的行为,因为知识产权权利人在产业充分竞争的市场环境下,可能通过滥用知识产权与标准的结合,损害了竞争秩序,从而进入反垄断法的治理范围。知识产权标准化带来的反垄断问题在新经济产业内表现得尤为突出。我国《反垄断法》第 3 条规定的垄断行为,主要包括:经营者之间达成了垄断协议,经营者滥用其市场支配权,以及经营者集中或者可能集中消除、限制竞争的行为。聚焦到知识产权与标准技术联盟的垄断行为判断问题上来说,借助知识产权产生的暂时市场垄断地位没有违

---

① 商黎.涉及专利标准的法律规制研究[C]//中国标准化协会.第十五届中国标准化论坛论文集.国家标准化管理委员会:中国标准化协会,2018:23.

② Salop S C, Scheffman D T. Raising Rivals' Costs[J]. American Economic Review, 1983, 73(2):267-271.

法,通过标准统一市场产品品类、提升产品质量也是合理的。关键问题是,知识产权与技术标准联盟很可能在统一的知识产权许可使用协议掩护下,部分掌握着核心知识产权的联盟成员在参与研制标准的过程中,蓄意对其他少数特定的经营者进行以驱逐出市场竞争为目的的排挤行为,而且这种行为还是通过将知识产权纳入标准中来实现的。并且,这种行为未给排挤对象以知情和发表自己意见的渠道与机会。另外,知识产权与标准联盟骨干成员完全有能力收购或兼并意向目标技术领域的其他相对弱势竞争者,从而占有绝大多数的市场份额。然而,如果知识产权权利人通过废除其他技术发展路线,则会导致产业技术发展不平衡,形成垄断地位的滥用。①这一点从早先的手机操作系统中可以看出端倪,今后随着信息产业的发展以及其与其他产业的革命性跨界发展,在部分新的细分产业领域(如人工智能的信号传输与解码、车辆自动驾驶等),这种以"联盟"名义采用"知识产权与标准协同"的方式进行垄断的现象会越来越多。

退一步来讲,标准如果是完全开放型的技术标准,标准的研制者、组织实施者无条件向产业相关利益主体及社会公众普及,供其使用,并不附加任何条件的话,那么这就可以大致断言,知识产权即使充斥于标准之中,也和反垄断是没什么关系的。但是市场毕竟还是要以利益为发展动力和导向的,标准研制者以及知识产权权利人要考虑自己的先期投入成本和标准适用的预期收益。传统产业中的企业标准大多是由企业单独制定并备案的,一般是内部使用,并不对外公开。但是在高技术产业领域(如通信产业),开放创新特征明显,市场主体之间的网络化关联效应极为明显,企业搞技术封闭或信息封闭是实现不了发展的,综合考虑到技术、市场、权属、利益分配等多种复杂因素,完全靠一家企业完成关键技术标准的研制是比较困难的。企业寻求合作创新发展,既包含了企业主体之间双向短暂接触性的技术合作,也包含了多元化、多层次和成规模的主体之间的技术创新合作,合作的高阶形态,往往就是共同制定技术标准,并逐渐形成体系化。在标准体系化过程中,极有可能会出现部分知识产权权利人不愿意让渡或许可权利,或者不愿意参与标准制定等情形,这就有可能对行业内开展统一标准化工作造成阻碍。对此,标准制定和修订集体组织可以利用反垄断法赋予的反对独占市场份额的权利,督促知识产权权利人开放许可。同样地,反垄断法还能用于对技术标准制定组织本身进行约束,防止知识产权

---

① 陈丽苹,王常清.标准必要专利权人滥用市场支配地位的反垄断规制研究[J].武陵学刊,2016,41(5):46-51.

与标准联盟中的少数强势企业利用市场地位对其他弱势市场主体造成权利滥用的悖论式困境。

在促进知识产权与标准技术联盟发展的语境之下,由核心关键必要的知识产权组成的高度知识产权化的标准规范,不可避免地涉及对联盟外部的知识产权许可问题。联盟内外竞争策略与待遇水平必然是不相同的,否则知识产权与标准联盟也没有存在的意义了。在联盟内部成员之间,关于知识产权的许可协议属于纵向协议,通过纵向协议形成联盟和限制外部许可竞争的典型行为,包括区域限制、价格限制、专利回授要求、专利捆绑等。当然为了规避反垄断法的禁止性规定,协议的名称、主题与内容会有适当的调整,并有可能"隐藏"在其他商事活动谈判成果文件之中。然而垄断就是垄断,追究其本质而言,知识产权与标准技术联盟在对外知识产权许可等方面保持自身优势、遏制市场竞争的行为,与滥用市场支配地位的垄断行为性质是相同的。标准是加强竞争非常有力的工具,中国面临的挑战是,提出的标准制度既要与 WTO 的规则一致,又不能扭曲国内、国际的竞争而抑制创新。[①]

三、知识产权与标准融合引发的反垄断立场比较

早先在一段时期内,鉴于知识产权权利容易被滥用,欧美诸国的相关法律一般都推定知识产权的专属性会导致市场垄断局面的产生,并且推定知识产权权利人与知识产权许可对象之间是有共谋意图的,目的在于排挤第三方竞争对手。所以,反垄断法在知识产权活动领域是有适用空间的,哪怕知识产权的合法垄断可以阻却反垄断执法机构认定的违法行为。但是,从 20 世纪 80 年代开始,美国的反垄断政策有了较大改变,认为以前的规制政策没有注意到知识产权对研发创新等长期竞争的影响。[②] 美国司法部(DOJ)与联邦贸易委员会(FTC)调整了知识产权许可的执法政策,于1995 年发布了《反垄断与知识产权指南》(1995 Antitrust and IP Guidelines),确定了三大核心原则,即涉及知识产权和其他财产权利的行为,应当受到同等对待;知识产权不应被推定为具有超出法律容忍范围的市场支配力;竞争主体之间的知识产权授权许可是有利于市场竞争的。但是相关知识产权许可协议的竞争效果要放在与许可相关的商品或服务市场中分

---

① OECD 中国创新政策研究报告[M]. 薛澜,柳卸林,穆荣平,等,译. 北京:科学出版社,2011:15.

② 孙秋碧,任劭喆. 标准竞争、利益协调与公共政策导向[J]. 社会科学家,2014(3):67-72.

析。该《指南》规定,进行知识产权交叉许可以及构建专利池,有利于整合互补技术,能够带来一系列好处,包括促进竞争、降低交易成本、消除障碍、避免高额的侵权诉讼成本等,其在促进技术扩散方面是积极的。同时《指南》还强调了另外三个要点:不允许以实施技术标准的名义进行限定价格或划分市场的行为;联盟对外不允许非联盟组织成员使用专利或者不对他们进行专利的授权许可的做法不违反竞争法,但是如果联盟成员足以阻止联盟外市场主体参与有效的市场竞争,那么上述禁止行为则是非法的;如果联盟运用知识产权的行为妨碍了市场竞争参与者的研发和创新活动,那么联盟的做法也会被认为是与竞争法的规定不相符合的。[①]

由于高科技产品的网络外部性问题,早先欧共体已经通过计算机软件相关条例肯定了保持兼容性的重要性。在微软垄断案中,欧洲初审法院认为微软公司对市场主导地位滥用的行为之一是未能向其他竞争对手许可Windows操作系统中的兼容信息,从而造成竞争对手不能充分开发自身的工作组服务器操作系统软件。[②]而我国相关保护条例仍从表达方式入手,显得缺少针对性。如在2005年英特尔公司诉东进公司著作权侵权案中,原告拥有应用软件开发工具包"SR5.1.1"的著作权,该软件的作用是支持用户开发应用软件产品。被告将该软件用于开发其生产的通信板卡产品。原告在其SR5.1.1软件的许可协议中明确:用户只有在原告产品或包含原告产品的用户产品上,才能使用和运行SR5.1.1。由于原告在通信板卡市场占有主导地位,其软件中函数及参数进行编排和定义等兼容信息实际上已经成为该行业的事实标准,而被告在其独立设计的相关产品中正是参考并采纳了该类信息。在当时我国《反垄断法》尚未出台,而知识产权立法亦缺乏针对性规定的时期,本案双方最终通过达成和解的方式了结诉讼。[③]

对于知识产权标准化问题,美国及欧盟分别在2007年发布的《促进创新与竞争报告》及2011年发布的《横向合同协议指南》中给予了明确的规范。总的趋势是放松管制,认为标准的制定有利于竞争,并肯定了标准组织在为防范专利权人在标准制定中的专利埋伏而制定的事先专利许可条件协商制度,但同时禁止利用该制度行固定价格的反竞争之事。美国及欧

---

① 周伟民.技术标准与相应法律政策协同机制研究[D].上海:上海交通大学,2007:74.

② Judgment of the Court of First Instance(Grand Chamber), 17 September 2007 Microsoft Corp. v. Commission of European Community(Case T-201/04),para192.

③ 北京东进信达科技有限公司诉英特尔公司技术合同纠纷案(2005),一中民初字第3574号.

盟立法均充分肯定了专利联盟促进竞争的作用,对其反垄断执法采取合理分析原则,但要求仅将必要专利——产业发展核心关键且绕不开的专利——纳入专利联盟中去。在知识产权权利人滥用其市场支配地位认定与处置的问题方面,美国及欧盟的立法及司法实践均认同,知识产权系知识产权权利人的财产权,对其财产权行使与否及如何行使是权利人天赋的权利,权利人不应因为叠加行使权利而受到制约,在先的权利不应受到溯及既往的限制。但是反垄断法例外。如果知识产权权利人行使知识产权扰乱了正常的市场竞争秩序,那么是应该出于保护社会公共利益的考虑而使其行为受到反垄断法规制的,欧盟及美国的司法实践均表明,反垄断机构在对专利权人滥用其专利权进行规制时,更注重个案考察。在 Atari Games Corp. v. Nintendo of America,Inc.案①中,知识产权法和反垄断法的立法主旨从表面上初看似乎不同,但是两者实际上是共同的且具有相互补充作用的,都在于"鼓励创新、勤勉和竞争"。② 美国的司法实践对于知识产权权利人滥用市场支配地位形成垄断的司法态度和处理手段比欧盟要缓和一些,这从微软美国案及欧盟案的结果就可见一斑。欧盟之所以对于垄断规制比较严格,是因为其将保障公平竞争的反垄断执法作为统一联盟内部市场并实现欧盟成员间互联互通的重要保障措施。新经济产业下的专利标准化问题以及欧美对该问题在反垄断法执法上的变革引发的后续效应将通过国际贸易的平台向全球扩散。

我国《反垄断法》已将促进技术创新的反垄断制度纳入其中,但相关规定缺乏可操作性。③ 对于知识产权许可中的相关市场界定,目前国内可以参考的相关法律法规是原国家工商行政管理总局 2015 年 4 月颁布的《关于禁止滥用知识产权排除、限制竞争行为的规定》以及国务院反垄断委员会 2009 年 5 月出台的《关于相关市场界定的指南》(以下简称《指南》)。《规定》第 3 条对涉及知识产权许可的相关市场界定进行了一般性阐述。该条指出,此类相关商品市场可以是技术市场,也可以是含有特定知识产权的产品市场。相关技术市场是指由行使知识产权所涉及的技术和可以相互替代的同类技术之间相互竞争所构成的市场。《指南》对于涉及知识产权案件的相关市场界定进行了更加细化的指引,即遵循相关市场界定的

<hr />

① Atari Games Corp. v. Nintendo of America, Inc. 30 U. S. P. Q. 2d 1401 (N. D. Cal. 1993) (Atari II).

② Anderman S D. EC Competition Law and Intellectual Property Rights—The Regulation of Innovation[M]. Oxford: Clarendon Press, 1998:199-200.

③ 蒋玉宏,黄勇. 自主创新、知识产权和竞争政策的协调——兼评 USITC 对我国自主创新政策的 332 调查报告[J]. 电子知识产权,2011(4):43-48.

基本依据和一般方法,同时考虑知识产权的特殊性。知识产权可能是直接交易标的,也可能附着于商品或服务,当仅界定相关商品市场难以全面评价行为的竞争影响时,可能需要界定相关技术市场,并根据具体情况考虑行为对创新、研发等因素的影响。

我国知识产权保护制度本身已经比较完备,但在与竞争政策的协调性方面,仍有需要进一步加强之处。首先,我国对于不得滥用知识产权原则的认识不尽准确。正如前文所述,不得滥用知识产权原则来自衡平法,其属于对知识产权行使进行规范的重要原则,法律后果是对知识产权侵权之诉进行有效抗辩。知识产权论滥用可能产生反竞争问题,但不一定会引发反垄断法意义上的非法垄断或者滥用市场支配地位。而反观我国《反垄断法》,其是把知识产权的使用行为作为反垄断除外情形的。其潜台词是知识产权本身作为一种反垄断法意义上的垄断而存在。而将权利滥用作为反垄断法适用的条件,有可能使得知识产权与反垄断两者的关系难以处理。其次,在《反垄断法》对于反竞争行为的审查认定方面,发达国家或地区(如美国、欧盟等)通常采用的判断标准,是权利人运用其知识产权的行为是否具有合理性。

我国《合同法》及其司法解释对于某些技术合同条款(如搭售)则直接认定为无效,显得过于刚性,特别是其中某些合同安排实质上属于滥用知识产权,对其他竞争者造成不当损害。欧美等国家或地区的反垄断法律都是将权利人行使知识产权看作说明反竞争行为合理性的抗辩理由(而非像我国《反垄断法》第55条作为排除适用的条件)。而我国《反垄断法》第17条则要求对"滥用市场主导地位"的合理性进行实质审查。如果权利人拒绝进行知识产权谈判或者后续的交易,那么《反垄断法》第17条如何适用就可能产生混淆,特别是如果我国采纳欧盟的"关键设施"原则处理事实标准问题,知识产权行使的抗辩一般均应让位于保持市场的开放性要求。最后,由于对知识产权排他性和所谓"垄断"的产生的原因认识不足,我国部分立法未能反映新技术条件下知识产权与竞争政策协调的要求。鉴于《专利法》《反垄断法》《关于禁止滥用知识产权排除、限制竞争行为的规定》等法律、法规和部门规章的要求,对于被认定为拥有并滥用市场支配地位的标准必要专利权人应加以严格规制,特别是在案件的社会影响重大的情况下,处理结果应同时符合我国的法律和国际惯例,确保公平、公正的原则,起到警示、宣传作用,进而形成市场主体行为导向。①

---

① 商黎.涉及专利标准的法律规制研究[C]//中国标准化协会.第十五届中国标准化论坛论文集.国家标准化管理委员会:中国标准化协会,2018:23.

四、知识产权与标准协同的反垄断典型案例分析

(一)美国微软知识产权反垄断案(2002年)

2002年,华盛顿地区联邦法院裁定,承认微软公司与美国政府、9个州之间和解协议的主要内容,并拒绝了其他9个州提出的对微软公司进行更严厉处罚的请求。根据和解协议,微软公司将承受至少为期5年的惩罚性措施,主要内容包括:微软不能开展对其他竞争对手有害的垄断交易,计算机制造商应该被允许自由选择Windows桌面,微软公司的某些核心技术应该向其他软件开发者开放,以便微软的竞争对手可以在Windows操作系统上编写应用程序。微软知识产权反垄断案,可以说是交叠杂糅了促进关键技术创新、保证市场正常竞争秩序和维护社会公共利益的竞争法领域标志性事件,在相当程度上考验了政府反垄断政策在当前技术飞速进步的背景下的显示效用。根据过去在美国的实践,微软公司市场占有率超过90%的操作系统本来注定要根据反垄断法被"毁灭性打击"的,然而微软公司及其软件操作系统却幸免于难,并且在后续的市场经营发展中表现强劲。这个案件空前复杂,许多问题留给我们更加深入思考的空间,也必将对知识经济时代以及技术标准化大发展的背景下反垄断法如何适用产生极为深远的影响。①

微软公司在操作系统领域的垄断实际上是一种将知识产权(包括软件著作权、专利权等)与标准相结合的垄断。微软公司的产品与市场扩展极度依赖于专利的更新与技术标准的体系化,所以微软不可避免地会形成垄断。微软公司的"垄断"是在自由竞争、市场发展和社会需求的基础上形成的事实垄断,可以说是"身不由己"。开发计算机操作系统,是一项前无古人的复杂性知识集成活动,而且其作为其他应用子系统"母体"的基础特性产生了巨大的拓展惯性以及用户黏性,与大自然中的生态系统类似,一旦计算机领域的"系统"得以建立,那么想打破这个系统对于独占性知识和统一性标准的垄断几乎是不可能的,即使改变计算机操作系统的局部架构布局,也将会付出巨大的代价。其实直截了当地将微软公司拆分成若干中小公司的传统反垄断措施并不能真正解决微软Windows系统垄断市场的关键问题,因为市场的庞大规模和用户既有的使用习惯注定会遗存巨大的产

① 黄武双.技术标准反垄断的特征及其对我国反垄断立法的启示——从微软垄断案说起[J].科技与法律,2007(3):23-29.

品"惯性",后续经营 Windows 操作系统业务的公司仍将处于市场垄断地位。①

微软利用事实上的垄断建立了一个无形的标准壁垒。由此,其他计算机厂商无法进入市场与微软公司展开自由竞争,这就从根本上阻断了该领域的多主体创新和多元化发展,事实上等于剥夺了消费者的选择权。但是进一步从整个国家经济社会发展宏观层面考虑,我们可以发现,当时在微软公司知识产权反垄断案件审理过程中,美国软件业发展一直是处于下滑趋势的,微软公司是美国软件行业的领导者,该公司占纳斯达克股票市场(NASDAQ)份额的十分之一还多。如果微软公司被拆散为多家中小公司的话,那么失去龙头企业的带动作用,美国整个国家的软件产业会在全球市场竞争中处于更加不利的地位,这将牵涉国家利益层面,已经不能仅仅由法律"理性地"加以治理了。由此可见,反垄断过程始终遵循国家利益高于个人利益,国内企业的利益高于国外企业的原则。②

(二)德国可记录光盘橙皮书标准案(2009 年)

飞利浦公司(Royal Dutch Philips Electronics Ltd.)拥有可刻录光盘(CD-Rs)和可重写光盘(CD-RWs)相关标准中所包含的专利技术。上述产品的技术信息都发布在"橙皮书"出版物上,所以相关标准业内称为"橙皮书标准"。20 世纪 90 年代开始,飞利浦公司开始对其上述产品领域的专利开展授权许可活动。然而部分行业内生产商未经飞利浦公司的授权,就使用了橙皮书标准中的专利技术,因此飞利浦公司针对这种未经授权许可使用其专利的行为提起了一系列诉讼。直到 2009 年 5 月德国联邦最高法院在其中一个案件③中做出判决,才扭转了专利使用人的被动地位。该案被告对其使用飞利浦公司专利的行为做出了不侵权抗辩,认为其没有侵犯原告的专利,其拥有强制许可抗辩权,原因是原告的行为已构成滥用其在CD-Rs 市场的支配地位。此案对权利人寻求禁令和基于反垄断法的强制许可抗辩进行了开创性解释。④

在本案中,法院认为在标准必要专利权人构成垄断的情况下,被控侵

---

① 黄武双.技术标准反垄断的特征及其对我国反垄断立法的启示——从微软垄断案说起[J].科技与法律,2007(3):23-29.

② 黄武双.技术标准反垄断的特征及其对我国反垄断立法的启示——从微软垄断案说起[J].科技与法律,2007(3):23-29.

③ German Federal Supreme Court,6 May 2009,KZR 39/06-"Orange-Book-Standard".

④ 李梅.标准必要专利的滥用问题——德国橙皮书标准案分析[EB/OL].(2013-05-09)[2018-11-30].http://www.cnii.com.cn/hygl/2013-05/09/content_1145087.htm.

权人可以提出强制许可的抗辩并获得支持。① 以上结果发生的条件是：原告拥有市场支配地位，原告的专利是进入市场必不可少的前提条件，原告拒绝授权的行为客观上来讲缺乏合理性和公正性。② 另外需要指出，本案中，标准必要专利权人没有向标准化工作组织做出重大许可声明的情况。所以，德国联邦最高法院判决体现的"橙皮书案"判决不涉及"公平、合理且无歧视"许可声明的问题。③ 在"橙皮书案"中，法院不需要核实专利权人是否为标准化组织的成员，不需要核实专利权人是否做出过"公平、合理且无歧视"的许可声明，也不需要查明专利权人先前专利授权许可谈判中向被指控侵权人提出的要约是否"公平、合理、不歧视"，而是仅仅要求被指控侵权人证明其向专利权人提出过"合理的"要约即可。"橙皮书案"对德国法院随后处理的一系列有关标准必要专利纠纷案件中禁令救济问题产生了深远的影响。④

（三）华为诉 IDC 标准必要专利垄断案（2011 年）

2011 年，华为技术有限公司起诉交互数字技术公司（InterDigital Technology Corporation）的标准必要专利垄断纠纷案⑤，是我国高技术发展到一定程度产生的典型疑难复杂案件，被视为中国标准必要专利反垄断第一案。该案在国内外产生了广泛而深刻的影响。2011 年 12 月，华为公司向广东省深圳市中级人民法院提起诉讼，要求交互数字技术公司及其子公司向其承担因标准必要专利授权引起的民事侵权法律责任。华为公司诉称，交互数字技术公司以专利技术授权作为主要营业收入来源，还参与了多项无线通信国际标准的制定和修订，在制定和修订国际标准的过程中，交互数字技术公司把其所掌控的专利植入了相关国际标准，并且在事实上形成了该类标准技术领域内的市场支配地位，然而交互数字技术公司罔顾先前其许可他人使用标准必要专利的公平、合理、无歧视（FRAND）原则性承诺，针对特定的专利被许可方设定不公平的过高价格、歧视性的交易条件，并涉嫌搭售行为，这些有指向性的行为既扰乱了正常的市场竞争秩序，阻碍了产业的健康发展，也给原告带来了巨额经济损失，直接影响到

---

① 赵启杉.竞争法与专利法的交错：德国涉及标准必要专利侵权案件禁令救济规则演变研究[J].竞争政策研究，2015(2)：83-96.
② 王加莹.专利布局和标准运营[M].北京：知识产权出版社，2014：135.
③ 赵启杉.竞争法与专利法的交错：德国涉及标准必要专利侵权案件禁令救济规则演变研究[J].竞争政策研究，2015(2)：83-96.
④ 赵启杉.竞争法与专利法的交错：德国涉及标准必要专利侵权案件禁令救济规则演变研究[J].竞争政策研究，2015(2)：83-96.
⑤ 广东省高级人民法院民事判决书，〔2013〕粤高法民三终字第 306 号.

了原告在相关技术领域市场上的正常经营活动,故被告应承担相应的民事侵权法律责任。案件经过近两年的诉讼纠葛,结果是华为公司基本达到了诉讼预期目标。华为公司与 IDC 的知识产权纠纷,涉及知识产权、标准化以及反垄断领域交叉的复杂法律问题,是国际市场竞争主体之间"错层的、更高段位的交锋",这说明中国企业在国际知识产权战场上日益历练成熟。① 本案主要牵涉以下几个知识产权、标准与反垄断相关的法律问题。

关于交互数字技术公司是否形成市场支配地位的问题。包含在标准中的知识产权权利人在与有专利技术需求一方进行许可谈判时,由于有标准化的先期战略布局且是知识产权权利主体一方,所以知识产权权利人通常是占据主动地位的。当知识产权权利人凭借这样的强势地位,使得技术需求一方接受许可条件时,哪怕被许可人是心甘情愿接受的,于社会一般判断标准而言,亦非公平,那么知识产权权利人就涉嫌滥用其知识产权妨害正常的市场竞争秩序了。在本案中,交互数字技术公司在世界范围内拥有无线通信领域 WCDMA、CDMA2000 和 TD-SCDMA 标准中关键技术环节的知识产权,完全能够对其他产品经营者的市场准入形成决定性影响。而且,由于交互数字技术公司的经营模式是单纯的涉及知识产权的技术许可,不涉及实体产品的生产销售,因此下游设备生产商无法凭借知识产权交叉许可的方式形成反制措施。也就是说,交互数字技术公司在与其他实业生产经营者进行知识产权授权许可谈判时,完全掌控且具有不对称的强势话语权,足以控制标准中的知识产权许可的价格、许可形式以及其他对于谈判相对方不甚合理的附加条件,这就是不平等博弈了。

对于标准中的知识产权是否可以替代的问题。当知识产权融入标准之中变成标准必要专利之后,该专利的垄断性质和地位就凭借标准手段得到了放大,不仅仅是保护知识产权权利人不受侵害,甚至在全部标准涵盖的市场主体范围内都产生了连带辐射作用。这使得标准的使用者无法绕开此类专利,处于权益博弈的弱势一方,注定被动地接受非市场化不公平手段的钳制。这相当于要求,专利权人不得利用标准化的手段为其不必要的专利寻求最大的许可市场。在本案中,被告利用其在必要的专利许可市场条件下的主导地位,将必要的专利与不必要的专利捆绑在一起,这是滥用市场主导支配地位的行为。② 在专利制度环境中,产品生产企业可以自

① 代中强.知识产权调查引致的贸易壁垒:形成机理、效应及预警机制[M].北京:知识产权出版社,2018:125.

② 叶若思,祝建军,陈文全.标准必要专利权人滥用市场支配地位构成垄断的认定,评华为公司诉美国 IDC 公司垄断纠纷案[J].电子知识产权,2013(3):48-54.

由选择技术手段,以便达到其特定预期效果,从而可以规避他人的专利技术。但是,包含有必要专利的标准的存在,可能会导致产品生产商不得不使用该专利技术。①

滥用市场支配地位的问题。为防止或减少以滥用市场支配地位为事由受到反垄断指控的情况,标准工作组织通常都会要求其成员在制定和修订标准时,声明承诺,对于标准中的必要专利要采取特定的原则进行授权,该原则即"公平、合理和非歧视"原则。这相当于成员加入组织的对价条件,知识产权权利人与标准组织形成了一个"社会契约"。在本案中,华为公司与交互数字技术公司都是欧洲电信标准化协会(ETSI)成员,两公司在加入该协会时,预先都是已经明确知悉并且书面承诺过,会将其标准中所包含的必要专利授权给组织内其他成员使用,而且授权是遵照公平、合理和无歧视原则进行的。由于信息不对称、话语权不对等以及对技术的需求程度不同等因素,标准中的知识产权权利人占据了主动地位,这就要求知识产权权利人全程均应基于契约精神,给予相对方以最大限度的公平对待。法院在二审判决中,认定交互数字技术公司违背了 FRAND 原则,属于利用其必要专利授权许可市场条件下的支配地位的行为,应受我国反垄断法约束。②

(四)高通公司知识产权反垄断调查案(2018 年)

美国高通公司(Qualcomm Inc.,以下简称"高通公司")是全球无线电通信行业大型跨国企业,是全球最大的移动芯片供应商,2018 年收入达227.32 亿美元,在全球的半导体厂商中排名在前五位。基于无线通信产业领域领军地位和领先技术,高通公司逐渐形成了自己的"非产品化基础集成供应商"类型的商业模式,并借助专利技术赋予的合法垄断地位展开了繁复而精密的知识产权战略布局。我国发改委对高通的反垄断调查始于 2013 年 11 月,至 2015 年 2 月调查结束,最终确定高通公司在中国滥用无线通信标准在必要专利许可市场和基带芯片市场中的主导地位,构成了反垄断法意义上的垄断。具体事实依据有:高通公司长期把持着无线通信和基带芯片技术领域的关键专利技术,并保持不断更新,主要表现为在CDMA、WCDMA 和 LTE 无线通信技术标准中,高通公司分别拥有构成CDMA、WCDMA 和 LTE 无线通信技术领域的多项基本核心专利,形成压倒性技术优势,例如该公司在 2013 年无线通信市场端占有 100% 的技术

---

① 马海生.专利许可的原则——公平、合理、无歧视许可研究[M].法律出版社,2010:8.
② 祝建军.标准必要专利权人滥用市场支配地位构成垄断[J].人民司法,2014(4):12-15.

份额,在 CDMA 基带芯片、WCDMA 基带芯片和 LTE 基带芯片等领域,其市场份额分别达到了 93.1％、53.9％和 96％,各项指标几乎都占绝对优势;高通公司在技术领域的压倒性优势,使得无线通信终端制造商对其标准必要专利高度依赖,另行研发难度巨大且投入成本难以承受。调查显示,高通公司在上述市场中占据绝对主导地位,进一步地也是在滥用其在无线标准基本专利许可市场中的主导地位,收取过高的、显失公平的专利许可费(包括收取过期专利的许可费),要求被许可方免费进行专利的反向授权,且无正当理由将非必要的专利捆绑在一起进行授权谈判。如果潜在被许可人未与其签署包含不合理许可条件的知识产权许可协议,那么高通公司会拒绝与该潜在被许可人签订基带芯片销售协议;同时高通公司还要求被许可人承诺不得就知识产权许可协议产生争议并对其提起诉讼。[①]基于以上理由,国家发展和改革委员会决定处罚高通公司,责令其停止滥用其在中国的市场支配地位的行为,并对其处以罚款共计人民币 60.88 亿元,相当于 2013 年其在中华人民共和国境内销售总额的 8％。[②]

　　通过高通反垄断调查案能够看出,在调查标准必要专利引发的垄断过程中,是否能够认定标准必要专利的权利人具有市场支配地位、进而是否需要采取反垄断行政措施,直接关系到知识产权与标准化的协调发展。若未及时控制知识产权权利人滥用其市场支配地位,任其为所欲为的话,那么会妨碍上游技术许可市场和下游商品销售市场的竞争,进而会严重阻碍标准的实施和推广。[③] 所以,出于知识产权权利人、标准使用人以及社会公共利益三者相平衡的考虑,在认定知识产权权利人的市场支配地位时不能笼而统之,务必慎之又慎。在高通反垄断调查案中,总体来讲,我国相关反垄断执法管理部门所做的决定与采取的措施是必要且合理的。

五、知识产权与标准协同的反垄断问题应对与规制建议

　　标准化能够给社会公众带来利益,也能带来新的限制市场竞争的负面效应。由标准化团体、企业联盟及类似的合作组织设定的标准很难不看作是新的范围稍大的"垄断"。即便在研制标准时,考虑到了产业普适的网络

---

　　① 王先林.中国关于滥用知识产权反垄断规章制度的建立和发展[J].竞争法律与政策评论,2016(1):53-69.

　　② 中华人民共和国国家发展和改革委员会行政处罚决定书(发改办价监处罚〔2015〕1 号).

　　③ 袁波.标准必要专利权人市场支配地位的认定——兼议"推定说"和"认定说"之争[J].法学,2017(3):154-164.

效应和社会公共政策的需求,标准成果也有可能存在被用于限制竞争的不当之行为。通过相互协调形成的行业标准,往往是有利于谈判能力强的大型企业的,而技术先进的中小企业往往被排斥或忽视,标准制定团体、联盟或合作组织经常拒绝发起成员以外的其他企业新晋成为组织成员。[①] 这也是《反垄断法》的典型违反行为。此外,由于融入新的专利技术而研制的标准可能会对既得利益的企业市场优势地位构成威胁,既得利益的企业不会坐以待毙,数家被排除在标准参与起草主体之外的企业也能在行业内召集共同受到威胁的同行业者,或者在颠覆性投资者的支持下,另外开辟新的技术路线,形成平行标准。

(一)对标准中知识产权反垄断的问题进行专门立法

如果没有良好的知识产权制度和统一的规范,可能会出现不当利用标准来谋求垄断市场的现象。如果知识产权规则中存在限制竞争的问题,应通过反垄断法进行审查。目前我国针对标准中知识产权引发的垄断法律问题的制度体系规制尚不够完善。在知识产权与标准协同需求越来越急迫的发展趋势下,需要专门进行立法,或者在立法中进行专章规定。具体立法内容包括:知识产权拥有者在特定产业领域中市场支配地位的判断标准,标准中的知识产权技术可替代性及其评估方法,知识产权拥有者在标准制定与贯彻适用过程中滥用优势地位的表现,标准必要知识产权涉及垄断/阻碍竞争的程度及损害判断方法,潜在受害者的救济手段及程序规定,社会公共利益如何作为标准中知识产权滥用导致损害的抗辩事由等。标准中知识产权发生的垄断具有多种外在表现形式,其中知识产权权利人/标准制定参与者违反披露义务,以及违背公平、合理、无歧视原则,是产生垄断从而阻碍市场公平竞争的高发法律风险。

中央、地方、行业、企业在各自不同层次上开展协同创新,有效地促进了合作研究和应用。然而,其中也暴露了一些问题。协同创新参与者缺乏整体行动的思想和统一的细化行动规则,导致了协同创新不可避免地会与预期产生偏差。针对协同创新参与者自身性质存在差异、个体独立性强、利益和需求不同的问题,要注重整合各级资源,以最大化企业参与者的利益作为协同创新的立足点和重心,构建多元化的协同合作模式。各地应结合自身经济社会发展阶段性特征与地域特色、产业特色、企业特色,形成深入合作、联合协商、注重精细化的联盟章程规范和标准化的专项事务指南。

---

① 王为农,黄芳.企业联合组织滥用技术标准的反垄断规制问题[J].浙江社会科学,2005(3):91-97.

所以,需要以《反垄断法》为制度依据基础,围绕滥用市场支配地位之禁止这一核心制度框架,明确标准中的知识产权反垄断的特殊性。从《反垄断法》规制的不同类型的垄断行为着手,在对垄断协议、滥用市场支配地位和经营者集中的不同类型情况分析的基础上,建议对涉及标准必要专利的垄断行为的特殊之处予以说明。① 由此在知识产权与标准协同发展过程中,形成固定的纠纷解决通道与规则,引起当事各方的足够重视。

在依法治国的宏观背景下,推进社会主义法治建设已成为各级政府的共同工作理念和目标。国家政策应在宏观层面支持知识产权协同创新联盟。② 与行业和企业标准相比,法律和政策具有强制力和威慑力等更强的约束作用。在借鉴国际经验的基础上,要认清知识产权制度在调整合作创新行为中的不到位之处,通过立法统筹、制定政策等手段,从公权力层面为协同创新参与者指明知识产权工作方向并设定行为底线。同时,也要健全相关部门法来化解协同创新产生的新型知识产权纠纷窘境与悖论。例如,可以在知识产权法律中进一步细化限制知识产权的滥用的规定,以及在《反垄断法》中增加相应的内容,明确防止企业在特定的市场范围之内滥用其知识产权。

（二）建立协同创新知识产权评估与利益平衡的机制

协同创新是各方人力、物力、财力、智力融接的交汇点,前三个很容易量化,但是智力的投入很难计量。知识产权的经济价值具有后发性,体现在投入使用后的知识产权价值中。知识产权从诞生到产生效益,再到具体价值计量的周期,相比有形投资来讲要漫长得多。此外,多个主体的多项知识产权如果出于某种战略目的加以组合使用,那么对其中的单个知识产权进行价值评价将使得整个知识产权组合的后续运行陷入混乱。协同创新联盟只是上述两个滞后性和整体评价性负面特征易集中显现的场域,也是知识产权协同创新法律风险的诱发原因。针对这两项问题,理想状态是建立协同创新联盟内部的评价标准,可供一般知识产权评价标准参考,但需要考虑该知识产权对协同创新过程的贡献度。如果知识产权评价过于复杂,必要性不高,则更为优化的方案是建立知识产权等级评价体系。在合作之前,协同创新参与者可以协商制定知识产权等级划分标准,提高高等级知识产权的保护程度。因此,涉及协同创新主体核心技术领域的高层

---

① 陈丽苹,王常清.标准必要专利权人滥用市场支配地位的反垄断规制研究[J].武陵学刊,2016,41(5):46-51.

② 张昭庆,闫博慧.我国知识产权保护方式探究——联盟保护[J].石河子大学学报(哲学社会科学版),2007(5):41-43.

次知识产权应当有偿,但是应当低于市场价格,以供其他协同创新参与者使用,边缘化的低层次知识产权可以无偿使用。无论是哪一种具体的评价,都能最大限度地减少后发性和价值模糊性产生的负面影响。

在针对知识产权权利人滥用市场支配地位反垄断的规制时,应当充分考虑到市场环境下知识产权权利人和知识产权使用者之间的利益平衡。在界定相关市场时,应考虑为创造知识产权所需的成本,如主要设备、研发成本、研究机构数量、技术研发人员数量、知识产权受让方、知识产权被许可者和用户评价等。^① 一方面要防止知识产权权利人以申请禁令的方式威胁标准实施者,向其收取不合理的知识产权许可费,另一方面也要防止过分压制标准必要知识产权权利人获得应得的发明补偿而损害到其创新的积极性和动力。^② 由于标准所包含的必要知识产权权利人与普通的知识产权权利人或者标准中非必要知识产权权利人相比,具有更加强大的市场话语权和影响力,所以其理所应当接受社会公共利益方面的更多约束。在实务中可以适当弱化对标准必要知识产权权利人禁令救济的支持,不必限制标准必要知识产权权利人行使其禁令请求权,但也需限制其寻求针对善意标准实施者的禁令救济。^③

高校注重基础研究和应用基础研究,而企业更注重新技术的应用和经济效益的获得。^④ 它们之间的冲突是合作过程中产生争议风险的隐患。在协同创新的过程中,正常的流程是高校对新技术展开研发,获得技术成果后将其下移到企业量产环节,将其转化为实际的产品。如果高等院校享有相关的知识产权,那么根据其理念,首次以论文形式出版以提高自身(包括智力成果的实际创造者及其所属高校)的声誉,是最有吸引力的选择。然而,企业所考虑到的则是核心关键技术作为获取市场竞争主动权的制胜法宝,其曝光时间的"早晚"与企业能够获得的经济效益的"大小"是成反比的,而企业的这种行为选择导向与高等院校的追求恰恰是相冲突的。所以,有必要在协同创新组织中建立知识产权预警与协商工作机制,其目的是在知识产权风险产生之前或在争议发生时,协作各方能够在框架内讨论

---

① 张武军,张唯玮,郭宁宁.标准必要专利权人滥用市场支配地位的反垄断问题研究——以高通案为例[J].科技进步与对策,2019,36(7):131-137.

② 吴太轩.标准必要专利权人滥用禁令请求权的反垄断法规制[J].竞争政策研究,2017(2):17-31.

③ 吴太轩.标准必要专利权人滥用禁令请求权的反垄断法规制[J].竞争政策研究,2017(2):17-31.

④ 张武军,翟艳红.协同创新中的知识产权保护问题研究[J].科技进步与对策,2012,29(22):132-133.

问题的解决方案。建立预警机制和协商机制是两个重点,应在不同的情况下构建不同的沟通框架,以最低的时间成本和经济成本保证协同创新联盟的稳定和进步。建立预警机制的重点是在合作前降低时间成本,建立可预见风险的解决方案,预防"公地悲剧"和"反公地悲剧";而建立协商机制主要是解决联盟内部的知识产权纠纷争议问题,尽最大可能减少协作各方损失以及联盟的共同损失。

(三)引导鼓励形成更加开放的知识产权与标准联盟

知识产权联盟是由多个知识产权权利人组成的正式或非正式的联盟,其以相互共享知识产权或统一知识产权的许可为主要存在价值。[①] 建立知识产权联盟,目的是降低知识产权制度带来的额外交易成本,有效减少知识产权授权障碍和纠纷。协同创新知识产权联盟是知识产权联盟的形式之一。与知识产权联盟相比,协同创新知识产权联盟具有目标明确一致、合作灵活等优点,然而也存在着组织结构不规范、规则不完善等缺点。完善知识产权与标准联盟,既是为了保护协同创新的主要成果(表现形式即知识产权权益),也是为协同创新联盟的维护和发展提供指导。协同创新联盟成员之间一旦出现知识产权方面的纠纷,是不能仅仅依靠纠纷解决机制来处理的。此时,最好的做法是依据预先制定好的知识产权联盟章程规则,在整个联盟一般性事务的框架下解决各类知识产权纠纷。

企业联盟形式多样,比较松散的组织形式是达成谅解备忘录、形成战略共识或者开展研发合作,最为紧密的方式则是合资组建新实体、"善意地"参股或者相互持股。[②] 在组建标准开发联盟时,如果联盟合作的目的是建立通行于市场的标准,那么标准的开放性和由此产生的竞争"势能"将可能对市场环境产生比较大的影响。[③] 完全自由开放标准的准入门槛最低,这将鼓励现有竞争者以及准备进入该领域的潜在竞争者以规模和价格为基础进行竞争,而封闭式的标准则会筑高准入门槛,有效降低既得利益者的竞争压力。但是,企业一般情况下是不愿意为了建立公开的标准而展开合作的,因为这样做不会给企业带来垄断利益,也无法实现预期的投资回报,中短期市场效益接近于零,而长期社会效益又由于多种因素的存在

---

① 任声策,陆铭,尤建新.专利联盟与创新之关系的实证分析——以 DVD 6C 和日立公司为例[J].研究与发展管理,2010,22(2):48-55.

② Hagedoorn D J. Do Company Strategies and Structures Converge in Global Markets? Evidence from the Computer Industry[J]. Journal of International Business Studies, 2001, 32(2): 347-356.

③ 周伟民.技术标准与相应法律政策协同机制研究[D].上海:上海交通大学,2007:79.

而变得无法预测。①

第四节　标准联盟中知识产权维权保护机制

一、基于标准联盟的知识产权维权援助服务机制概述

(一)基于标准联盟的知识产权维权援助机制概念

知识产权维权援助,是指知识产权主管机关或其下设的维权援助机构,在职权或服务范围内,合理调配社会资源,对经济困难或遭遇难以解决的知识产权事项的权利人、利害关系人等主体提供帮助,协助其解决困难,维护其合法权益的制度。② 当前大力推进知识产权维权援助服务机制建设,整合各类社会资源,并不断加以完善,开展举报投诉、战略咨询、信息分析、产业预警等全方位知识产权相关服务,帮助市场主体维护知识产权合法权益,是解决目前我国经济发展方式转变过程中遇到的知识产权纠纷与冲突的不可或缺的手段。

在国家层面高起点地建立健全知识产权维权援助机制,是提升完善企业知识产权管理体系、增强其国际竞争力的需要。健康的企业知识产权管理体系,包括清晰的知识产权战略规划、合理的知识产权组织体系以及高效的知识产权管理机制。以此体系为主干,联动其他创新要素,提升企业知识产权取得、维持、运用和保护的总体水平,进而有效提升企业在全球市场的竞争力。2017 年,全国各级人民法院新受理一审、二审、再审知识产权案件共计约 23.72 万件,审理完结案件共计 22.57 万件,比 2016 年分别增长了 33.5%和 31.4%。③ 近年来,从全国法院受理的知识产权案件类型上来统计,涉外知识产权案件的比例较高,约占 20%,特别是涉及美国和欧盟的知识产权纠纷案件尤为显眼。④ 我国企业在面临涉外知识产权纠

---

① 周伟民. 技术标准与相应法律政策协同机制研究[D].上海:上海交通大学,2007:80.

② 丁宁.知识产权维权援助公共服务体系建设的几点思考[J].科技创新与应用,2013(6):296-297.

③ 最高人民法院.最高法召开知识产权司法保护宣传周新闻发布会[EB/OL].(2018-04-19)[2018-10-09]. http://www. court. gov. cn/fabu-xiangqing-91292. html.

④ 国务院新闻办公室.新闻办就《关于加强知识产权审判领域改革创新若干问题的意见》有关情况举行新闻发布会[EB/OL].(2018-02-28)[2018-10-09]. http://www. gov. cn/xinwen/2018-02/28/content_5269454. htm.

纷时,缺乏系统化的预警保障机制以及快速反应手段,易陷入被动,从而在纠纷应对方面错失良机。探索系统化的知识产权保护援助服务体系,促进企业对海外知识产权制度及相关知识的了解、提高涉外诉讼能力,已成为中国企业实施"走出去"战略、参与国际竞争的客观需要。[①]

"标准+知识产权"联盟中,知识产权是标准化运作的重要载体,联盟中知识产权融入标准化的过程是一项技术性要求非常高的系统工程,内部存在复杂且动态的知识产权冲突问题。[②] 在其中知识产权如何发挥作用,既要考虑到内部的协同,也要考虑到外部的协调。产业技术标准联盟的主要目标是建立和促进自主标准的应用、提高标准的国际竞争力。知识产权与技术标准高度融合,技术标准就得到专利技术集群的强大支持。产业技术标准联盟成员开展联合研发、知识产权共享、标准体系建设等活动就自然而然地是一体进行的。[③] 针对产业技术标准联盟中不同类型的知识产权利益冲突,采取集体行动策略来预防和解决,对提高标准化的效率和有效性、促进企业联盟健康发展具有重要意义。[④] 为预防知识产权纠纷、减少其给我国企业带来的经济损失,有必要建立有效的知识产权维权援助体系并不断加以完善,提升企业知识产权认知、利用、保护水平,推动企业顺利渡过模仿阶段,降低本地企业技术同质化、低价竞争程度,合理规避知识产权壁垒,有效防范知识产权风险,建立有效的分析、决策、咨询支持系统,让企业及时获取可资利用的可靠信息、科技情报及相关援助服务,能够自行提出构建维权援助机制的对策并解决知识产权维权难题。

(二)标准联盟中知识产权维权援助服务机制建设

标准联盟知识产权维权援助服务机制的建设与运行,需要多个要件支持。简而言之,完善的区域企业知识产权维权援助服务机制,应具有明确的服务主体、丰富的服务内容、科学的服务模式、高效的组织管理,以及科学的绩效考核依据。这不仅仅是企业知识产权维权援助机制建立的基础要求,还是其顺利运行和可持续发展的必要条件。

1. 主体要件

从我国各地方科技服务机构的建设主体来看,知识产权维权援助服务

---

① 魏小毛.知识产权纷争与维权援助之路[N].中国知识产权报,2008-12-17(04).

② 王珊珊,占思奇,王玉冬.产业技术标准联盟专利冲突可拓模型与策略生成[J].科学学研究,2016,34(10):1487-1497.

③ 王珊珊,许艳真,李力.新兴产业技术标准化:过程、网络属性及演化规律[J].科学学研究,2014,32(8):1181-1188.

④ 王珊珊,占思奇,王玉冬.产业技术标准联盟专利冲突可拓模型与策略生成[J].科学学研究,2016,34(10):1487-1497.

工作组织,要么是依托知识产权主管部门所属事业单位建设的知识产权维权援助公共服务平台,要么是依托高校、科研院所建设的产业创新公共服务平台兼具知识产权服务功能的创新服务机构。知识产权维权援助服务的关键,在于政府、企业和社会知识产权服务主体间的多元合作,通过相互合作,实现优势互补,整合和构建起知识产权维权援助服务机制。多主体合作下的企业知识产权维权援助服务机制有利于为社会提供更廉价和更优质的服务。[①] 所以,主体方面安排布局是否合理,直接决定了企业知识产权维权援助服务工作的质量和发展前景。

2. 组织管理要件

企业知识产权维权援助服务机构建立起来后,还需要有高效的组织管理。企业知识产权维权援助组织由政府引导建立,需要落实相关主体负责日常事务管理协调,在具体组织管理方式方面,可以采用自主运行、政府支持和监管的组织协调机制,采取由平台建设单位所属部门开展平台化、多向度沟通的管理方式,指导企业知识产权维权援助机构的长远发展战略规划、年度发展规划以及具体工作的细化流程。[②]

3. 服务内容与工作程序要件

确定服务范围、丰富服务内容、优化业务流程,是建设企业知识产权维权援助服务机制的实质性要求。这要求找准企业知识产权维权需求,有针对性地设立服务内容,做到设置合理、程序简单,通过有效整合现有各类提升企业知识产权工作的服务资源,将知识产权服务体系化,逐步实现企业知识产权维权援助的"一条龙"服务。

4. 服务模式要件

知识产权维权援助的服务模式至关重要,直接决定了服务的可持续性及服务的深度和广度。与服务模式相对应,在运营资本投入方面有两种模式,即政府投资为主和企业高校投资为主;在运营模式上有三种模式,即公益性模式、半公益性模式和营利性模式。[③] 目前我国促进创新的服务机构模式主要表现为公益性免费服务和市场化运作相结合。一般来讲,公益性的知识产权维权援助服务对于大多数企业(尤其是综合实力相对较薄弱的中小微企业)的吸引力相对较大,然而由于是非营利性质的,激励机制不

---

① 罗敏光,刘雪凤.多元主体合作视角下的知识产权公共服务机制构建——以江苏省为例[J].科技管理研究,2011,31(11):147-152,146.

② 李建花.科技创新公共服务平台建设运行机制及成效分析——以宁波市科技创新公共服务平台为例[J].今日科技,2014(6):45-47.

③ 李建花.科技创新公共服务平台建设运行机制及成效分析——以宁波市科技创新公共服务平台为例[J].今日科技,2014(6):45-47.

足,所以服务的深入程度可能受到影响。

5.绩效考核要件

一个完整的社会服务平台体系需要一整套科学的绩效考核评价体系。知识产权维权援助服务质量评估与改进是其健康运行的必备要素。对此,应设计一套科学的知识产权维权援助服务效果评价指标体系并定期进行考核评价。考核评价内容主要包括组织运行管理、服务能力、机构运行成效等方面,考核评价采取定性与定量相结合的方式进行。[①] 对照完整指标体系的绩效考核,得出当前阶段知识产权维权援助服务的现实情况,由此可以有针对性地持续加以改进,进一步合理配置维权援助服务人力资源、物力资源、技术资源、社会资源等,从而全面提高知识产权维权援助服务机构的运行质量。[②]

(三)知识产权维权援助服务理论与实务比较分析

通过系统检索国内外相关文献资料发现,企业知识产权维权援助服务是一个实务性很强的问题,理论研究与现实结合非常紧密。近十年来国内外法学界、管理学界逐渐关注企业知识产权维权援助机制建设问题,知识产权维权援助逐渐成为热点研究领域。

在知识产权维权援助的主体和对象方面,国外学者重视知识密集型行业的知识产权维权援助绩效,尤其强调应面向企业开展便捷的知识产权服务。Kurt(2000)从合同法角度分析了知识产权权利人、服务提供者以及用户之间的关系,认为应简化程序,建立以企业为导向的知识产权维权援助新架构。McLean(2004)认为,欧盟贸易委员会(EU Trade Commission)主动参与各种形式的双边、多边贸易与知识产权谈判,在保护其联盟内部企业境外知识产权方面发挥了不可或缺的作用。Koppikar 认为,申请美国国际贸易委员会对国外企业展开"337 调查",对于知识产权权利人来说,是一种有效的维权途径,可以有效阻止国外侵权者对其知识产权的侵犯,并能及时获得赔偿,这使得美国的知识产权权利人在司法途径之外获得了另外一种维权手段。[③] Yang 和 Clarke 也发现,知识产权权利人在遭遇知识产权纠纷时,对政府有强烈的依赖,并倾向于依靠政府而非法院解

---

① 李建花.科技创新公共服务平台建设运行机制及成效分析——以宁波市科技创新公共服务平台为例[J].今日科技,2014(6):45-47.

② 李建花.科技创新公共服务平台建设运行机制及成效分析——以宁波市科技创新公共服务平台为例[J].今日科技,2014(6):45-47.

③ Koppikar V. Evaluating the International Trade Commission's Section 337 Investigation [J]. J. Pat. & Trademark Off. Soc'y, 2004(6):432-518.

决知识产权纠纷。[①]

在企业知识产权维权援助模式方面，Wherry 对美国专利与商标局（USPTO）和专利与商标储备图书馆（PTDL）所提供的知识产权维权援助内容进行了对比，认为：政府机构提供的公益性的知识产权维权援助服务更加直接，但是对于企业用户来说，更需要民间服务机构对企业知识产权提供全方位维权援助服务。[②] 还有学者认为，由于知识产权民间纠纷调解组织缺乏独立的权利和权威，知识产权纠纷解决的效果往往受到影响。我国学者对于知识产权服务业的发展模式，多坚持全面、系统发展的观点。[③] 目前，我国市场竞争主体的知识产权保护模式有多个类型，并且可以同时采取多种模式。但是主要的知识产权保护模式还是权利主体的自主保护。当前我国企业的实力和规模远不及知名跨国公司，因此在知识产权维权援助方面更需要未雨绸缪。[④]

当前我国学界对于知识产权维权援助问题研究涉足不多。由于知识产权制度在世界范围内广为接受，所以国内外学者在该领域的理论研究具有基础概念以及研究角度的一致性，有相当一部分学者从产业自主创新、提升企业竞争力、保护市场主体合法权益的视角，对知识产权维权援助相关的理论问题进行了颇具前瞻性的研究。国外学者对该问题的研究略早于我国学者，由于所处的实务环境不同，国外学者更加注重研究企业知识产权的国际化保护问题，多数观点认为应由第三方社会组织承担起为知识产权权利人进行维权援助服务的任务；国内学者则从我国实际出发，倾向于构建政府或司法机构主导、多方参与的知识产权维权援助机制，帮助企业更好地维护自身合法权益。

从实践方面来看，国内外针对企业的知识产权维权援助措施非常丰富，在一定程度上实践的发展先于理论。知识产权维权援助活动，国外已经开展了几十年，维权援助内容不仅仅局限于侵权之后对受害者的援助，而是囊括了知识产权的创造、申请、实施、管理、市场化、侵权等各阶段。一些经济较发达的西方国家（如美国、德国）和部分亚洲国家（如日本、韩国）在知识产权维权援助机制建设上已日趋完善。欧盟于 2004 年通过《知识

① Yang D, Clarke P. Globalisation and Intellectual Property in China[J]. Technovation, 2005，25(5):545-555.

② Wherry T L. Intellectual Property Service Variations:The PTO and PTDL[J]. World Patent Information,1992,14(1):32-35.

③ Halbert D J. The Politics of Piracy:Intellectual Property in Contemporary China[J]. Law & Society Review, 2006,40(4):981-983.

④ 魏小毛.知识产权纷争与维权援助之路[N].中国知识产权报,2008-12-17(04).

产权维权指令》(Intellectual Property Rights Enforcement Directive,以下简称《指令》),《指令》起到了各成员指导知识产权维权活动基本规范的作用,同时也能够有效帮助欧盟各成员方企业开展知识产权海外维权活动。美国对于知识产权维权,尤其是涉外的知识产权维权,采取的是一种"超企业"的应对措施,坚持认为维护本国企业的知识产权,联邦政府责无旁贷,美国在国家层面(联邦一级)有着全套异常完备的知识产权"调查—维权—救济"工作机制,既包括完备的行政救济,如"337调查"(337 Investigation),也包括庞杂繁复的司法判例制度、程序制度支持。日本知识产权维权援助的专门机构是日本贸易振兴机构(JETRO),它是由政府设立的,在国外设立代表处活动,代表处中设有知识产权部,功能是支援日资企业在国外的商标专利设计等知识产权维护活动,以及收集日资企业的要求与意见等内容。①

反观我国,为适应经济社会形势发展的需要,曾在 2007 年 11 月制定了《关于开展知识产权维权援助工作的指导意见》②(以下简称《意见》),这标志着我国的知识产权维权援助工作进入权利推进阶段。在《意见》的指导下,原国家知识产权局批准在全国 29 个省(自治区、直辖市)设立了 61 个知识产权保护援助中心,初步建立了国家知识产权维权援助机制。③ 2012 年 11 月,原国家知识产权局启动了知识产权快速维权试点项目,针对外观设计专利权保护需求强烈和产品周期更新快的集聚产业,建立了"专利快速授权、快速确认、快速维权"的"三快通道",有效提升了知识产权纠纷案件处理效率。④ 结合我国区域特色产业发展的实际需求,考虑到聚合资源集中服务重点需求领域,国家知识产权局先后批复设立了广东省中山市(灯饰产业)、江苏省南通市(家纺行业)、北京市朝阳区(设计服务业)、浙江省杭州市(制笔产业)、广东省东莞市(家具产业)、广东省佛山市顺德区(家电产业)等 6 家知识产权快速维权中心。上述知识产权快速维权中心与当地其他类型的社会公共服务平台建立直接沟通通道,形成共享信

---

① 蔡然,陈季翔,卢思,麦日容.专利密集型产业知识产权快速维权援助机制设想[J].科技经济导刊,2016(8):165-166,173.

② 国家知识产权局:《关于开展知识产权维权援助工作的指导意见》,国知发管字〔2007〕157号.

③ 魏小毛,雷若冰.我国知识产权维权援助工作有序推进[N].中国知识产权报,2010-04-21(06).

④ 孙迪,关健.国家知识产权局将大力推进产业知识产权快速协同保护工作[N].中国知识产权报,2016-11-30(01).

息、各环节联合衔接协作的知识产权维权横向联动机制。①

二、基于标准联盟的知识产权维权援助服务机制应有布局及不足

知识产权维权援助服务机制具体外在表现形式是知识产权维权援助服务平台,其性质一般是公益性的,往往集合了多种功能,主要包括:知识产权信息检索、知识产权专项分析、知识产权风险预警等。平台服务对象较为广泛,公益性的定位决定了其主要为实力尚不够雄厚的中小企业提供知识产权保护方面的服务,同时也具有为政府部门和行业组织提供服务的功能。目前我国知识产权"事前援助"的发展还是滞后于已经较为成熟的"事后援助"。另外从人才方面来讲,我国具有法学、技术双背景的人才十分紧缺,限制了知识产权维权援助质量的进一步提升。另外,知识产权维权援助服务机构虽然有一定的政府支持建设背景,但是却没有法律意义上的行政执法权,更多起到的是"软性"的协调功能,缺少强制措施,在知识产权维权援助案件中扮演了一个类似中间协调者的角色。这都是现实存在的弊病与问题。具体如下。

首先,维权援助配套制度建设不够,尚未构成一个整体。当前,我国开展知识产权方面的维权援助服务工作所参照的最高层级政策性文件,是2003年国务院颁布的《法律援助条例》(国务院令385号),以及《关于开展知识产权维权援助工作的指导意见》(国知发管字〔2007〕157号,以下简称《指导意见》)。我国各省市也依据原国家知识产权局《指导意见》细化制定并落实了多项地方性的知识产权维权援助服务规范性文件,典型的包括《河南省知识产权维权援助管理办法》(2011)、《广东省知识产权维权援助中心维权援助办法(试行)》(2011)、《武汉知识产权维权援助管理暂行办法》(2009)等,然而这些规范性文件的立法层级较低。虽然各地在制定相关知识产权维权援助管理办法的时候都会参照《指导意见》的精神,但是由于没有统一的有约束力的规范性文件,势必会造成各地方在开展维权援助工作时依据不足。

其次,知识产权维权援助方式存在机制上的局限性。目前,我国民间团体对于社会服务的参与度不够。具体到知识产权维权援助来讲,与企业

---

① 人民网.知识产权局:知识产权快速维权工作有序推进[EB/OL].(2015-06-08)[2018-12-03].http://ip.people.cn/n/2015/0608/c136655-27119672.html.

联系密切的社会团体,如行业协会等对于企业创新行为、合作研发协调活动以及知识产权事务参与程度不够深入。从社会力量进行知识产权服务的成熟度来讲,知识产权中介服务机构虽发展较快,但是其业务类型单一,往往以知识产权获取服务为主,兼做知识产权诉讼业务,以获得短期收益为活动目标,并没有在市场竞争中充分发挥中介沟通作用,在风险预警及帮助企业规避风险上反应不够灵敏,且为政府主管机关提供决策参考服务方面,其提供的专业性意见和具体信息不足,没有完全形成为社会提供知识产权公共服务的观念。[①]

再次,在知识产权维权援助服务内容上,对于知识产权维权援助与传统意义上的法律援助之间的关系区分度还不够。然而,从原国家知识产权局近年来出台的导向性政策来看,国家已经意识到企业的一连串经营活动,包括创意构想、研发试制、投入生产、市场销售、售后跟踪等过程,都需要相应的知识产权保障措施配套引入,知识产权维权援助已经不仅仅是出现纠纷才触发的单一主体主导的应急救援措施。

最后,对知识产权维权援助机制的监管不周。其一是知识产权维权援助不力与援助机构的不成熟有一定关系。当前有很多的企业,在遇到知识产权问题时不知道怎么解决。国内知识产权维权援助仍然偏重于知识产权的保护,而忽略了其他方面如知识产权创造、运用和管理的保障与支撑,使得保护的方面过于简单化,而没有得到普遍认可。其二是援助手段单一,仅局限于提供法律咨询,为企业推荐中介机构等支持以及资金补贴等几种少数的形式。而且政府对已经成立的中介服务机构监管不够,特别是对知识产权中介服务机构缺乏必要的前置审查和监督,对其他科技中介服务机构从事知识产权服务行为缺乏必要的资格审查和监督。

三、基于标准联盟的知识产权维权援助服务主体与内容

(一)知识产权维权援助服务主体

我国《法律援助条例》(2003 年国务院第 15 次常务会议通过)第 3 条和第 5 条规定,县级以上人民政府应当采取积极措施,推进法律援助工作,为法律援助提供财政资金方面的支持;直辖市、设区的市、县级人民政府司法行政部门可以根据本行政区域内的实际情况确定相应的法律援助机构。

---

① 罗敏光,刘雪凤.多元主体合作视角下的知识产权公共服务机制构建——以江苏省为例[J].科技管理研究,2011,31(11):147-152,146.

而知识产权维权援助服务工作的具体承担主体，目前只在原国家知识产权局制定的《关于开展知识产权维权援助工作的指导意见》中有所体现，即各地的知识产权维权援助中心。要明确知识产权维权援助服务责任主体，首先应当明确知识产权维权援助的性质，是止步于维护企业知识产权合法权益，还是更进一步，决定了开展此项工作的战略高度与格局。开展知识产权援助服务，着力重点维护企业合法的知识产权权益，助力企业应对国内外的知识产权纠纷，说到底是为了提升企业创新能力，促使企业有效运用知识产权实现经济效益最大化。① 有学者认为，从现有制度层面来讲，知识产权维权援助工作兼具社会公益性质，政府主管部门应具体承担起责任来，相关的经费应纳入政府财政预算。② 然而，针对企业的知识产权维权援助工作具有多重内容，源于知识产权保护，却又不止于知识产权保护，责任主体不能仅限于单一的部门。③ 因此，在责任主体、主管机构方面，我国国家和地方的各级法律制度有待于进一步完善。

在我国，法律援助的责任主体是司法行政管理部门，然而知识产权维权援助事务与司法行政管理部门的职责并不直接对口，而且我国与知识产权有关的行政管理执法机构是按照著作权、专利权、商标权等知识产权类型划分工作职能的，属多头负责模式，行政执法部门权力相对分散，知识产权保护执法工作中部门与部门间沟通协调程序相对比较复杂。一般来说，国家知识产权局应统一主管全国的知识产权工作，但是实际情况是，知识产权局主要管理的是全国的专利工作，商标则主要由工商局管理，版权由版权局管理。这样一来，就为我国的知识产权维权援助工作带来了某些障碍，即前文所提及的"九龙治水"局面。若不能够选择合适的知识产权维权援助模式，则在知识产权维权援助工作的开展中，就很难能够实际地帮助权利人解决问题。目前，知识产权行政部门主导的各地知识产权维权援助中心是我国分布范围最广、影响力最大的知识产权维权援助工作模式。该种模式在近几年的工作中取得了一定的成绩，也证明了此种模式是符合我国国情，比较适应我国现状的知识产权维权援助模式。并且，各地中心在工作中进一步联合社会各界的力量，慢慢形成更加细化的工作制度规范与流程。知识产权保护援助工作的前端涉及技术问题，而中端和尾端涉及法

---

① 周亚敏.全球价值链中的绿色治理——南北国家的地位调整与关系重塑[J].外交评论（外交学院学报），2019,36(1):49-80.

② 何炼红.论中国知识产权纠纷行政调解[J].法律科学（西北政法大学学报），2014,32(1):155-165.

③ 曹新明,曹晓慧.监管即服务:知识产权市场监管新理念[J].苏州大学学报（法学版），2016,3(2):103-118.

律问题,具有复合性,需要技术专家和法律专家共同参与,并需要两者合理分工、实时沟通、密切合作。为此,国家知识产权局设立的地方知识产权保护援助中心进行了有益的探索。例如,从苏州中心的工作布局与措施来看,中心首批合作专家有 23 人,其中法律专家 13 人、技术专家 10 人,各占了约一半的比例;首批合作单位 16 个,其中律师事务所 10 个;知识产权代理机构 6 个,不同性质与功能的服务机构比例也比较接近。由此,面对复杂的知识产权纠纷,中心可以从合作单位库和专家库中灵活地选择技术专家和法律专家,组成包含有技术人员和法律服务人员的复合型专家咨询小组,有针对性地讨论知识产权维权援助事项,对接受援助主体从技术和法律两方面同时进行专业性的指导。

（二）知识产权维权援助服务内容

知识产权维权援助服务内容丰富,整合涵盖了纵向全流程活动,包括知识战略研究、知识产权确权/申请咨询、知识产权信息检索、知识产权价值评估、知识产权投融资、知识产权技术分析、知识产权预警、知识产权信息交流、知识产权(产品)展示与交易、知识产权人才培养、知识产权宣传普及等。这就需要专业化、综合性、多功能的平台支撑。

提供知识产权咨询服务与智力支持。目前,我国相当多的企业(特别是中小企业)没有专门从事知识产权事务的专业部门,也没有专职人员负责本企业的知识产权事务。这使得对企业生产经营创新成果所有权的保护,在专利申请授权等知识产权的取得的阶段就停止了,企业对创新知识成果权属的保护止步于专利申请授权这类的知识产权获得行为。在涉及知识产权运营及保护事务(特别是涉外知识产权维权事务)的时候,这些企业处于明显的被动地位。此时,应对企业开展专业的知识产权维权咨询服务,使企业及时获得智力支持。知识产权咨询服务和智力支持主要包括两部分,即事前预防和事后应对。具体来讲,一是为企业提供著作权登记、专利申请授权、商标注册等各类知识产权取得相关事项的咨询,引导企业以知识产权的形式确认其在研发、生产和经营活动中的知识创新成果权利归属,并由此防范侵权风险;二是在企业遇到法律纠纷时提供必要的法律援助,包括组织相关法律专家和技术专家对知识产权纠纷案件及态势进行分析论证,还可以与其他企业服务组织开展专家资源共享,例如可以通过召开专题专项研讨会等形式,为涉事企业出具有参考价值的专业咨询意见。

提供知识产权预警服务。以特定行业为方向,就其特定技术领域的知识产权状况及未来市场前景开展预警分析,是防患于未然、提前干预、加强知识产权保护的关键性工作。据统计,世界上 70% 以上的创新内容都会体现在专利文献资料之中,而且这些专利文献资料都是可以免费获取的。如果对这些文献资料善加利用,进行深入的专利信息挖掘和系统分析,预计创新主体在研发过程中可以节省 60% 的研发时间以及 40% 的研发资金。① 为保障企业在研发成本可控范围内健康发展、提高市场(尤其是国际市场)竞争力和有效应对相关知识产权风险,非常有必要搭建知识产权预警平台,利用先进大数据技术,针对重点产业、重点产品进行知识产权状况的实时跟踪,设计知识产权信息检索、查新检索、有效性检索、侵权防御检索等检索分析的规范化流程,形成针对知识产权信息的智能化跟踪服务机制。

四、基于标准联盟的知识产权维权援助服务机制建设建议

(一)明确知识产权维权援助推进战略目标

知识产权维权援助的目的不应仅仅是维持知识产权不受侵害。援助中心应当制定和实施知识产权维权援助服务的中长期工作发展规划,根据企业的知识产权需要,安排政府知识产权部门、企业以及相关社会服务机构等多方主体深度参与知识产权维权,统筹协调知识产权维权各方面相关工作。通过全面保护专利、标准、品牌等重点类型知识资产,明确企业知识产权维权援助工作原则、主要内容、实施主体、协调机制,帮助企业提高自主创新能力、标准创新能力、市场竞争力。企业知识产权维权援助机制建设与推进的战略目标可以以 5 年为界限,按照 5 年以上、5 年以下,分为中长期目标和短期目标。

建设高效的知识产权维权援助服务机制,应循序渐进。从中长期来看,应完善知识产权援助服务体系,健全知识产权风险应对和保护援助操作规程,争取做到知识产权维权援助网络布满重点、中等规模以上企业,整体提升援助水平,倒逼企业提高知识产权创造、运用、保护和管理水平,培育能够达到国际领先水平的知识产权主导的创新型企业;使得知识产权意识深入每个社会主体内心,提高全民的创新意识,加强创新活动,使得自主知识产权的水平和拥有量能够有效支撑创新型城市的建设。②

---

① 知识产权报评论员.建立专利技术分析和预警长效机制[N].中国知识产权报,2009-05-07(01).

② 申长雨.全面开启知识产权强国建设新征程[J].知识产权,2017(10):3-21.

知识产权维权援助机制的短期建设目标可以确定为完善知识产权维权援助中心自身建设，精修知识产权保护援助服务细节，提升知识产权保护水平，同步培育全社会的知识产权文化，增强全社会知识产权意识和热爱创新、尊重创新成果的氛围。加快知识产权维权援助工作联系点的建设，将联系点的范围铺得更广，服务更多的权利人，使得权利人可以更便捷地与国内其他地市知识产权维权援助组织取得联系，更快速地获得援助服务。在建立健全知识产权维权援助制度的同时，不能忽略知识产权与标准之间的关系。知识产权维权援助机制的建立应向标准化方向拓展。

（二）完善知识产权维权援助法律法规政策体系

我国知识产权维权援助工作在早期是参照法律援助进行的。[①] 随着2003年9月《法律援助条例》的颁布实施，法律援助活动有法可依，在我国全面铺开，有力促进了社会公平正义、和谐稳定。目前我国法律援助制度建立较早，运行模式相对成熟，但是相关的配套政策措施还显不足。制定统一的立法层级较高的规范性文件可以是参考《法律援助条例》，制定符合知识产权工作需求的《知识产权维权援助条例》；或是在借鉴若干地方成功试点经验的基础上，制定"知识产权维权援助服务办法"，并配套相关服务规程，从而推动知识产权维权援助活动向精细化发展。同时，出于与业务指导部门的文件相一致的考虑，可以贯彻落实国家知识产权局《关于加强专利行政执法工作的决定》，出台"建立知识产权民事纠纷解决机制建设指导意见"等政策措施。

（三）加强知识产权行政管理部门间合作

当前我国知识产权维权援助服务渠道需要下沉到地市一级，应建立起以地市一级知识产权主管机构为组织力量，以维权援助机构为工作主力，区县一级知识产权行政、司法部门高度凝聚、协同运行的网络化知识产权维权援助服务体制。目前我国传统产业、新兴产业交叠，产业结构复杂，企业技术创新往往集中在单一领域，知识产权数量与质量发展不同步，所以知识产权维权援助工作开展起来难度较大，需要多个知识产权管理部门衔接配合开展知识产权维权援助工作。这需要加强各级维权援助机构建设，逐步构筑市区（县）园（开发区、产业园、孵化器）构成的多级互补知识产权维权援助工作网络。整合知识产权信息和资源库，构建综合性、网络化的知识产权信息和资源共享平台，为维权援助机构服务企业预警、分析和检索开辟"绿色通道"，实现各具体维权援助机构间案件转交、案件受理反馈、

---

① 宋伟,程兆齐.论知识产权法律援助[J].中国科技论坛,2009(9):86-91.

案件统计、案情对策探讨等功能。

(四)设计优化的知识产权维权援助流程

开展知识产权维权援助工作必须注重经济与效率,在经济社会,效率就是金钱。对于被侵权的知识产权权利人来说,能够缩短维权时间、节省维权成本、减少维权带来的损失是其关注的重点。所以,知识产权维权援助中心在开展工作的时候必须反应迅速,注重经济与效率。所以要进一步拓展维权援助服务内容,开展侵权判定、专利预警等服务,突出对高新技术产业的事前援助。在现有咨询服务的基础上,开展知识产权侵权判定、诉调对接等县市执法部门急需的业务培训和服务;主动与商标、版权等管理部门合作与配合,拓展维权援助服务范围。也可以外出发放问卷,调查了解企业或行业的需求,设置为企业服务的通道和服务的类型,以扩大维权援助服务工作的社会影响。[①]

(五)加强知识产权维权援助服务人才建设

知识产权维权援助服务专业技术性要求比较高,其涉及科技、经济和法律等多个方面,因此,确保专职工作人员的到岗到位是队伍建设的重要保障。要定期组织相关人员的培训考核,拓展其专业知识,提升其业务水平,以及分析、处理企业维护知识产权权益的能力。知识产权维权援助工作的有效开展,离不开有专业背景的工作人员,特别是在开展专利维权时,更是要求服务人员具有直接对口的专业技术背景。具体来说,首先,必须懂得知识产权的获得、运用和维护等基本知识;其次,知识产权维权援助人员还必须有一定的法学背景,能够较好地理解我国现有的知识产权法律制度;再次,知识产权维权援助服务人员还需具备推进协商谈判、沟通协调等组织领导能力及全局控场能力。知识产权维权援助服务机构是企业进行知识产权维权工作的中坚力量,需要更多的精英为其注入创新的要素,使其壮大、丰富,就是聘请专业人士加入援助团队,提高团队的整体素质。另外,应引导企业对在海外执行工作任务的员工进行知识产权相关专项培训,并定期考核,适当考虑其待遇问题,只有员工的专业素质提高了,才能带动整个企业更好地服务于工作。统筹安排知识产权保护援助重大事项,建立指导、监督、规范和保障制度,引导条件成熟、工作基础好的知识产权维权援助机构在海外主要国家和地区实地开展工作。[②]

---

① 薛飞.知识产权维权援助工作的六大地方模式[N].中国知识产权报,2010-04-21(08).
② 国家知识产权局:《关于开展知识产权维权援助工作的指导意见》,国知发管字〔2007〕157号.

（六）营造良好的知识产权社会环境氛围

开展知识产权维权援助，离不开良好的社会环境氛围。应加快建设扎根海外的非政府管理背景的知识产权援助服务组织，提升其服务水平与质量。应根据我国对外贸易实际情况，在相应省份及有条件的地市一级城市设立海外知识产权援助服务专门机构，加强与我国驻外使领馆及科技、法律服务机构的联系，积极介入企业海外知识产权维权活动。① 应发挥行业协会灵活的组织协调作用，将行业内企业凝聚起来联合行动。② 对于具有侵犯知识产权情况的产品，行业协会组织应及时做出警示，甚至可以制定"行业知识产权诚信公约"等类似章程文件，将愿意遵守"公约"作为该企业加入行业协会的必备条件，对会员单位依约进行知识产权侵权和被侵权的监督巡查，并提出具备可操作性的整改对策。同时，知识产权风险防控与应对的重点在于预防，讲求防患于未然。针对我国市场主体运用知识产权参与竞争和维权意识不强、经验比较缺乏等问题，需要在全社会宣传普及知识产权知识，营造尊重和保护知识产权的社会环境氛围。具体来说，应在全社会全面铺开知识产权保护与维权的宣传普及工作，提升社会公众知识产权意识，制定完善的知识产权协同化发展宣传工作规划，印制维权援助画册及工作指引，可以定期或不定期地针对不同类型的企业分别编写中心简讯或指引，有计划地发放；策划通过讲座、电视新闻、网站宣传及户外公益广告等多种方式做好业务宣传推广工作，通过媒体向社会宣传，扩大宣传效果；应将产业联盟知识产权维权援助宣传工作纳入政府的公益事业建设中。

---

① 潘灿君.企业海外知识产权纠纷调查及援助机制——以浙江省为例[J].电子知识产权，2012(10)：50-55.
② 潘灿君.企业海外知识产权纠纷调查及援助机制——以浙江省为例[J].电子知识产权，2012(10)：50-55.

第六章　知识产权与标准协同发展管理补强

第一节　知识产权管理标准化理论与实践

一、知识产权管理标准化的意义

(一)知识产权管理标准化目的追问

知识经济发展的动力是创新,同时会激励知识产权制度发展完善。[①]知识产权管理所指内容非常丰富,是包含诸多管理行为的一个系统工程,包括知识产权制度设计管理、知识产权战略贯彻实施管理、知识产权一般事务处理、知识产权运营管理、知识产权人才培训管理、知识产权工作绩效考核管理等。从国家管理与社会治理的角度来看,与知识产权相关的立法活动、行政执法、司法保护等公权力机构行为都可以归入知识产权管理的范畴中;从企业经营管理的角度来看,企业在研发、生产和经营活动中进行的知识产权获取、运营交易和维权等行为,也都必须开展有效知识产权管理[②],提高知识资产效益,进而提升市场竞争力。知识产权管理与知识产权的创造、运用和保护三大任务子模块一起,构成了我国知识产权战略的主体部分,全面渗透于政府、企业、高校科研院所以及其他社会组织知识产权工作的方方面面。标准是一种形式,标准讲求一致性,即通过统一的非强制性规范实现方法、流程的最优化。技术创新活动离不开产权制度的激

---

① 李顺德.知识产权保护是推动技术创新的法律保障[J].中国创业投资与高科技,2004(12):16-19.

② 曲峰庚,董宇鸿.绿色运营战略[M].北京:经济科学出版社,2012:219.

励和保障,知识产权标准化管理有助于深入解决技术创新过程中产生的知识产权难点和障碍,有助于明确管理主体自身的知识产权战略发展目标,也有助于构建和完善知识产权工作机构,配备好知识产权管理人员,组织好知识产权创造、转化、运用和保护工作,充分调动社会主体的积极性。

知识产权的本质是一种经济和商业权利[1],知识产权制度从诞生之日起就与市场、企业息息相关。知识经济是市场经济发展到高级阶段的表现形态,企业作为市场主体,在其中充当了重要角色。在知识经济时代,企业的资产结构发生了很大变化,企业固定资产、金融资产的重要性正逐渐让位于知识资产。企业知识资产正是以知识产权为核心的,两者相互转化、相互促进。

在知识经济时代,企业无论是吸引资本投资、寻求商业合作、拓展国内外市场,还是开展研发与创新、加快技术转移以提升竞争力等各个方面,都是只有借助知识与创新,系统化地实施知识产权战略,才能站在国际竞争的战略制高点,保持优势领先地位。[2] 企业制定科学合理的知识产权管理规范,能够有效理顺其技术创新保障机制,由内而外激发知识产权制度的保护力,从而促进知识产权事务的有效治理。[3] 企业知识产权管理贯穿于研究开发、生产、市场营销、资产管理、对外合作等环节。[4] 从纵向流程上来看,企业知识产权管理包含知识产权决策谋划、战略储备、申请或登记、转让取得、授权许可、风险防控、维权保护等诸多内容;从横向类型上来看,包含了作品、专利、商标、商业秘密、集成电路布图设计、植物新品种等保护对象。

知识管理的核心内容是促进知识创新,工作目标是获取创新知识成果。因此,知识转化理论可以作为指导知识产权管理的核心理论,知识管理的相关理论与方法、技术可以为知识产权管理提供支撑。[5] 信息技术的出现,正在使受过教育和有熟练技能的劳动力更有价值[6],由政府、产业

---

① DTI. Competing in the Global Economy: the Innovation Challenge[R]. DTI Innovation Report,2003(12):24.

② 毛金生.企业知识产权战略指南[M].北京:知识产权出版社,2010:223.

③ 冯晓青.知识产权管理:企业管理中不可缺少的重要内容[J].长沙理工大学学报(社会科学版),2005(1):19-24.

④ Kahn E. Patent Mining in a Changing World of Technology and Product Development [J]. Intellect. Asset Mgmt,2003(7/8):7-10.

⑤ 安春明.以知识管理为核心的企业知识产权管理体系构建研究[J].情报科学,2009,27(5):668-671,689.

⑥ 周新生,姚纲."知识经济"及其几个基本问题[J].当代经济科学,1998(5):9-13.

界、科技界组成的国家创新体系结构是重要的经济决定因素。① 目前仅仅依靠政府知识产权管理部门利用知识产权制度对企业知识产权事务进行干预性调整是缓慢而受限制的,需要更为灵活、可提供更多选择的广义政策工具,②对企业知识产权管理规范的制定和实施活动进行导向性指引,从全局意义上进一步调动企业发明创造的积极性,促进知识产权的保护、转化和运营,从而使得企业拥有发展的内在驱动力和长远发展前景。

(二)标准化管理能够有效提升知识产权能力

知识产权管理有助于实现知识产权战略,进而加强全社会的知识产权意识与认知度,为创新型社会建设营造良好的环境氛围,从而实现社会良好治理。2015 年,我国出台了《关于深化体制机制改革　加快实施创新驱动发展战略的若干意见》《深化科技体制改革实施方案》,2016 年 5 月又出台了《国家创新驱动发展战略纲要》,将“实施知识产权、标准、质量和品牌战略”提升为创新驱动发展的战略保障措施,其中明确了利用技术创新、知识产权保护和标准化三种手段合力支持创新驱动发展,将先进的技术创新成果转化为标准,这就是运用知识产权的高级阶段。③ 从国家治理的层面来看,国家知识产权行政管理贯彻执行知识产权标准化管理工作思想,能够直接影响到我国知识产权总体的数量和质量,对于社会创新治理影响甚大。目前我国国家一级知识产权行政管理机关在进行知识产权审核(包括登记、形式审查与实质审查)确权时,依据的规范性文件包括《专利审查指南》《商标审查及审理标准》等,历经多次版本修改,目前已形成了比较详细的申请、受理、审查、授权及异议处理的标准化工作流程,使得我国知识产权主管机关的工作效率在世界范围内处于领先地位。从地方行政管理层面看,地方政府采取出台知识产权创造激励政策、补贴知识产权申请费用等政策手段,可以更有效地细化国家法律政策中有关知识产权管理的宏观战略目标。目前,我国部分地方一级政府为了提高本区域内的知识产权质量、形成知识产权规模效应,结合本地实际情况,出台了不同类型的引导和激励政策,如对知识产权创造进行事后补助,通过项目形式引导知识产权产业化,以及推动知识产权成果报奖等。这些措施对于区域知识产权产出的效果比较明显,尤其是专利的质量及数量,根据地方政策及管理标准的制定,呈现出了正向发展趋势。

---

① 于欣丽.标准化与经济增长[M].北京:中国标准出版社,2008:46.
② 吴欣望.专利经济学[M].北京:社会科学文献出版社,2005:126.
③ 罗国轩.知识产权管理概论[M].北京:知识产权出版社,2007:46.

　　企业的知识产权标准化具有战略意义,有助于整合企业知识产权工作,提高管理效率[①],将知识产权要素有机地融入企业运营发展的各个环节中,充分利用知识产权可量化的工具性特征,有步骤地推进企业转型升级发展。在企业内贯彻执行知识产权标准化管理,能够拉升企业自身研发起点,突破发展瓶颈,扭转创新窘境,在技术创新策略方面化被动跟随为主动引领;加强知识产权信息化建设,充分挖掘运用专利文献信息,及时了解与本单位相关的国内外专利技术发展动态;提高发明人、设计人的创造积极性。[②] 企业根据专利法等知识产权法律政策,依据知识产权管理国家标准,建立知识产权管理标准体系,有助于提升知识产权运营能力,具有重要现实意义。

二、发达国家和地区企业知识产权管理比较

(一)发达国家/地区企业知识产权管理模式

　　标准化是一种"共同的语言、共通的理解、共有的平台",通过标准的起草来求同存异、达成共识,抽象出共同实施的技术规范,促进相关技术领域迈向更高阶。[③] 中国、美国、欧盟、加拿大、澳大利亚等 ISO 部分成员都出台了知识管理方面的标准或指南。欧洲标准委员会的知识管理实施指南、英国标准化协会(BSI)的知识管理系列标准、澳大利亚标准化组织(SAI)的《知识管理指南》等具有较大影响。还有一些组织出台了知识管理标准,比如 APQC 知识管理模型等。[④] 企业知识产权组织模式在发达国家大致分为"直属""专设""代行"三种模式。[⑤]

　　建立知识产权管理独立直属部门。公司将知识产权事务部门视为公司高级管理层专责,作为公司决策层的重要组成部分。这种设置方式的优点在于把知识产权融入企业的运营决策中,知识产权相关制度规范建设响应非常迅速,企业能实时做到创新导向。例如,日本大部分企业惯常使用这一模式,由专门的知识产权部门集中管理知识产权,公司任命重要员工

---

① 冯涛,杨惠玲.德国企业知识产权管理的现状与启示[J].知识产权,2007(5):91-96.

② 郑万青.传统文化资源的知识产权保护与经营[M].北京:法律出版社,2012:22.

③ 何一乐.中欧知识管理标准化比较研究[J].科技情报开发与经济,2010,20(20):126-129.

④ 储节旺,朱永,闫士涛.知识管理标准的研究[J].图书情报工作,2010,54(20):100-104,123.

⑤ 高山行.知识产权理论与实务[M].西安:西安交通大学出版社,2014:243.

担任知识产权部门经理,公司管理层定期讨论知识产权相关重要事务[①],知识产权部门经理直接向首席执行官(CEO)汇报。又或者,有的将知识产权管理部门作为企业管理层进行决策所需的战略部门。例如,三菱公司(Mitsubishi Group)设有知识产权总部,下设专利部、涉外部和策划处三个部门。专利部与研发部门有着密切的业务关系,负责协助研发和技术人员快捷获取知识产权,代表公司保护知识产权;涉外部负责公司知识产权的运营、协商谈判和纠纷解决;策划处负责制定公司内部知识产权的有关规定,监督知识产权的管理实施及分公司和相关企业间知识产权的支援等事宜。[②] 此种独立的组织管理模式,能够集中精力解决与知识产权有关的重大问题,其不足之处在于机构建设运营成本较高,而且由于涉及占据公司内部优先话语权的问题,所以需要得到公司领导层的强力支持。一般来讲,独立的知识产权事务工作管理机构组织模式,要求公司的运营发展所需技术含量高,公司业务与知识产权息息相关。

法务部门统筹协调知识产权事务。企业知识产权工作由法务部下属机构负责,对于申请知识产权、签订知识产权业务合同、处理知识产权侵权纠纷诉讼事务等与知识产权有关事务的处理比较高效快捷。对于此种模式,德国化工企业拜耳公司(Bayer Corp.)做法比较典型,公司法律事务部门设有知识产权管理处。[③] 其职责包括:知识产权的申请,对已获得的知识产权进行日常维护管理,处理知识产权纠纷实体和形式上的事务,组织企业技术合作与技术许可谈判,签订合同等。[④] 该种知识产权的管理模式的问题在于企业法务部门所负责的法律事务不仅仅是与知识产权有关的,还牵涉到公司人力资源管理、各业务环节合法性审查、公司对外法律风险防控等纷繁芜杂的经营事务,横跨技术与法律的复合型人才培养是一个长期的过程,尤其对于中小型企业来讲,能否安排专人负责并分出足够的精力来解决知识产权管理的问题存有疑问。另外,法务部门与技术研发部门毕竟是两个部门,部门间的磨合也存在问题。

研发部门兼管知识产权管理。[⑤] 出发点是避免企业技术创新与知识成果权益保障之间的断层,使得企业研发工作与知识产权管理关联紧密,

① 侯圣和.国外企业知识产权管理研究:实践、经验及启示[J].财会通讯,2012(3):127-132,161.

② 张瑶.浅谈国外企业的知识产权管理战略[J].现代情报,2004(6):175-177.

③ 侯圣和.国外企业知识产权管理研究:实践、经验及启示[J].财会通讯,2012(3):127-132,161.

④ 冯涛,杨惠玲.德国企业知识产权管理的现状与启示[J].知识产权,2007(5):91-96.

⑤ 冯涛,杨惠玲.德国企业知识产权管理的现状与启示[J].知识产权,2007(5):91-96.

容易了解专业技术知识及其动向。其中的代表者是瑞士先正达公司(Syn-genta Corp.)。① 先正达公司以销售农药和种子为主业,该公司的知识产权部属于公司研发部,共有 73 名工作人员,分布在瑞士、美国和英国等地。② 知识产权部隶属于公司法务部门或研发部门,靠工程师保持两者的联系和工作协调,其好处是有利于将研发的技术通过技术人员规范技术的方式,及时申请专利或形成标准。③ 但由研发部门代行知识产权管理事务,非管理水平高超的企业不宜为之。因为这种管理模式的难点在于,如何将涉及多方面内容的知识产权事务作为一个整体,并及时将重要信息反馈给组织决策层面并按照其指示行动。

(二)发达国家企业知识产权管理内容

1.知识产权权属管理

这涉及执行工作任务而产生的知识产权权利归属问题。除非有其他约定,员工在执行工作任务过程中获得的创新知识成果相关权益归属于雇主单位,已是世界各国知识产权法律制度的共识。对于企业来讲,这就免去了其后续知识产权交易的忧虑,对外则有利于固定并提升企业无形资产价值。目前企业内部使用较多的规定知识产权归属的规则有两种:一是公司与员工分别签订协议,二是制定固定且统一的规章。如美国 IBM 公司与员工签署《有关信息、发明及著作物的同意书》,与各子公司签署综合技术协议。协议中,要求员工只要从公司获得机密信息,或从以前的员工完成的智力劳动成果中获得信息,或因执行职务而产生成果,应将这些成果的知识产权权益全部转移给公司;研发费用由总公司提供给各子公司,基于研究开发成果产生的知识产权必须移转给总公司。④ 日本日立公司(Hitachi Limited)内部关于知识产权的规则规定,员工的职务发明和职务外发明,权利均归属于公司;员工在完成工作任务之外获得的发明必须向公司报告,由公司根据实际情况决定成果归属;员工离职后 1 年内取得知识产权也应知会公司,由公司决定其权利的归属。⑤

2.知识产权激励机制

企业对员工进行激励,传统的方法主要是物质奖励,将企业知识产权

① 冯涛,杨惠玲.德国企业知识产权管理的现状与启示[J].知识产权,2007(5):91-96.
② 冯涛,杨惠玲.德国企业知识产权管理的现状与启示[J].知识产权,2007(5):91-96.
③ 高山行.知识产权理论与实务[M].西安:西安交通大学出版社,2008:203-205.
④ 张瑶.浅谈国外企业的知识产权管理战略[J].现代情报,2004(6):175-177.
⑤ 王玉玺,高山行.我国企业知识产权管理的现状分析及建议[J].科技与法律,2008(3):25-28.

工作的质量作为技术人员晋升职称和提升工资的标准等。随着社会的发展和人们在工作中追求自我实现的不断加强,一些新型激励措施也出现了。基于奖金的物质奖励制度主要有两种:累计计分表彰奖励制和复合型表彰奖励制。累计计分表彰奖励制的一般内容是:IBM 公司对申请发明专利的员工给予计分,其中发明专利计 3 分,技术公告公布的发明计 1 分;当分数达到 12 分的时候,给予员工 3600 美元的发明成果奖;如果发明人首次申请专利并且获得成功的,那么在计分之外,对该首次申请还会给予特别奖励。复合型表彰奖励制的内容是:日本企业多数设置了员工首次申请专利奖励、发明专利申请奖励、专利申请补贴、特别奖等激励。① 各个公司根据企业实际情况制定相应的规章制度,有针对性地奖励发明人。例如,日立公司在员工申请专利时会予以奖励,在公司获得该专利授权后,只要公司使用了该知识产权,发明人即使死亡或已经不在本公司工作,也会持续性地获得奖金。②

3. 知识产权纠纷的处理

知识产权纠纷的处理包括诉讼与诉讼外解决两大类方式。第一种是诉讼方式。以美国为例,美国关于知识产权的判例法体系庞杂而发达,民事诉讼程序完备,对于侵犯知识产权的纠纷往往判处高额的侵权损害赔偿,这就使得拥有知识产权资源优势的美国本土企业更倾向于通过知识产权民事诉讼的方式来维护自身权益,或者打击竞争对手。面对知识产权纠纷采取诉讼手段的基本策略,已经成为美国企业知识产权管理的重要内容,得到了充分实施利用。第二种是诉讼外处理(alternative dispute resolution,ADR)的方式。知识产权是有时间限制的,特别是发明专利,需要快速解决纠纷。而诉讼通常时间较长,美国的知识产权司法审判周期最长可达 5～8 年,且诉讼成本非常高,总计可达数百万美元。因此,许多美国公司开始采取诉讼与非诉讼纠纷解决手段并用且灵活转换的纠纷解决应对措施。

三、知识管理国家标准解读

(一)公共治理与知识管理

在调和知识产权强化保护和知识资源共享双重利益方面,知识产权法

---

① 侯圣和.国外企业知识产权管理研究:实践、经验及启示[J].财会通讯,2012(3):127-132,161.

② 王玉玺,高山行.我国企业知识产权管理的现状分析及建议[J].科技与法律,2008(3):25-28.

需要维持权利人一方的权益与社会公共利益之间的平衡。搞好知识产权管理离不开公共政策支撑与公共治理保障。公共政策是政府公共行政的过程,政府利用公共资源解决社会问题,对社会公共和私人行为、价值观和规范进行选择性约束和引导,平衡和协调公众利益。公共政策的具体表现形式通常是法规、法令、计划、规划、措施和项目等。① 政府运用公共政策治理社会,发挥其引导、调控、管制、分配功能,将知识产权中的"公共利益"与"公共领域"相契合,就是履行知识产权公共行政职责。

从经济学的成本收益理论出发,运用知识产权公共政策解决知识产品的治理问题,所支出的社会成本比通过市场自行调节要低。随着国际市场竞争的加剧,政府要迅速全面提高我国企业掌握和运用知识产权的能力,培育有自主知识产权、有知名品牌、有国际竞争力的企业;② 要加强知识产权综合能力建设,面向全社会提供全面的知识产权社会公益服务;要迅速造就一支宏大的知识产权工作队伍。③ 有鉴于此,政府有必要对知识产品市场进行干预,强化知识产权政策执行力。

(二)我国知识管理国家标准简介

近代社会中,知识产权制度是欧美等国促进经济发展、促进科技进步、繁荣文化教育的政策工具;当代社会中,知识产权制度已成为创新型国家保护对外贸易利益、保持竞争优势的得力制度性工具。④ 进入 21 世纪以来,美国、日本、澳大利亚、韩国等国都提出了知识产权政策,制定知识产权战略目标。⑤ 2008 年 8 月,我国颁布了《国家知识产权战略纲要》,提出深化知识产权管理体制改革,形成权责一致、分工合理、决策科学、执行顺畅、监督有力的知识产权行政管理体制。2009 年 8 月,我国国家标准《知识管理第 1 部分:框架》(编号 GB/T 23703.1—2009)发布,开启了国家进行知识标准化管理的第一步。2011 年 8 月,《知识管理》国家标准第 2 部分至第 6 部分先后开始实施,分别为:《知识管理第 2 部分:术语》(编号 GB/T 23703.2—2010),《知识管理第 3 部分:组织文化》(编号 GB/T 23703.3—2010),《知识管理第 4 部分:知识活动》(编号 GB/T 23703.4—2010),《知识管理第 5 部分:实施指南》(编号 GB/T 23703.5—2010),《知识管理第 6

---

① 吴汉东.利弊之间:知识产权制度的政策科学分析[J].法商研究,2006(5):6-15.
② 姚锡长,彭艳娟.我国知识产权政策体系的基本框架及完善对策[J].中外企业家,2011(4):99-100.
③ 彭茂祥.我国知识产权公共政策体系的构建[J].知识产权,2006(5):32-37.
④ 吴汉东.利弊之间:知识产权制度的政策科学分析[J].法商研究,2006(5):6-15.
⑤ 吴汉东.利弊之间:知识产权制度的政策科学分析[J].法商研究,2006(5):6-15.

部分:评价》(编号 GB/T 23703.6-2010)。

《知识管理》国家标准第 1 部分定义了知识管理的基本概念和体系框架,具体包括标准文本中的"范围""规范性引用文件""术语和定义"等常规内容,以及"知识管理目标和原则""知识管理模型""知识资源""知识流程和活动""知识管理的支持要素"等核心内容,从整体上框定了知识管理的基础架构,也给从组织上推动知识管理提供了一个可参考的宏观思路。[1]第 2 部分是有关知识管理的基本术语,界定了知识管理的基本概念,包括知识管理基本术语、缩略语,为知识管理的研究、应用、教育和培训、系统开发和评价提供了统一概念。第 3 部分是知识管理的组织文化内容,主要为适合知识管理的组织文化建设提供行动指南。第 4 部分是有关知识活动的内容,在提供标准参考模型的基础上,为组织开展知识管理实践提供指引。第 5 部分实施指南,提供了大多数组织实施知识管理所需的一般原则、参考模型。[2] 第 6 部分知识管理的评价,为组织知识管理评价的范围进行界定,并提出了可供参考的评价指标、评价过程。

我国知识管理国家标准从三个层面构建了知识标准化管理模型。第一层面是知识管理概念的标准化描述。第二层面是知识管理要素、组件的标准化详述。第三层面是针对知识管理的外部支撑与推动要素的标准化。[3]

（三）知识管理国家标准贯标路径

应将正式知识管理标准推介给企业的知识产权管理活动。[4]《知识管理》标准主要指导国家对社会知识资源的管理、国家知识创新体系的建立和管理、知识管理制度的建立等,也涉及企业、教育组织、研究机构以及其他社会公共服务等组织知识成果的管理,以及个人对于知识信息及知识成果的管理。[5] 知识管理的作用对象是知识及其衍生产品,然而知识管理的诸构成要素却可以根据不同社会场域分为多个层次。从社会治理角度看,知识管理的主体有国家、法人等社会组织以及个人;从可行性角度来看,知

① 张艳琦,岳高峰,邢立强.基于组织文化的知识管理标准化[J].标准科学,2010(11):34-36.
② 储节旺,朱永,闫士涛.知识管理标准的研究[J].图书情报工作,2010,54(20):100-104,123.
③ 何一乐.中欧知识管理标准化比较研究[J].科技情报开发与经济,2010,20(20):126-129.
④ 储节旺,朱永,闫士涛.知识管理标准的研究[J].图书情报工作,2010,54(20):100-104,123.
⑤ 储节旺,朱永,闫士涛.知识管理标准的研究[J].图书情报工作,2010,54(20):100-104,123.

识管理的对象主要应是可量化的知识产权；从供给与需求角度来看，知识管理应为市场主体创造价值。目前《知识管理》国家标准主要是从宏观及中观方面对于知识及其衍生产品的管理。所以有必要在实际执行过程中，对于知识产权这一知识产品的重要表现形式，进一步突出其在知识管理整体架构中的地位，并将国家知识管理标准融入市场主体的知识产权管理之中。①

　　在标准实施过程中，专业性的知识管理指导是不可或缺的。《知识管理》国家标准体系的发布与实施，只是知识成果管理标准化工作的第一步，关键还是在于标准的执行与采用。在远期，可考虑筹备成立知识管理标准化技术委员会，承担知识管理标准的推广工作，具体负责持续完善标准，促进社会知识成果管理的规范化，提升知识成果管理水平。在知识管理的中期阶段，可以考虑建立知识产权管理标准化技术指导委员会等类型的知识管理特定领域即产权领域的标准化指导推广组织。由于知识产权可以细分为专利、商标、版权以及其他类型，而且仅仅就专利来说，也可再次细分为不同的种类，所以近期可以考虑以市场经济主体所属不同行业划分，对行业中的某一类或多类知识产权进行标准化的管理。由此以点带面，实现知识管理在统一的国家标准宏观指导下、细分执行的知识管理模式。

　　应正确妥善处理标准的稳定性与社会知识创新动态发展的问题。知识管理是一种知识经济时代的一般管理模式和理念，其作为一个新生事物，在世界范围内来看还不够系统，核心的学科范式还没有建成、相关教育培训刚刚起步、各类学术观点繁杂。② 因而在知识产权管理方面，实践总是引领理论向前推进发展的，标准的适用性评价机制也在不断修正完善，知识管理标准自身也应根据社会知识创新不断加以修正。但是作为标准，尤其是知识管理的国家标准，其更新与社会知识创造、获取的步调存在一定的时间差。如果不更新，标准就失去指导性；如果频频更新，则会让人感到难以适应，且效果虚无。③ 尤其是对于知识产权来说，不论是国际公约，还是各国国内的立法，都对其"个人垄断权"的存续年限及存续方式进行了比较严格的限制，以产权形式存在的知识成果虽在一段时间内相对稳定，

---

　　① 安春明.以知识管理为核心的企业知识产权管理体系构建研究[J].情报科学,2009,27(5):668-671,689.

　　② 储节旺,朱永,闫士涛.知识管理标准的研究[J].图书情报工作,2010,54(20):100-104,123.

　　③ 储节旺,朱永,闫士涛.知识管理标准的研究[J].图书情报工作,2010,54(20):100-104,123.

但是一旦进入公共领域,则存在管理上的难度。所以,在保持知识管理标准自身相对稳定性的前提下,如何更好地处理动态的知识创新过程与知识成果的固化等问题,也值得进一步研究。

四、由知识管理到知识产权管理:知识产权标准化的深入细化

知识产权与标准在形式上结合,有其现实必然性。前述知识管理国家标准,可以看作我国建设创新型国家在知识产权与标准化工作领域的战略性步骤。在知识管理国家标准宏观布局完成之后,我国创新知识的标准化工作并没有放缓脚步,而是在知识产权管理领域将标准化作用于具体对象即企业等主体方面,坚持问题和需求导向,有条不紊地持续稳步推进。首先来看,企业作为实施国家知识产权战略的骨干力量,在生产经营的各个环节实施知识产权管理制度、规范知识产权布局,可以有效提升技术创新能力,进而从整体上提高市场核心竞争力。

2013 年,原国家质量监督检验检疫总局和国家标准化管理委员会正式发布了《企业知识产权管理规范》(GB/T 29240-2013)。该标准以"PD-CA 循环"为理论基础,引申建构出了企业知识产权管理模型,对企业各项知识产权行为进行全过程指导,串联起了知识产权管理"策划、实施、检查和改进"活动全链条,做到对知识产权工作全面覆盖,同时有效联动企业其他市场经营管理要素,为企业贯彻实施知识产权战略提供实用性和可操作性极强的指导准则。该标准主体部分包括"知识产权管理体系""管理职责""资源管理""基础管理""实施和运行""审核和改进"等内容,提出了企业将自身经营发展、开展技术创新和实施知识产权战略统合考虑的战略级理念,明确了企业最高管理者是知识产权管理第一责任人的定位,要求企业及管理层和员工全面参与知识产权管理。该标准综合考虑了不同规模、不同类型、不同发展阶段的企业发展实际状况和知识产权能力强弱情况,力求达到广泛适用性之要求。该标准不仅满足了企业在立项、研发、采购、生产、销售和售后等诸多生产经营环节的知识产权需求,强调了知识产权保护的重要地位,还满足了知识产权的获取、运用的需求。建立管理职责,配置管理资源,细化管理,实现知识产权文件化管理体系的建设,并通过内部审核和管理评审的实施过程,实现持续改进,促进企业持续创新。该标准不仅涵盖了企业知识产权管理中文件管理、资源管理、管理职责等方面的一般问题,而且还考虑了知识产权实施许可和转让、投融资、重组、联盟及相

关组织建设等特殊问题。推行企业知识产权管理标准化取得了明显效果。截至 2017 年上半年,知识产权贯标企业已经超过 1.8 万家,企业市场竞争能力显著提升;全国已经有 20 余个省(包括自治区、直辖市)开展了企业知识产权贯标工作,通过贯标认证的企业基本都进入了国家、省、市的知识产权优势企业行列。[①]

　　为深入推动知识产权标准化工作,2015 年 2 月,原国家知识产权局牵头,与中国标准化研究院、教育部科技发展中心、中国科学院等部门和机构联合成立了“全国知识管理标准化技术委员会”。[②] 从国内来看,知识产权管理标准化是实施创新驱动发展战略所必需的;从国际上看,知识产权管理标准化是提高我国竞争力所必需的。知识产权管理标准化的目标,是提高产品和服务的附加值,培养市场主体(包括企业及其他参与市场活动的组织和个人)的核心竞争力,将更多的中国专利技术转化为国家和国际标准,争取在世界范围内的知识产权标准化领域发出“中国声音”。[③] 成立全国性的知识产权标准化专业技术组织,恰恰是实现上述愿景的有力抓手。2016 年 11 月,由我国“全国知识管理标准化技术委员会”组织相关专家提出的国际标准提案《创新管理-知识产权管理指南》,获得国际标准化组织创新管理标准化技术委员会(ISO/TC 279)批准立项。这是世界上首个知识产权管理类国际标准提案,标志着我国有能力发起并主导基于创新管理全过程的知识产权管理国际标准制定工作,充分展示了近年来我国在推动知识产权标准化工作方面所取得的丰硕成果。[④] 同时,在国内,高校和科研院所的知识产权标准化工作也在扎实推进。2016 年 12 月,原国家质量监督检验检疫总局和国家标准化管理委员会联合发布了《科研组织知识产权管理规范》(GB/T33250－2016)以及《高等学校知识产权管理规范》(GB/T 33251－2016),将构建知识产权标准化管理体系延伸到了高校与科研院所等非营利机构,意在更有效地调动高校、科研院所的积极性,盘活知识产权资源,激励知识成果由隐性知识转化为显性的知识产权权益,并最终与市场相衔接。除了前端的知识产权标准化的形式固化,在知识产权

　　① 赵建国.推进知识产权标准化 树创新发展新航标[N].中国知识产权报,2017-05-05(05).
　　② 全国知识管理标准化技术委员会,其编号为:SAC/TC 554,英文名称为:National Technical Committee 554 on Intellectual Property and Knowledge Management Standardization Administration of China,对口国际标准化组织创新管理标准化技术委员会(ISO/TC 279)。
　　③ 新华网.全国知识管理标准化技术委员会成立[EB/OL].(2015-02-19)[2019-03-05].http://www.xinhuanet.com/politics/2015-02/19/c_1114406345.htm.
　　④ 马励.由中国提出的首个知识产权管理新国际标准提案获得国际标准化组织批准立项[EB/OL].(2017-03-30)[2018-12-30].http://www.sipo.gov.cn/zscqgz/1101280.htm.

标准化后位保障措施方面,2018 年 2 月,中国国家认证认可监督管理委员会、原国家知识产权局联合发布了《知识产权认证管理办法》(2018 年第 5 号),全面规范知识产权认证活动,加强对认证机构事中事后监管,从而有效巩固和提高了知识产权认证的权威性和有效性。

在最新的《国家知识产权局 2019 年工作要点》中,对于知识产权标准化工作的认识,细化到了知识产权的运用和公共服务工作领域,提出要"制定实施知识产权(专利)密集型产业统计分类国家标准""制定知识产权基础信息采集加工标准"以及"建立商标审查单件成本核算标准",进一步扩展与丰富了知识产权标准化工作的内容。可以断言,由知识管理到知识产权管理,是知识产权标准化深入细化的结果,是标准化方法与实体结合的典型体现。

第二节　知识产权管理标准体系构成

一、知识产权管理标准体系基本构成

知识产权与标准化在程序形式方面的紧迫任务,是研究支持知识产权强国建设的标准化思路、目标和措施,着重考虑政府、企业、高校、科研院所的需求。通过提升和落实知识产权管理能力和各类服务能力,把知识产权方面的成熟经验和做法凝练为标准的形式。国家层面与知识产权有关的法律法规和相关标准规范,是知识产权管理标准体系建设的依据。应以企业知识产权标准化管理为突破点,按年度、分阶段逐步组织制定完善知识产权管理领域的细化标准并推广实施,以期提高企事业单位知识产权管理服务整体水平。知识产权管理标准体系是一个不可分割的整体,同时体系建设也是一个逐渐完善并不断改进的过程。

知识产权管理的事务涉及方方面面,包括专利、商标、著作权、域名、商业秘密、技术情报、技术合同、对外合作事务、诉讼事务等。知识产权的标准化管理,需要企业知识产权部门与研发部门、生产管理部门、流通管理部门、人力资源部门、营销部门、财务部门等相关部门通力合作,加强知识产权管理人员与企业技术人员、行政管理人员及各个部门领导的业务联系、信息沟通,并使知识产权管理贯穿于整个企业的研发、生产、销售、服务等全过程中,将知识产权管理纳入企业整体经营管理轨道。①

目前来看,适用于我国的知识产权管理标准体系至少应有 5 个模块,分别是知识产权资源管理标准模块、知识产权内部管理标准模块、外部合作知识产权管理标准模块、知识产权服务保障标准模块、知识产权管理绩效评估与改进标准模块。知识产权管理标准体系强调兼顾知识产权的依法管理、资源管理、过程管理和外部服务管理,并与其他管理环节相衔接,确保知识产权在企事业单位各业务流程中都处于受控状态。同时,阶段性地对知识产权标准化管理体系的运行进行自我检查、分析、评价,以实现预期管理目标。

二、知识产权管理标准体系具体内容

(一)知识产权资源管理标准

知识产权资源包括基础设施资源、人力资源、信息资源等,搞好知识产权资源管理,能够为相关主体开展具体的知识产权工作提供相关的人力物力支撑,是进行知识产权内部管理和对外活动的前提。由于企业、高校科研院所、中介服务机构等单位性质各不相同,所以有必要在上述三类资源方面对不同的单位分别进行规范。

1. 知识产权基础设施资源管理规范

该类规范主要是对企事业单位、中介服务机构等相关主体开展知识产权活动或服务工作应具备的软硬件设施提出要求。

2. 知识产权人力资源管理规范

人力资源是知识产权管理中不可忽视的一类资源表现形式。知识产权人力资源管理规范的主要研制内容包括:知识产权管理者资格条件,企事业单位中高级管理者、知识产权专员教育培训要求,规范员工入职、离职牵涉的知识产权背景调查、权利归属、保密等事项。

3. 知识产权信息资源管理规范

知识产权信息中所蕴含的巨大价值目前仍未得以充分发掘。知识产权信息资源管理,主要是通过标准化的手段,促使企事业单位建立健全知识产权信息获取渠道,深化对知识产权数据信息进行分类筛选和分析加工的能力,继而从中获取可资利用的创新灵感与完整思路,获得市场主动权。

---

① 王加莹.专利布局和标准运营[M].北京:知识产权出版社,2014:135.

（二）知识产权内部管理工作标准

知识产权基础管理标准规范,是按照纵向条块分割思路,将《国家知识产权战略纲要》中的各项知识产权重点工作任务加以细化,形成企事业单位知识产权良好工作基础。

1. 知识产权获取规范

知识产权获取有多种方式,没必要重复别人已经走过的路,具体包括通过自主研发产生的知识产权,也包括通过买断或一般授权许可而获得的知识产权。从零起步自主研发知识产权,对于大多数企业来讲并非经济效益最优。怎样最高效率地获取知识产权,是当前我国企业在创新之路上需要重点补上的一课。知识产权获取规范是作用于企业内部的管理标准,企业应该理性地评估自身最急需的知识产权种类,比较获得知识产权的方式差异,确信所获得知识产权的合法性和有效性。

2. 知识产权维护规范

企业对于传统意义上的知识产权维护,一般理解为专利维护费续费、商标续展费用缴纳等内容。从发展的角度来看,知识产权维护的更有力工具是知识产权分类管理信息平台。[①] 通过该平台,每一项知识产权与企业相关产品或技术环节建立动态关联,进行知识产权完整生命周期监控。另外,在知识产权产生权属变更、权利对外许可或者是主动放弃等情况的时候,也应做到信息实时更新。

3. 知识产权转移、许可规范

在知识产权许可和转让前,企业或高校、科研院所单位等应首先自主进行调查和评估,明确知识产权许可和转让的决策程序,促进和监控知识产权的实施。

4. 知识产权评估规范

市场主体在进行经营贸易、参股、质押贷款、增加注册资本、确定法律诉讼赔偿金数额等情形下,有可能涉及对相关知识产权进行评估的问题。知识产权评估规范可以为知识产权经营活动提供合理预期。

5. 知识产权投融资规范

知识产权投融资也是内涵丰富的一个概念。具体来讲,包括了出资入股、知识产权质押、知识产权证券化等内容。目前关于知识产权投融资的规范还处于扩展发展应用的过程之中。发布实施知识产权投融资规范,进一步促进知识产权投融资活动,对于扩大融资渠道、实现知识产权市场化

---

① 武兰芬.基于云计算的知识产权信息管理的发展[J].知识产权,2013(9):76-80.

和产业化,将会起到积极推动作用。

（三）外部合作知识产权管理标准

企事业单位知识产权对外合作牵涉到多个主体的共同行为和结果,主要包括合作研发、组建知识产权联盟,以及主导或参与制定标准等形式。

1. 合作研发知识产权管理规范

合作研发成为企业与高校科研机构广泛采用的重要的技术创新战略,但合作研发中的知识共享会使参与主体面临自身知识产权风险。[①] 所以有必要在合作过程中,明确知识产权权属、共享以及利益分配等相关事项。

2. 知识产权联盟建设与运行管理规范

知识产权联盟是指组成联盟的各成员为了合作许可而将各自的知识产权转移到一个共同组成的联盟实体。建设知识产权联盟将有效降低知识产权开发以及保护成本,有效发挥知识产权效用,为联盟各方带来最大化的利益。知识产权联盟在我国还是新兴事物,如何建立科学的联盟形式并有效运行,尚缺乏参考规范,所以此类标准的制定与执行对于形成区域产业创新集群的知识产权优势具有较大帮助。

3. 标准制定和修订过程中的知识产权管理规范

企事业单位在参与国家、地方、行业标准制定和修订过程中,有可能会将专利等知识产权纳入标准之中,从而产生知识产权垄断性与标准开放性之间的冲突。该规范发布实施将有效帮助相关标准制定和修订单位管理自身知识产权,避免知识产权垄断地位的丧失。

（四）知识产权服务保障标准

知识产权中介服务机构（包括社会公共服务机构和以营利为目的的服务机构）为企业进行知识产权服务时所适用的标准规范,可以归类为知识产权外部服务保障标准规范。包括服务机构为企业开展知识产权信息服务、托管服务、评估服务、投融资服务以及维权援助服务采用的工作标准和技术标准。

1. 知识产权信息服务规范

高质量的信息服务,是知识产权管理得以按照正确方向有效运转的重要保障,它对促进企业知识产权的创造、应用和保护具有重要作用,能够帮助创新者明确研发方向、高效开展研发活动,最大可能、最大限度、最快速度地拥有自主知识产权。为满足不同类型的知识产权信息需求,有必要将

---

① 何瑞卿,黄瑞华,徐志强.合作研发中的知识产权风险及其阶段表现[J].研究与发展管理,2006(6):77-82,101.

其作为知识产权服务标准体系的重点进行建设,[1]从而联通知识产权标准化管理的各个环节。

2.知识产权托管服务规范

知识产权托管,是企业知识产权管理的新型方式,也是服务外包的一种高级形态。知识产权托管服务包括专业服务机构为有需求的企业提供知识产权解决方案、针对被托管单位知识产权事宜提供咨询建议、协助被托管单位完善落实各项知识产权内部管理制度,以及对被托管单位监测及侵权预警等多项内容。近年来我国知识产权主管部门非常关注知识产权托管,但是目前这一领域尚缺乏细化的实施规则。

3.知识产权价值评估服务规范

与知识资产流转交易过程中的价值评估相契合,知识产权价值评估服务规范主要解决的是和知识产权流转关系有关的、如何有效进行知识产权价值评估服务的问题,是知识产权运用即资本化的前提步骤。

4.知识产权投融资服务规范

银行等金融机构以及部分知识产权中介服务机构目前正在积极探索知识产权投融资的新模式、新方法,例如"知识产权运营＋投贷联动"等模式,[2]力促知识资源与金融资源有机深度融合。知识产权投融资服务机构要积极探索适应知识产权特点的股权债权融资方式,进而支持社会资本通过市场化方式设立以知识产权投资基金、集合信托基金、融资担保基金等为基础的投融资平台和工具。

5.知识产权维权援助服务规范

企业(尤其是中小企业)在经营过程中,遇到知识产权纠纷时往往采取消极回避的态度。究其原因,主要是其知识产权自我保护能力欠缺,迫切需要知识产权维权援助服务。知识产权维权援助服务规范,主要是帮助维权援助机构和受援助主体建立知识产权侵权发现与监控程序,适时利用行政和司法途径保护受侵害的知识产权。

(五)知识产权管理绩效评估与改进标准

评估和持续改进是标准化建设的基本要求内容之一。知识产权管理绩效评估规范是为了建立、保持及实施标准化管理的内审制度,确保企业知识产权管理绩效衡量标准符合统一性、通用性及可量化的标准战略实施要求。开展知识产权管理绩效评价与改进工作,具体内容是比对企业之前

---

① 杨建锋.现代知识产权服务业开放与建设[M].北京:经济科学出版社,2015:76.

② 赵洋.创新知识产权融资模式破解小微企业资金难题[N].金融时报,2018-07-13(05).

确立的知识产权方针、工作目标,逐项核验企业知识产权标准体系内容指标,做出量化评分,然后分析企业知识产权管理指标考核评分结果,对企业知识产权管理之中存在的减分项、弱项以及障碍性问题采取具有针对性的改进措施,并再次核验。

第三节　协同创新知识产权管理体系建设

一、协同创新知识产权管理体系建设必要性

协同创新是多主体合作创新的高级形态,协同创新的组织形式比产学研合作更加复杂,其关键就是形成以企业、大学、研究机构为核心要素,以政府主管部门、金融机构、中介服务机构等组织为辅助要素的,多元主体协同互动的网络化创新模式,通过资源整合和深入合作演化出"联合创新网络"。[①] 在多主体的集群创新活动中,因研发或知识创造活动产生知识溢出,能够促进参与主体之间的相互学习,进而促进协同组织整体的知识创新发展。[②]

但是,协同创新会大大降低企业的模仿成本,知识溢出产生的过度模仿和恶性竞争等负面效应也就随之出现。尤其是在我国中小企业所占比例高(98%以上)、产业同构化严重的市场环境下,为避免上述负面影响,协同创新组织成员往往会出于保护自己知识资产的目的采取相应的限制措施,这就很可能与协同创新模式中知识资源共享交流的意愿发生冲突了。[③] 知识产权的保护是否周全、知识资源的垄断与共享之间的博弈与平衡,直接影响到了协同创新联盟的动力以及创新联盟的稳固。因为,各个合法存在的组织因同构交换关系和一致或互补的目标以及相互合作和社会关系而连接到一起,而且这种连接的持续存在在很大程度上是由各组织对未来合作收益的预期所决定的。[④] 所以,协同创新组织知识

---

①　陈劲.协同创新[M].杭州:浙江大学出版社,2012:12-13.

②　Freeman C. Network of Innovators: A Synthesis of Research Issues[J]. Research Policy, 1991, 20(5):499-514.

③　单莹洁.供应链节点企业合作创新的"囚徒困境"分析[J].技术经济与管理研究,2009 (5):42-44.

④　Williams T. Cooperation by Design: Structure and Cooperation in Interorganizational Networks[J]. Journal of Business Research, 2005, 58(2):223-231.

产权管理与协调机制建设已经成为我国实现产业创新升级和可持续发展的迫切需求。

知识溢出对协同创新的负面效应与协同创新组织内部结构有着直接的关系,假如在创新联盟组织内部存在大量规模相近的竞争者,那么在知识溢出的情况下,技术创新产生的外部经济性会增加,如此就抑制了市场主体的创新动机。[①] 所以,对于协同创新组织在合作协同过程中所产生的知识产权权益如何分配协调,如何在协同创新组织中构建科学知识产权管理体系,是协同创新组织形式发展到一定阶段不得不考虑的问题。

二、协同创新知识产权管理的双向治理模式

(一)外部治理:政府政策引导

各级政府是国家机构的重要组成部分,也是协同创新组织、技术联盟组建与发展过程中不可忽视的、导向性极强的参与主体。政府提升工作效率、在所管辖的行政区划内形成融洽的政企关系,可以显著提升本区域上下游产业及同行业企业的合作水平,政府不仅能够规划设计产业集聚区的建设和布局,为协同创新主体创造较好的基础设施条件,而且还能对其所需资源进行调度、配置。[②] 在不同的细分协同创新形式下,相关政府主管部门发挥主导作用的形式和措施也是不同的,例如:在基础研究方面,科技部等主管机关应该发挥主导作用;在与产业发展有重大关联的问题上,相关的行业、产业主管机关要承担相应的决策引导义务;在为了区域整体发展而开展的协同创新活动中,地方政府作为最大受益者,应当进行合理的宏观经济发展规划,并制定配套的政策措施。[③]

从本质上来讲,协同创新就是知识协同,这其中包含了创新各方拥有的隐性知识与显性知识相互转移、吸收、集成、再创造的过程。协同与合作削弱了单个组织对创新的掌控,从而增加了知识产权的矛盾,提高了知识交易的费用。[④] 政府知识产权主管机构通过外部政策治理协同创新中的知识产权归属、权益共享与保护等问题,可以间接调动协同创新组织内部

① Henderson D. Building Interactive Learning Networks: Lessons from the Welsh Medical Technology Forum[J]. Regional Studies, 1998, 32(8):783-787.

② 陈强,王艳艳.KIBS创新集群发展的动力机制研究[J].科技管理研究,2011,31(19):1-4, 8.

③ 董健康,韩雁,梁志星.协同创新系统中各类主体的角色及定位[J].中国高校科技,2013 (6):52-54.

④ 贾明江.集群企业创新动机分析[J].哈尔滨工业大学学报,2005(8):1080-1082.

的能动因素。具体来讲,一方面,政府具有较强号召力和影响力以及雄厚的资金和经费支持,信用度高且风险相对较低,企业、高校、科研机构等主体乐于参与这种政府牵头组织的协同创新活动,从而在短时间内形成创新集聚组织。在知识产权方面,政府可以为协同创新组织等提供多种政策上的优惠和便利,进一步激发与协调协同创新知识产权产出的积极性。另一方面,政府所拥有的行政权力与民事权利相比,执行力较高,可以相对比较快速地解决协同创新中产生的知识产权纠纷,并且可以高效地协调协同创新组织中各个参与主体的知识产权权属与利益分配关系。

然而,需要注意社会外部环境对政府知识产权政策治理的影响。政策必须与社会经济阶段环境表征相匹配才能发挥最优效用,知识产权政策同样不能脱离经济、科技、教育、文化发展现状,也不能脱离相对稳定的社会环境。这些都是影响知识成果产出、流转和运用的基本条件,如果得不到满足,政府的知识产权政策就不能达到预期的效果,甚至产生负面的影响。[①]

(二)内部治理:企业协同自治

要完善创新动力机制,就必须完善创新治理机制。治理虽然可以是政府治理,但更有效的是企业内部治理和社团治理。企业、高校、科研机构等协同创新主体在长期的互动中,会逐渐趋近于最优的合作规模和项目规模。前文虽然提到了政府在协同创新中的作用,但是市场公平竞争的规律决定了政府绝对不能作为具体创新事务的管理者直接干预正常的市场竞争,政府的角色定位应该是对协同创新组织中相关参与者的创新行为加以支持、引导和保障。当然,政府不能仅仅停留在制定政策措施、提供创新条件设施这一层面上,还要发挥宏观战略决策者、中观政策引导者以及微观行为协调者的作用,及时发现并排除协同创新组织发展过程中遇到的阻碍,从而形成不同于传统产学研合作模式的新型创新网络。政府可以以扶植集群成长为目的,招商引资、宣传集群品牌、完善中介体系建设,还可以为高校和科研机构提供合作控股公司承担风险投资,以及成立具有政府背景的公共实验室及创新资金等。[②]

协同创新组织形式,是介于科层组织和市场组织之间的"准科层+准

---

① 吴汉东.政府公共政策与知识产权制度[N].光明日报,2006-10-10(15).

② 王京,高长元.软件产业虚拟集群三螺旋创新机理及模式研究[J].自然辩证法研究,2013,29(5):68-75,30.

市场"形式,该组织形式结合了参与合作成员的集体共同价值观、个体自我意识、强制行为规范、习惯规则、共同话语和社会关系网络等控制手段。协同创新组织内的错层关系便于进行社会资源整合,形成优势互补,以共享的方式获取技术创新的规模效应,最大限度地克服了市场失效的问题;协同组织内各主体的法律意义上的独立性,也使得其共同在开展技术创新活动中保持了决策执行的灵活性,克服了科层结构规制存在的市场应对僵化问题。但是肯定协同创新组织内部自治带来的"自由"的同时,也要看到协同创新组织知识产权内部治理存在的问题。例如,协同创新各方(尤其是对于企业来说)在有较高竞争性重叠的情况下,可能会因为知识溢出的负面效应而不愿意交流共享知识成果,再加上知识产权制度具有独占性、排他性特征,与协同创新本身的知识共享、多元合作的特征存在一定的冲突,简单的内部约定难以规制长久的、系统的协同创新行为,过于繁复的知识产权约定又会增加协同创新组织的合作成本,降低合作的成功率和知识成果的对接转化。

　　企业、政府、高校科研院所、行业协会主体协同合作进行创新,与单类型单主体相比,复杂性不是在一个层级上的。在此处,有必要讨论协同创新的知识合作基础。知识按照可否编码化的程度可以分为显性知识和隐性知识,两种知识的外在形式、可控程度以及功能作用均不相同。显性知识以数据、文件和公式化程序等形式存在,比较系统和易于交流;而隐性知识是很难观察和公式化的,作为知识溢出的内容往往很有价值,是构成市场参与主体核心能力和竞争优势的关键资源。① 这就需要考虑合作关系下的参与者如何学习外部单位的知识,即如何提高协同创新效率的重要问题。② 以浙江温州、金华等地为例,协同发展的模式主要依靠同一区域同类产业企业的内部社团自治,商会、行业协会起到了知识交流、信息交换的载体与渠道作用,也是企业之间解决内部知识产权利益分配、防止外部知识产权侵权的主要途径。具体来说,就是由地方协会与相关部门联手打击知识产权模仿,遏制侵权行为,维护合法知识产权权益。

三、协同创新知识产权管理多元保障机制

(一)完善协同创新组织知识产权章程

　　协同创新在本质上是管理体制的创新,协同创新组织是一种相对松散

---

① 李翠娟.基于知识视角的企业合作创新[M].上海:上海三联书店,2007:136.
② Tracey P, Clark G L. Alliances, Networks and Competitive Strategy: Rethinking Clusters of Innovation[J]. Growth & Change, 2010, 34(1):1-16.

的联盟组织,在我国由于政府机构等多种主体的参与程度不同,具有层次化的特点。联盟中有一个核心企业,核心企业牵头联合其他企业制定知识产权保护规则并共同执行,相互之间开展监督,一致对外,对共同的创新成果进行保护。①

目前,在协同创新组织中,成员之间的协同关系建立于契约基础之上。这里所称的"契约",包括正式和非正式两种。前者是指协同创新组织成员间订立的共同规则,以及相互达成的双方或多方协议等,正式的契约一般明确了协同创新组织成员间的权利义务和组织行为规范,能够对组织成员产生比较直接的约束力;后者又称为隐性关系契约,是指协同创新组织内部成员之间经过一定的互动、博弈,根据各自的付出与收益而形成的默契。② 非正式契约相对正式契约来讲,比较难以从法律上明确界定,但却是对正式契约的有益补充。2008 年科技部、财政部、教育部等六部门联合发布的《关于推动产业技术创新战略联盟构建的指导意见》(国科发政〔2008〕770 号,以下简称《指导意见》),提到组建产学研联盟都要通过契约约定知识产权的归属。但是,该《指导意见》对于协同创新组织的知识产权问题的规定是粗线条的,不可能对所有的知识产权权益归属进行约定,因为不同类型的协同创新组织对于知识产权的态度、立场以及实际需求还有很多不同的情况;而且,这种联盟之间的契约是有局限性的,政府作为财政支持,产学研联盟的运作要达到科技投入的目标,不完全是一个契约之治的范围。所以,要对产学研协同创新组织的知识产权进行治理,完善协同创新知识产权规则体系,应实现由偶发性协议到持续性规则章程演变。如我国《木竹产业技术创新战略联盟知识产权管理办法》,对联盟内部知识产权的权属确权、知识产权的运用、知识产权的保护以及知识产权的管理进行了比较详细的规定,加入联盟的会员单位,如高校科研院所、企业等,都必须遵守这类联盟的规则,这就不再是简单的单方或多方企业,而是上升到了类似于一国"宪章"的协同创新组织的章程。

（二）通过"专利联盟"促成"知识产权社区"

专利联盟的建立是协同创新组织合作后期的一种相对较为成熟的方式。专利联盟也称专利池或专利联营,指两个或两个以上的专利权人之间的协定,用以相互间或者向第三方授权他们的一个或多个专利。专利联盟

① 王京安,赵顺龙,胡雁南.技术联盟内知识产权管理与分配——以江苏省三家联盟为例[J].科学学研究,2011,29(8):1223-1230.
② 吴正刚.知识产权网络关系治理研究[J].科技进步与对策,2012,29(19):107-110.

被普遍认为具有消除障碍专利、加强技术互补、降低交易成本、减少专利纠纷的积极作用。传统意义上的专利联盟一般来讲是开放式的,其对外许可方式为"一站式许可",也就是把所有专利都捆绑起来对外进行许可,许可费用标准是统一的,由此产生的收益分配的依据是各成员持有专利的数量比例。① 以 DVD 6C 联盟为例,其知识产权许可是集中且集约化管理的。联盟成员同意由联盟中的知识产权管理机构为民事代理,授权第三方企业使用知识产权,被授权方仅限于将获得授权的专利用于生产和销售特定产品之目的。无论第三方被授权企业是否愿意生产、使用和销售符合标准规定的 DVD 产品,每一个专利持有公司都必须在平等的、合理的以及非歧视的协商(RAND)基础之上,同意授予第三方被授权企业具有无排他性地使用其必要 DVD 专利的权利。② 专利池的知识产权政策可以根据产业和成员的特征经全体成员协商而确定,专利池成员基于自愿与诚实信用原则,最大限度地将所有包含必要权利要求的专利吸收在内,以避免协作组织内部产生知识产权利益冲突与纠纷。为促进知识产权集中管理和保护,美国 MPEG-LA 公司、意大利 SISVEL 公司等中介型企业与荷兰飞利浦公司、德国弗劳恩霍夫协会、美国国立卫生研究院等已建立了许多重要的基于技术标准的专利池和专利组合,使企业可以获得拥有专利的多个机构的一个许可协议,极大地降低了交易成本和交易中的知识产权风险;日本政府则于 2009 年财政预算中专门列支了 400 亿日元组建专利经营公司,集中经营管理专利,以有效应对"专利流氓"(patent troll)的恶意诉讼。③

在知识产权联盟形成初期,往往有一个或多个主导机构试探性地开放专利,形成专利池雏形。以 2009 年开通的"中国科学院知识产权网"为例,该网站集合了中科院所有院属单位的最新、最全的知识产权和科技成果信息,并向社会和广大企业提供统一、权威的中科院可转化项目、创新知识成果信息,便于企业了解其科研成果,也方便企业需求与中科院技术成果进行对接。另外以国家半导体照明工程研发及产业联盟为例,2011 年 8 月,联盟分析目标产业的技术创新链和当前的创新体制机制,运用契约手段、资源所有权与使用权转让手段,动员产业界参与④,组建了"半导体照明联合创新国家重点实验室",致力于攻克引领性技术和产业共性关键技术,缩

---

① 毛金生.企业知识产权战略指南[M].北京:知识产权出版社,2010:98.

② 李翠娟.基于知识视角的企业合作创新[M].上海:上海三联书店,2007:220.

③ 袁晓东,孟奇勋.开放式创新条件下的专利集中战略研究[J].科研管理,2010,31(5):157-163.

④ 刘晓莹."自带干粮"搞创新,也是蛮拼的[N].科技日报,2015-01-07(07).

小并赶超国际先进水平,提升我国半导体照明产业的国际竞争力,该实验室以理事会领导下的主任负责制为组织保障,以产业为导向,以解决共性关键技术为主,逐渐引导企业参与基础性、前沿性技术研究及开放性、国际化的非营利研究。

（三）重视标准化协同知识产权治理重要作用

将专利技术转化为标准,是应对知识溢出导致知识产权权益纷争的一种有效手段,也是解决协同创新知识产权问题一个很好的思路。从某种意义上来讲,把专利纳入标准,是专利联盟扩大化的做法,对于联盟外的市场竞争参与者来讲,准入的门槛更低、更便捷,而且可以将对联盟各方知识产权权益侵害的风险降至最小。协同创新组织在研发过程中,内部分工合作,创新协调度要好于单独进行项目研发,相关协同组织主体在参与制定标准时也更容易进行专利技术的披露。

以 TD-SCDMA 通信标准为例,中国移动和中国联通两家电信龙头企业在"国家高技术研究发展计划"（即"863 计划"）框架下,牵头组成了"中国第三代移动通信系统研发战略技术联盟",该联盟的其他参加主体包括北京大学等高校、信息产业部电信研究院等科研机构,以及"大唐电信"等多家企业,主要任务是开展新型移动通信系统的技术攻关和产业化,该联盟的基点是第三代移动通信技术,总体目标之一是为制定中国第三代移动通信系统的体制标准提出建议。该联盟以技术标准作为切入点,联合开发产品所需基础件,继而推动在联盟内部形成共享共用的基础专利,再由专利形成的事实标准辐射整个行业,从而达到巩固市场地位的最终结果。该联盟协助制订的 TD-SCDMA 方案,2006 年 1 月 20 日被我国信息产业部规定为中国移动通信行业标准,成为国际第三代移动通信无线电传输技术主流标准之一,并促使设备制造商、运营商、研究机构等以此标准为路径,开展了后续技术发展方向（TD-LTE）的研究与应用。电信标准涉及的知识产权在联盟运作过程中,最高领导机构"总体组"作为总协调部门,与其下属组织机构"知识产权企业联盟"以及"知识产权转移控制小组"配合,贯彻统一的知识产权管理政策,实时监控并干预协调联盟内知识产权产出过程及相关权益归属和分配,以推进通信标准制定为既定目标,联盟内外并无知识产权纠纷产生。

再以卫星导航系统的标准化为例。目前,涉及卫星导航领域标准化工作的国际组织主要有国际标准化组织（ISO）、国际电工委员会（IEC）、国际电信联盟（ITU）,此外还有一些具有权威性的区域标准化组织（如美国和欧洲的部分行业协会组织）也有参与研制卫星导向技术标准。在卫星导航系统类标准方面,主要是各卫星导航系统研制国所公布的定义卫星信号格式的接口控制文件和系统性能标准等,由各系统建设国政府主导。近年来发生的英美卫星导航系统领域的知识产权诉讼案件证明,该领域存在重大的知识产权问题。2012 年 7 月英国卫星导航系统的 US8233518 专利①获得授权,该专利实质涉及计划在 2015 年投入使用的第三代 GPS 民用信号,以及计划用于伽利略系统开放服务的信号,该项专利相当于扼制住了美国今后使用民用信号和伽利略导航系统开放服务信号的权利,遂引发专利纠纷。②

(四)加强知识产权公共服务平台的外部支持

与协同创新有关的知识产权问题较为复杂,相关矛盾纠纷较以往单向或简单的技术创新合作组织更为烦琐,以我国现有的知识产权中介服务机构的工作协调能力及资源,较难满足实际需求,尤其是协同创新成员构成的多层化和多元化导致其组织形式更为复杂,除了外部纠纷,内部成员间的知识产权权益纠葛更难以应对。也就是说,在协同创新的背景下,面向复合型组织、服务于创新集群的知识产权保护平台尚未健全,相关服务组织机构的功能并没有得到充分发挥。

由政府牵头组织,知识产权公共服务机构借助平台,与协同创新组织中的"产"(企业)、"学"(高校)、"研"(科研机构)、"用"(用户)等主体建立起知识成果的共享、沟通与流动导向机制,还可以针对协同创新组织的实际知识需求,建立由"管理子系统""数据采集子系统""信息分析子系统"以及"信息发布和上报子系统"等组成的知识产权信息分析与预警系统。以北京市海淀区《关于支持知识产权和标准化服务业在中关村示范区集聚创新发展的办法》(中科园发〔2014〕16 号)为例,其第 9 条提及,政府资金要发挥引导放大作用,探索设立创新发展基金,支持知识产权和标准化服务业发展需要,支持集聚区内公共服务平台及知识产权运营项目,促进知识产权和标准化服务业的模式创新和业态升级。③ 这可以看作政府通过公共服务平台加强协同高技术产业创新集聚区知识产权集约化管理的有益探索。

---

① Signals, system, method and apparatus. Embodiments of the present invention provide a method to produce a modulation signal comprising combining at least two modulation signals, for example, BOCs or derivatives thereof, having portions (chip or a number of chips) thereof with respective relative phases or states (and) selected such that the average of a plurality of said portions at least reduces cross spectral terms of the composite complex spectrum of said at least two modulation signals. Assignees:The Secretary of State for Defence in Her Britannic Majesty's Government of the United Kingdom of Great Britain and Northern Ireland.
② 李冬航.卫星导航标准化研究[M].北京:电子工业出版社,2016:176-177.
③ 冯秀英,韩琮林.中关村核心区知识产权服务业提速[N].北京商报,2014-4-28(C03).

第四节　典型企业知识产权管理标准分析

一、知识产权管理标准研制与贯标必要性

帮助民族企业进行现代化转型,强化企业资源获取和链条配置,提早应对跨国公司的挑战,是一项紧迫任务。[①] 我国企业在激烈的国际市场竞争中生存和快速发展的关键,在于提升运用知识产权的水平,从而有效地提高其创新能力和核心竞争力。美国经济学家迈克尔·波特(Michael E. Porter)将世界各国经济发展依次分为要素推动的发展阶段、投资推动的发展阶段和创新推动的发展阶段。[②] 这里所指的创新不仅仅包括科技创新,而且还含了制度创新、经营管理创新等多方面,涵盖了自然科学、工程技术、人文艺术、社会科学等经济与社会活动中的全部知识创新。通常来讲,企业开展创新活动的动机,是获取持续性的市场竞争优势,从而获取长期稳定的巨额经济效益。知识经济时代,企业的资产结构正在发生着巨大的变化,固定资产、金融资本的重要性正逐步让位于知识资本,而企业的知识资本是以知识产权为核心相互转化、相互促进的。[③] 一整套好的管理制度是企业知识资本增值的可靠保障。企业知识产权管理贯穿于前期研发、生产经营、资产财务管理、市场营销等诸多环节,包括知识创造、知识取得、知识决策、知识应用、知识储存、辅助性活动、知识转移、知识衡量等多块内容[④],其中包括主要活动与辅助活动。知识管理的主要活动是围绕知识管理的应用过程,也就是知识的获取、知识的共享、知识的创新和知识的应用过程,知识管理的辅助活动是围绕知识管理的支撑条件和影响因素展开的。[⑤]

知识产权管理制度规范是一种重要的社会政策工具。对哪些智力成

---

①　冯晓青.知识产权战略及其在企业中的实施[J].甘肃理论学刊,2007(3):98-100.

②　迈克尔·波特.国家竞争优势[M].李明轩,邱如美,译.北京:中信出版社,2007:505-522.

③　郑友德,焦洪涛.面向知识经济的知识产权管理[J].华中理工大学学报(社会科学版),1999(1):39-46.

④　Ruggles R. The State of the Notion: Knowledge Management in Practice[J]. California Management Review, 1998, 40(3):80-89.

⑤　吴金希.用知识赢得优势——中国企业知识管理模式与战略[M].北京:知识产权出版社,2005:107.

果赋予知识产权权利地位、以怎样的方式开展知识产权政策治理,需要根据社会经济发展实际情况做出正确抉择。如何完善企业的知识产权保护的政策是不可回避的话题。市场竞争中,企业往往重点关注投资、市场开发、产品销售等法律风险,对知识产权风险重视不够,一些企业只关注知识产权的静态归属,忽视知识产权的动态运营和优化组合应用。① 知识产权管理标准化,对于企业来讲,主要涉及工作目标、管理机制、运行规则以及评估反馈改进机制等多个要素,知识产权管理标准化能实现提高企业知识产权战略执行能力,减少知识产权管理混乱和疏漏的效果,避免损失,促使企业在科学系统地管理知识产权的基础上,提升市场核心竞争力。

二、江苏省与广东省企业知识产权管理标准比较

(一)江苏与广东企业知识产权管理标准发展概况

江苏和广东两省较早以地方标准的形式确立企业知识产权管理规范,其企业知识产权管理地方标准均参照 ISO9000《质量管理体系》框架结构,结合本省企业知识产权管理的实际情况,引入 PDCA[计划(plan)、执行(do)、检查(check)、处理(act)]管理循环理论思想,为辅导企业开展知识产权管理提供参考,有助于企业在知识产权创造、应用、保护和管理方面形成独特优势。

江苏省经济水平在全国同类省份位居发达之列,自 2003 年确定建设"现代国际制造业基地"的宏观战略目标以来,江苏省的知识产权发展一直走在全国前列。2018 年,江苏全省专利申请量、授权量分别超过 60 万件和 30 万件,每万人发明专利拥有量达 26.45 件,增长 17.56%;知识产权带来的增益效应明显,高新技术产业呈蓬勃发展之势,全省新认定国有高新技术企业达到 8000 余家,企业研发投资占主营业务收入的比重达到1.3%,90%的大中型工业企业和规模以上高新技术企业都建设有自己的研发机构,各项指标居于全国前列。② 早在 2006 年,江苏省就提出了建立企业知识产权管理标准的构想,2009 年《江苏省知识产权战略纲要》从提升企业知识产权运用能力出发,专门规定了企业知识产权标准化建设。③

① 冯晓青.知识产权战略及其在企业中的实施[J].甘肃理论学刊,2007(3):98-100.
② 江苏省统计局,国家统计局江苏调查总队.2018 年江苏省国民经济和社会发展统计公报[EB/OL].(2019-03-08)[2019-03-09].http://tj.jiangsu.gov.cn/art/2019/3/8/art_4031_8257205.html.
③ 江苏省人民政府.《关于印发江苏省知识产权战略纲要的通知》,苏政发〔2009〕1 号.

江苏省于 2008 年 5 月发布《企业知识产权管理规范》地方标准(以下简称《江苏规范》),切实以企业为适用主体,明确了企业知识产权管理方针思路、体系架构、资源集聚、过程控制、关联事务管理、检查分析和改进等内容,初期主要在全省规模以上企业、高新技术企业、民营科技企业等优势特色企业中先行先试推广贯标活动,目标是为企业提供科学、实用的知识产权事务处理规程与指南,助力企业建成高效的知识产权管理体系。

2004 年,广东省知识产权局联合香港生产力促进局(HKPC)启动了创新知识企业指标体系研究计划,通过深入调研,系统分析了企业知识创新各项指标要求,进而研制出了广东省地方标准《创新知识企业知识产权管理通用规范》(以下简称《广东规范》)(DB 44/T 797—2010),2010 年 10 月由广东省质量技术监督局公布。《广东规范》紧密结合质量管理理论,将规范的适用对象框定为"创新知识企业",整合了"发明及创意""知识产权商品化及产业化""知识产权资本化""知识产权管理系统"四类创新环节,并使其有机统一在"创新知识"范畴内。相比《江苏规范》,在知识产权管理准则要求和指标体系方面更加翔实,准则指标体系所包含的分项指标共计38 项,覆盖了企业知识产权创造、运用、保护和管理工作内容的横向诸方面,也涉及知识产权的纵向前端概念模型创建、知识产权的产业化、知识产权的资本化和知识产权信息系统建设等方面内容。该地方标准可以指导广东省域内企业知识产权管理事务,也可以作为企业知识产权管理评估和创新知识企业评审依据。可以说标准的执行效果是得到多方保证的。

(二)江苏和广东企业知识产权管理标准特色分析

规范公布后,江苏随即在全省企业开始推行"贯标"工作,逐步向高新技术企业、科技型中小企业中推进,为鼓励广大企业开展"贯标"工作,还将制定和出台相应的考核和奖励办法。江苏省先后出台了《关于开展企业知识产权管理标准化示范创建工作的通知》(苏知发〔2009〕74 号)和《江苏省企业知识产权管理标准化示范创建及奖励暂行办法》(苏知发〔2010〕35号),通过政策引导,鼓励企业构建科学的知识产权管理标准体系。广东省在规范推出后,也逐步开始了试点推广工作。① 综合比较两省的规范,可以看出我国不同区域对于知识产权标准化管理的需求与表征形式还是不一样的。

---

① 国家知识产权局. 全省企事业单位知识产权试点示范工作会议暨"百所千企知识产权服务对接工程"启动仪式在深圳举行[EB/OL]. (2010-11-30)[2018-12-19]. http://www.sipo.gov.cn/dfzz/guangdong/xwdt/ywdt/201011/t20101130_551392.htm.

1. 经济发展成熟阶段的现实需求

改革开放以来,广东、江苏两省经济社会迅速发展,崛起为珠三角和长三角的领头羊。[①] 2018 年,江苏省实现地区生产总值 9.43 万亿元,名义增速 7.13%;广东实现地区生产总值 9.73 万亿元,名义增速为 8.44%,两省经济总量均稳居全国前两位。广东和江苏结合区域经济特色,摸索出了适合自身的产业发展道路和全新的区域经济社会发展模式。[②] 总体上,江苏经济发展(尤其是最为发达的苏南地区)以集体经济和乡镇企业起步,进入 21 世纪以来,江苏经济开始转型,注重发展合资企业,走外向型发展道路。广东省则是充分发挥珠三角湾区地缘优势,依托经济特区体制机制灵活性的便利,国际化水平不断提高。当前江苏和广东两省的经济都到了发展方式转变的关键时期,而经济转型、发展方式转变的突破点就在于企业。从企业知识产权管理中的体制与制度创新方面入手,构建与完善企业知识生产、分配与应用的创新指导规范与运作机制是体制与制度创新的主要内容,就是为先进技术在企业中的有效应用提供了宏观上的制度保障,也是为区域经济的进一步发展奠定了坚实的基础。

2. 与当地科技发展水平及区域经济环境符合性分析

2009 年,江苏省被列为国家技术创新工程首批三个试点省份。全省企业研发投资大幅增加,累计达到 560 亿元,居全国首位。大中型企业共建立研发机构超过 2000 个,其中 60% 以上的地方大中型企业都自办研发机构。创新型企业数量猛增,已经成长为高新技术企业的企业数达到 2723 家,其中国家级重点高新技术企业 136 家,民营高新技术企业 24431 家,以上各项指标数值均位居全国第一。2009 年专利申请量 17.4 万件,同比增长 36.2%,发明专利申请量 3.18 万件。专利授权量达到 8.7 万件,同比增长 95.7%。企业成为最大的专利申请群体,全省企业共申请专利 7.9 万件,占专利申请总数的 45.6%。[③] 另外,江苏企业的商标注册数、计算机软件登记数也都名列全国各省市前茅。[④] 江苏经济在国际金融危机中有较稳定的表现,企业在抗风险能力和稳增长能力方面好于上海、广东、

---

① 姚华松,欧君秀.改革开放 30 年来江苏和广东经济发展路径对比研究[J].特区经济,2010(9):15-16.

② 姚华松,欧君秀.改革开放 30 年来江苏和广东经济发展路径对比研究[J].特区经济,2010(9):15-16.

③ 沈坤荣,虞剑文,李子联.发展战略性新兴产业提升江苏经济发展内生动力[J].江苏社会科学,2011(1):238-246.

④ 江苏省统计局.江苏省 2009 年国民经济和社会发展统计公报[EB/OL].(2010-02-26)[2018-12-30].http://www.jssb.gov.cn/jstj/djgb/qsndtjgb/201002/t20100226_110908.htm.

浙江等地企业。①

　　广东省的科技发展水平与江苏省不相上下。2009 年广东省共获得国家"973 计划"(含国家重大科学研究计划)首席科学家项目 11 项②,约占全国的 1/10,在全国的排名从之前的 10 名之后,跃升至全国第 3 名。全省高新技术产品产值突破 2.5 万亿元,在国际金融危机中逆势上扬。全年申请专利量 12.6 万件,比上年增长 21.0%;全年发明专利申请量 3.22 万件,比上年增长 14.8%;全年获得授权专利 8.36 万件,比上年增长 34.8%;仅发明专利就获得授权量 1.14 万件,比上年增长 49.3%。全年已登记技术合同有 14497 项;技术合同成交额达到 247.93 亿元,比上年增长 34.2%,稳居全国第三。③

　　十多年来,两省科技创新成绩的取得,离不开经济及科技政策的引导和规制。江苏和广东两省制定并实施企业知识产权管理地方标准,是实施知识产权战略、创新战略与国际化战略的具体体现,其目的都是引导和帮助企业建立高效的知识产权管理标准内部治理机制,有效整合创新资源、管理知识成果、增加知识产出,从根本上提升竞争力。另外,企业知识产权管理标准从文本上来看,对于企业"知识产权"的概念外延界定都比较宽泛,都是比较全面的企业知识产权标准,包括创造、运用、管理、保护等方面。总体来说,两套标准均符合当地企业的发展特点,为其创新及成果转化预留了充足的空间,符合各自区域经济环境要求。

3. 对于知识管理技术路径要求方面存在的差异

　　其一,从结构上来看,两省规范的制定思路存在差异。企业知识产权意识和能力的提升是一项系统工程,延伸到企业市场活动的各个方面,需要企业能够将知识产权要素渗透到生产经营的全过程。基于此种考虑,《江苏规范》以流程管理和 PDCA 动态过程模式("戴明环")为理论参考、以企业自身发展为主线,将标准的结构确定为:术语和定义—知识产权管理方针—知识产权管理体系要求—资源管理—运行控制—合同管理——检查、分析和改进。可以说,《江苏规范》是以企业活动与管理流程为中心的知识产权标准,与全面质量管理所应遵循的科学程序相一致。《广东规范》则是以知识在企业经营活动中的演进为主线制定的,即企业应从根本

---

　　① 国家行政学院宏观经济课题组. 国际金融危机对中国经济的影响及对策研究[J]. 经济研究参考,2009(13):2-29.

　　② 陈雄辉,张本祥,徐毅,等. 基于复杂网络理论提升广东区域创新能力的对策[J]. 科技管理研究,2012,32(1):6-9,18.

　　③ 广东省统计局. 2009 年广东省国民经济和社会发展统计公报[EB/OL]. (2010-02-25)[2018-12-31]. http://www.gdstats.gov.cn/tjgb/t20100225_74438.htm.

上构建知识产权的运作模式。《广东规范》强调企业首先应在认知层面把知识产权作为创新过程中最重要的要素，一定要把知识产权从企业生产经营管理的"附庸"变成企业竞争力提升的战略资源和主导因素，在此认知基础之上加强与完善知识产权管理。《广东规范》主体结构为"总则—知识产权的产生—商品化、产业化—资本化"，正是出于此种考虑。

其二，《江苏规范》强调以培养企业知识产权管理运用能力为目标来研制知识产权标准规范，应根据法律法规的规定，合理运营知识产权，实现知识产权的价值。《广东规范》更进一步，尤其重视强调系统性的企业知识产权战略规划。对于大多数创新知识企业来讲，适用于自身的知识产权战略规划应解决战略实施原则、总目标和阶段性目标，以及知识产权战略工作的重点等内容，使得知识产权战略细化到能够直接嵌入企业日常运营之中，能保护企业的知识产权创造、运用过程，控制每个节点。

另外，《广东规范》更注重新型概念的引入与运用，较具超前性。在《广东规范》中，知识产权标准化管理的理念延伸理解为了"一种围绕创新知识的标准化体系"（innovation knowledge standardization），号召企业将拥有的核心技术专利等知识产权转化为国际或国内技术标准，更全面地凸显知识产权价值，促进产业规范化、标准化发展，形成"标准之中的标准"态势。尤其需要指出的是，《广东规范》中提到了"知识产权服务外包"（external intellectual property consultant），指导企业在知识产权管理程序性事务方面，可以聘请知识产权专业服务机构、专业顾问来代理处理相关业务外包。具体适用场景，不仅仅包括申请、引进或转让著作权、专利权、商标权等各类"纯粹的"知识产权工作过程，还包括其他企业经营活动中，牵涉知识产权的方方面面。

三、企业知识产权管理标准体系构建思路

（一）强调分层次、分类型知识产权管理系统与模式

《国家知识产权战略纲要》提出的"激励创造、有效运用、依法保护、科学管理"精神，对完善知识产权制度，营造良好知识产权法治环境、市场环境、文化环境①提升知识产权发展水平，转变经济增长方式，优化产业结构，提升营利能力，参与更高水平的竞争服务有指引作用。企业知识产权

---

① 孟德楷.共享经济下文化创意产业的法律规制研究[J].中国文化产业评论，2018，26(1)：64-75.

管理标准应以此为依据,合理设置知识产权管理的标准规范,把知识产权管理提高到生存与发展的必备战略、底线思维。[①] 成熟企业的知识产权管理标准体系的主干部分,应由以下几个部分构成:知识产权管理的目标和原则、知识产权管理的组织结构、知识产权创造应用、知识产权信息使用、知识产权人才培养、知识产权风险防控、知识产权纠纷解决、知识产权环境氛围营造以及知识产权绩效管理等。

企业知识产权贯标活动,需要着重强调构建"内嵌式"的知识产权管理工作体系,准确输出符合企业目标的知识产权策略。该系统的运行要贯穿企业经营管理各环节、全过程,有效提升企业深化对知识产权规则的认知水平与运用能力,协调企业研发、采购、生产、营销、人力资源、财务、法务等多个部门,形成部门间的联动,有效应对企业面临的知识产权挑战。更进一步,企业应根据自身所处的行业领域、发展阶段、研发实力、规模体量等实际情况,有偏重地选择适合的知识产权管理模式。具体来说,初创型企业、中小企业适合在知识产权管理机构中应用综合性知识产权治理组织结构,采用知识产权事项垂直管理模式,以少量的工作人员统筹管理企业发展各个环节的知识产权事务;对于处于成长阶段的企业或大中型企业,宜根据职能部门涉及的知识产权事务,切块落实到各个部门,并指定由其中一个部门(例如战略发展部门、研发部门等)牵头组织协调,以便各部门能根据自己的实际情况进行专业化管理;对于发展到成熟阶段的企业或者已具有相当规模或市场份额企业集团来讲,更多的是在规范知识产权管理的基础上,实现知识产权管理的螺旋式升级,由此应成立专门的知识产权管理部门,构建功能完善的知识产权管理平台,并将其整合到企业运营管理系统中去,使得知识产权管理能够与其他事务全面兼容,助力企业创新能力走上一个新的台阶。

(二)强调以风险防控作为根本保障

知识产权领域开展标准化管理,可以有效防止知识产权风险。[②] 知识产权风险的预防和控制贯穿了企业经营活动的全过程。尤其是在前端的技术研发环节,企业知识产权管理部门应当与技术研发部门充分协调互动,预先明确标示研发活动知识产权风险点,实时监控研发活动过程中出现的知识产权风险苗头,根据风险评估情况,适时调整研发思路、研发策略

---

① 毛金生.企业知识产权战略指南[M].北京:知识产权出版社,2010:12-13.

② 唐恒,张旸.基于价值链的企业知识产权标准化管理研究[J].科技管理研究,2013,33(15):175-180.

和研发结果的表达形式,能够有效防止侵犯其他主体的知识产权。企业知识产权管理部门应当对研发对象的价值进行评估,并据此选择合适的知识产权保护方式及采取相应具体保护措施。① 企业作为知识产权持有者,可以选择的知识产权风险防控手段,由温和到强硬,逐级排列为发函提示、谈判协商、要求行政部门干预或者提起法律诉讼等形式。这些形式单组或者组合在一起加以灵活运用,足以制止和防范他人侵犯知识产权的行为。需要指出的是,在采取法律诉讼这一依靠国家公权力救济的途径之前,企业作为"进攻"一方,要有充分的准备并采取相应的反制措施,应对知识产权侵权的相对方极有可能对权利人所持有的知识产权采取无效宣告等反击行动。企业对此可以通过"沙盘"的形式,预先将可能到来的知识产权纠纷与维权过程进行系统推演。以上诸项维权活动,通过标准化的操作流程,可以实现维权各环节的无缝衔接,将损失降到最小。

(三)强调企业知识产权管理标准应强化知识产权信息利用

如何充分利用知识产权信息是企业知识产权管理标准化的重要关节点。在当今信息网络社会,基于知识产权本身就是一种信息流的表现形式,所以企业应当建立一套功能完善的知识产权情报系统。通过规范化操作,完整地进行知识产权现状分析、知识产权与技术发展趋势分析、技术生命周期分析等,这样有助于企业在对现有知识产权和竞争情报进行分析的基础上,既全面了解企业自身的知识产权状况,又了解竞争对手主要技术状况以及潜在竞争对手的相关信息,从而制定与实施适合本企业发展的知识产权战略,一旦通过标准化路径完成企业内部知识产权信息网络平台的建设,整个企业的职能部门和员工都能够根据各自的职能、岗位、分工情况,在一定权限范围内分享和使用相关知识产权信息,如此就可以大大丰富知识产权作为法律工具治理的作用功能,延展进入依内部契约/章程自治的层面,这对于企业健康可持续发展有重要影响。从外部资源利用来看,企业应积极调动所在区域知识产权服务资源,多渠道搜集获取知识产权信息,并利用专业软件和技术手段对这些信息分类筛选与分析加工,融合内外部知识产权信息资源,建立动态更新的知识产权信息数据库。

(四)强调企业知识产权管理人才建设

知识产权标准化管理事务的执行,关键还是在于人的因素。应建立知识产权管理企业人力资源体系,通过内外结合的方式,确保企业员工的知

---

① 吴树山,曾培芳.知识产权法制与战略关键词详解[M].北京:知识产权出版社,2011:61-62.

识构成、业务素质与技术能力能够满足企业知识产权标准化管理的要求。应注重完善知识产权管理人才培养机制，根据人才需求的实际情况，拟定有针对性的培训计划方案。从基础层面来讲，企业应定期开展针对全体员工的知识产权全员教育和针对核心骨干人员的专项培训，以确保全体员工知识产权意识和警觉性处于高位状态；从战略层面上来讲，企业应建立合理的用人机制，根据企业整体发展战略，引进懂技术、懂法律、懂经营、懂国际竞争规则的知识产权管理复合型人才，深度参与到企业的研发创新生产经营事务中去；从执行层面来讲，企业需要配备专职人员或者是岗位职能密切关联性的兼职人员，确保这类从事知识产权管理工作的专/兼人员具备符合标准化管理要求的能力和经验。

企业也不能仅仅将眼光局限于内部，还应拓宽思路，设置外部培训机制接口。例如，与开设知识产权专业教育的高校合作，将知识产权人才派到高校进行系统深造，使其在既有的技术领域知识体系基础之上，进一步获取有关经济、法律、管理、外语等学科领域的知识，为接手企业知识产权管理实务工作打下扎实的理论基础。短期效应来看，企业还可以指派高级管理人员、技术人员参加知识产权研修班、研讨会等，理论结合实践，开阔其视野，提升其知识产权理论认知和实操水平。此外，人力资源工作最终还是要落到激励机制建设上来，因此以知识产权为内容的、公平公正的绩效考核制度必不可少，知识产权管理相关业绩应与企业员工的薪酬福利待遇相挂钩。

（五）强调企业知识产权管理的绩效评估与改进

标准化管理的效果，必须通过可量化的改进和提升效果来体现，企业应当根据知识产权管理国家标准设立评价指标体系并进行内部审查评估。企业应当及时准确地评价知识产权标准化管理各个环节产生的效益，并将知识产权管理的绩效与预期目标进行比对。通过知识产权标准化管理的绩效评估，企业可以将管理绩效对标预期目标，通过评估来审验知识产权战略的可行性。知识产权管理业绩评价指标应涉及企业主要业务部门与知识产权的工作内容，如研发部门负责知识产权申请确权情况，战略发展部门规划知识产权战略与控制知识产权流向，财务部门配合利用知识产权进行投融资损益计算活动，营销部门负责知识产权产品的经营业绩，法务部门负责知识产权纠纷解决率与胜诉率等。对于知识产权标准化管理绩效检查、审核和评估，企业应从对产品的技术构想和概念研发阶段就开始，一直延伸到组织生产、过程管控、产品展示、产品营销等经营活动各环节，涵盖知识产权创造、运用、保护、管理以及知识产权环境诸要素建设等多个方面,包括技术创新效率的高低、竞争状况是否改善、知识产权交易许可等行为产生的直接经济效益、对国内外知识产权纠纷的应对结果、员工对企业知识产权文化的认可程度等。

四、企业知识产权管理标准体系构建要点解析

企业知识产权管理过程,既包括制定与企业经营策略相适应的知识产权管理制度,也包括围绕知识产权战略目标而实施的知识产权价值发现活动,以及配置人力、财力、物力等资源与建立知识产权细化管理制度和管理流程的过程。① 企业应将知识产权管理标准体系作为企业管理工作体系子系统的形式来构建,根据国家知识产权有关法律法规和标准规范,结合自身知识产权事务发展的实际情况,按年度、分阶段逐步组织制定完善知识产权管理领域的标准体系并推广实施,以期提高企事业单位知识产权管理整体水平。前文提及,知识产权管理标准化体系至少应包含以下 5 大模块内容:知识产权资源管理标准、知识产权内部管理标准、外部合作知识产权管理标准、知识产权服务保障标准,以及知识产权管理绩效评估与改进标准。该标准体系强调兼顾知识产权的依法管理、资源管理、过程管理和外部服务管理,并与其他管理环节相衔接,确保知识产权在企事业单位各业务流程中都处于受控状态。同时,阶段性地对知识产权标准化管理体系的运行进行自我检查、分析、评价,以实现预期管理目标。

(一)知识产权资源管理标准

知识产权资源,是对知识成果经产权化精炼所需用到的资源,包括人力资源、基础设施资源、数据信息资源等,搞好知识产权的资源管理,能够为企业开展知识产权事务提供人力、物力等基础性条件支撑,是知识产权内部管理和对外活动的前提。所以,有必要针对这三类知识产权资源制定专门的管理标准。

知识产权基础设施资源管理规范:主要是对企事业单位开展知识产权标准化管理工作应具有的软硬件设施提出的基本要求。一般来讲,知识产权管理基础设施要依照企业不同规模、不同发展阶段以及不同的行业属性进行适当超前的配备。

知识产权人力资源管理规范:主要作用是明确知识产权管理相关的工作人员任职条件、行为要求以及考核标准,规定企事业单位知识产权工作

---

① 肖志刚.企业知识产权管理体系建构[J].电子知识产权,2006(11):28-32.

人员及中高级管理人员的教育培训要求,规范员工入职、离职牵涉到的知识产权背景调查、权利归属、保密等事项。

知识产权信息资源管理规范:主要是促使企业建立知识产权信息收集渠道,对信息进行分类筛选和分析加工,并有效维护和及时更新。

(二)知识产权基础工作管理标准

知识产权基础工作管理标准规范,是按照横向条块分割思路,将《国家知识产权战略纲要》中的各项知识产权重点工作任务加以细化,形成企事业单位知识产权的良好工作基础。

知识产权获取及维护规范:制定知识产权获取及维护规范,可以明确所需要的知识产权的类型、取得方式和途径,并确保知识产权的持续有效性。建立知识产权获取及维护规范的主要内容是建立知识产权分类管理档案,将知识产权的生命周期纳入监控,当知识产权权属产生变更或放弃等情况的时候,也需要及时进行更新维护。知识产权申请和维护的管理规范包括知识产权申请评价决策管理、代理管理、申请流程管理以及知识产权维持决策管理等。知识产权的内部申请决策流程非常重要,通过对技术、市场、资本、产品诸要素联合的综合考虑,能够为后续知识产权运用与保护带来极大的便利。[1]

知识产权转让、许可与投融资规范:在知识产权许可和转让前,企业或高校、科研院所单位等应首先自主进行调查和评估,明确知识产权许可和转让的决策程序,促进和监控知识产权的实施。相对于传统的知识产权权属的转让与授权许可,利用知识产权进行投融资是近年来高技术产业发展领域新兴且发展迅猛的盘活资本、筹措资金的方式,主要包括知识产权质押、出资入股、融资担保等内容。发布实施知识产权投融资规范,进一步促进知识产权投融资活动,对于扩大融资渠道、实现知识产权市场化和产业化,将会起到积极推动作用。

知识产权评估规范:知识产权价值评估是对专利和其他知识产权管理的必备要素,技术资源库中的所有知识产权都应赋予价值标签。[2] 市场主体在进行经营贸易、参股、质押贷款、增加注册资本、确定法律诉讼赔偿金数额等情形下,有可能涉及对相关知识产权进行市场摸底和价值评估。科学进行知识产权价值评估,可以为企业生产经营活动往高层次发展提供一个合理预期,使企业掌握的知识产权发挥最大效用。

---

① 王加莹.专利布局和标准运营[M].北京:知识产权出版社,2014:132.
② 王加莹.专利布局和标准运营[M].北京:知识产权出版社,2014:132.

（三）对外合作知识产权管理标准

企事业单位知识产权对外合作牵涉多个主体的共同行为和结果，主要包括合作研发、组建知识产权联盟，以及主导或参与制定标准等形式。

合作研发知识产权管理规范：合作研发的产学研结合模式，已经成为企业与高校、科研机构广泛采用的重要的技术创新战略方式，但合作研发过程中共享研发资料信息、专利技术信息等，会使得参与主体中的技术提供方面临知识产权侵权的风险。所以有必要在合作过程中，明确知识产权权属、共享以及利益分配等相关事项。

知识产权联盟建设与运行管理规范：建设知识产权联盟将有效降低知识产权开发以及保护成本，有效发挥知识产权效用，为联盟各方带来最大的利益。知识产权联盟在我国还是新兴事物，如何建立科学的联盟形式并有效运行，尚缺乏参考规范，所以此类标准的制定与执行对于形成区域产业创新集群的知识产权优势具有较大帮助。

标准制定和修订过程中的知识产权管理规范：企事业单位在参与国家、地方、行业标准制定和修订过程中，有可能会将专利等知识产权纳入标准之中，从而产生知识产权垄断性与标准开放性之间的冲突。该规范发布实施将有效帮助相关标准制定和修订单位管理知识产权，明确专利融入标准的切入点，了解与把控知识产权在标准中的布设范围，在合法范围内掌控标准中知识产权的话语权。

（四）知识产权外部服务管理标准

知识产权外部服务规范，主要是以知识产权中介服务机构（包括公益服务机构和以营利为目的的服务机构）为适用对象，为其开展知识产权托管服务、评估服务、投融资服务以及维权援助服务提供工作标准和技术标准。

知识产权托管服务标准：知识产权托管内涵随着知识经济的发展变得越来越丰富，既包含传统意义上由服务机构提供专业的知识产权管理解决方案，也包括为目标单位知识产权专项事宜或突发事件提供对策咨询意见、协助被托管单位完善落实各项知识产权内部管理制度，以及对被托管单位进行监测及侵权预警等多项内容。近年来我国知识产权主管部门非常关注知识产权托管，但是目前这一领域尚缺乏细化的实施规则。

知识产权价值第三方评估服务规范：前述知识产权基础管理中的价值评估属于摸底性的内部评估。外部评估是以促进公平交易为目的的第三方评估。价值评估是知识产权运用即资本化的前置性活动。① 知识产权流转交易中的一个环节就是对交易对象知识产权进行价值评估。与之相配套,知识产权价值评估服务规范解决的问题是,找到知识产权专门服务机构开展知识产权价值评估服务的规则程序。

知识产权投融资服务规范:银行等金融机构以及部分知识产权外部中介服务机构目前正在积极探索新型知识产权投融资模式及配套服务,以加速实现知识产品与金融的融合②,从而实现"创新—投资—回报"创新价值链的良性循环。规范知识产权投融资服务行为,可以帮助相关服务机构探索与知识产权相关的股权、债权融资模式,进而支持社会资本通过市场选择,设立以知识产权投资基金、集合信托基金、融资担保基金等为基础的投融资平台和工具。

知识产权风险管控服务规范:要建立一个知识产权风险预防系统,该系统包括竞争对手知识产权信息数据库、市场活动形成的风险评价数据库。③

知识产权维权援助服务规范:企业(尤其是中小企业)在经营过程中,遇到知识产权纠纷时往往采取消极回避的态度。究其原因,主要是企业在知识产权方面的自我保护意识与能力欠缺。知识产权维权援助服务规范,主要是帮助维权援助机构和受援助主体建立知识产权预防侵权机制,实时监控知识产权侵权现象,结合案件情况选择或私或公的途径保护知识产权。

(五)知识产权管理、服务绩效评价与改进标准

从标准化理论方面来讲,对知识产权标准化管理活动进行绩效评估,其内容主要是评估知识产权管理实施标准化后取得的效果,是根据知识产权管理的主体的知识产权方针目标和各项知识产权标准化管理工作任务分解,逐项进行检查、比对和分析,对既存的不足与发现的问题拟定有针对性的应对措施,继而持续加以改进。

① 肖志刚.企业知识产权管理体系建构[J].电子知识产权,2006(11):28-32.
② 敬云川.知识产权质押贷款的法律风险[J].首席财务官,2011(3):90-91.
③ 王加莹.专利布局和标准运营[M].北京:知识产权出版社,2014:133.

第五节　知识产权信息服务标准体系建设

一、知识产权信息服务发展历程及趋势分析

(一)知识产权信息服务概述

知识产权的本质是一种经济和商业权利。[①] 随着全球经济一体化的加剧,国际化竞争越来越激烈,知识产权已经成为许多国家发展和博弈的重要手段。产业集群环境更适合创新活动,[②]针对区域产业集群构建相应的知识产权信息特色数据库和功能完善的服务平台,有利于提高集群内部企业的持续创新能力。[③]

信息技术及其应用已经广泛渗透到经济社会发展的各个方面,知识产权服务信息化建设能够利用最先进和成熟的技术。对于大多数企业来说,专利是知识产权创新的主要表现形式,建立基于集聚创新的知识服务平台也是数十年来开放创新(open innovation)[④]和众包(crowd sourcing)[⑤]商务模式观点的直接反映。[⑥] 知识产权信息技术的发展及商事活动的需求直接牵动着企业的知识产权决策和管理行为。[⑦] 知识产权诸多细分权利类型,不论是著作权、专利、商标还是商业秘密等其他知识产权,在本质上其实是对知识所包含的信息的保护。[⑧] 知识产权制度面临着技术迭代发展和信息化深入普及的双重挑战。

① DTI. Competing in the Global Economy: the Innovation Challenge. DTI Innovation Report, 2003(12):24.

② Georghiou L. National Systems of Innovation. Towards a Theory of Innovation and Interactive Learning[M]. London: Pinter Publishers, 1992:127.

③ 郭强.基于区域产业集群的专利信息服务平台建设研究[J].科技进步与对策,2013,30(20):59-62.

④ Chesbrough H. The Logic of Open Innovation: Managing Intellectual Property[J]. California Management Review, 2003, 45(3):33-58; Chesbrough H, Appleyard M M. Open Innovation and Strategy[J]. California Management Review, 2007, 50(1):57-76.

⑤ Howe J. The Rise of Crowdsourcing[J]. Wired, 2006,14(6):176-183.

⑥ 郭强.基于区域产业集群的专利信息服务平台建设研究[J].科技进步与对策,2013,30(20):59-62.

⑦ Blaxill M, Eckardt R. The Invisible Edge: Taking Your Strategy to the Next Level Using Intellectual Property[M]. New York: The Penguin Press, 2009.

⑧ 许春明.知识产权制度与经济增长关系的实证研究[M].北京:知识产权出版社,2009:224.

知识产权信息服务类型主要包括:知识产权文献检索服务、知识产权数据维护及分析服务,以及更高级的知识产权信息流服务。知识产权信息服务内容主要包括:知识产权数据建库、知识产权信息监控、知识产权基础分析、知识产权组合分析,以及高阶形态的知识产权与其他创新要素关联分析。开展知识产权信息服务需要多种分析工具,例如知识产权地图软件工具,可以将检索到的知识产权信息进行整理、加工、综合和归纳,并将结果积累在信息服务平台之中,用于将来更高级功能的扩展与开发。通过对知识产权信息进行分析、监控和挖掘,可以归纳出基于知识资源优势的知识产权组合。[①]

(二)我国知识产权信息服务的产生与发展

知识产权信息服务技术的发展主要经过了手工检索、计算机检索和综合服务平台三个阶段,随着计算机信息技术的日新月异,知识产权信息服务效果也不可同日而语。我国初级知识产权信息服务始于 1985 年 4 月《专利法》的实施。互联网的发展及全球化进程的加速,为知识产权信息在全世界的交流与汇聚提供了便利条件。[②] 2001 年,我国知识产权局主管部门在互联网免费公开专利申请授权信息,标志着我国知识产权信息服务上升到了一个新的水平。自此以后,知识产权信息的应用研究及工具软件的开发都活跃起来。[③] 由此,我国知识产权信息服务经历了手工、电子化、网络化的过程,并随着网络技术、计算机技术及知识服务的发展,逐步向综合性知识产权信息服务发展。

目前我国知识产权信息服务可以分为两类:一是专利文献基础信息服务,即专利检索服务,该类服务产品主要由科技信息服务机构提供,服务内容包括专利申请查新、专利检索和专利法律状态的调查等;二是专利信息深度订制服务,通过对专利进行深度检索和系统分析,建立满足客户特殊需求的专利数据子库,同时根据专利地图模型、知识产权聚类、TRIZ 理论等模型工具,帮助用户建立专属的专利数据库,为贯彻执行知识产权战略提供重要的决策参考。[④] 通过动态特色专利数据库的开发,为企业提供全面准确、现势性强的专利技术态势分析报告、行业技术发展趋势分析报告以及企业知识产权战略发展咨询报告等,从而有效提升企业技术创新能

① 王加莹. 专利布局和标准运营[M].北京:知识产权出版社,2014:132-133.

② Takagi Y, Czajkowski A. WIPO Services for Access to Patent Information-Building Patent Information Infrastructure and Capacity in LDCs and Developing Countries[J]. World Patent Information，2012, 34(1):30-36.

③ 吕荣波. 对专利信息服务四大矛盾的思考[J].中国发明与专利,2007(5):95-96.

④ 郭强.基于区域产业集群的专利信息服务平台建设研究[J].科技进步与对策,2013,30(20):59-62.

力。然而目前我国的现实情况是,囿于生产性服务业不够发达,知识产权信息公共服务体系尚在健全过程之中,很多中介服务机构提供的服务基本上还是停留在专利基础数据库的检索、查新和初步统计分析层面上,服务机构提供知识产权信息挖掘和利用等高水平、深层次的服务能力还有待于进一步提高,并且其对企业如何深化实施知识产权战略、构建专利池以及进行知识产权发展趋势预测与风险预警等高端服务的市场空间开拓还不够。所以,建立面向区域经济发展的知识产权信息服务平台已成为目前我国中小企业发展的迫切需求。[①]

(三)知识产权信息服务的标准化发展趋势

知识产权及其相关信息具有相当的潜在经济价值,善加利用会带来巨大的现实经济效益。世界各国(特别是拥有更多专利的经济与技术发达国家)都非常重视有效地管理和利用知识产权信息,使之能够更好地为实现国家创新发展战略服务,更有利地助推一国技术向高端领域迈进,从而使得本国产业和企业在全球化时代获得市场竞争优势。[②] 从总体趋势上来看,发展知识产权信息服务业离不开高端信息技术,有赖于先进的现代信息技术、高素质的人才队伍和包括现代信息技术在内的高质量数据资源的支持,尤其是自然语言理解和海量信息检索等高端技术,是发展高端知识产权信息应用系统和产品的重要支柱。[③] 自然语言理解技术不断应用,有效提升了知识产权数据深度挖掘的可操作性与实际应用价值。知识产权信息服务由于其自身特点,为用户提供的文字图表报告、数据分析整理、咨询服务活动等都是以无形产品为主要体现形式的,知识产权信息服务的市场价格机制较难形成和规范,所以探索行业服务方面的标准化确有必要。

二、国内外主要知识产权信息服务平台比较研究

(一)国内外主要知识产权信息服务平台功能比较

1. 汤姆森科技信息集团(Thomson Scientific)Delphion 知识产权信息平台

Delphion 知识产权信息平台是汤姆森科技信息集团(Thomson Scien-

---

① 郭强.基于区域产业集群的专利信息服务平台建设研究[J].科技进步与对策,2013,30(20):59-62.

② 徐峰.国外专利信息服务体系建设经验与启示[J].科技管理研究,2008,28(11):195-197.

③ 台新民.我国专利信息服务业发展现状与对策研究[J].生产力研究,2011(5):139-141.

tific)提供的知识产权信息平台。该平台收集了 Derwent 世界专利索引数据库(DWPI),是一个全球性的知识产权数据库,库内拥有 80 多个国家和地区的 6500 万项专利数据信息。通过 Delphion 平台,可以快捷地进行专利检索,准确地分析输出数据,还拥有截取专利申请关键信息的快照(snapshot)功能,可以快速对申请人、申请国家、申请年份、专利分类号等信息进行排序[1];通过 CLUSTER 功能可以对初始检索结果进行引用频次分析和关联关系分析;通过 CITATION LINK 功能可以对专利文献的引证信息进行前后引证树式的图形化分析。[2]

2. 欧洲专利局(European Patent Office)知识产权信息检索服务系统

欧洲专利局知识产权信息检索服务系统[3]包含 epoline 和 espacenet 两大数据库。在这两个网络数据库的维护中,欧洲专利局发挥了重大作用[4],为客户免费提供欧洲乃至世界知识产权信息资源与检索服务。在数据库中可以查找到欧洲专利局审查过程的每个阶段的数字档案信息,以及欧盟及下属机构公开发布的文件等信息。espacenet 包括欧洲专利局数据库(近两年以来)、世界知识产权组织数据库(近两年以来)和世界专利数据库(80 多个国家的 5900 万项专利)。espacenet 数据库对三种检测方法进行了升级,分别是快速检索、数据检索、高级检索,以及在此基础上的分类表查询。[5]

3. 美国 Dialog 公司 Innography 知识产权分析平台

Innography 分析平台是美国 Dialog 公司推出的成熟型知识产权信息检索分析产品。目前它拥有 70 多个国家的专利数据和法律信息数据,还扩充了近 40 年来美国联邦法院审判记录中的 6 万多份专利诉讼资料数据信息,以及美国商业信息服务机构邓白氏公司(D&B)和美国证券交易委员会(SEC, the U. S. Securities and Exchange Commission)的知识产权权利人的相关财务信息数据。这些业务数据可以帮助评估公司的市场价值和规模,进而分析和比较知识产权权利人的包括经济实力、研发实力等市

① 郭强. 基于区域产业集群的专利信息服务平台建设研究[J]. 科技进步与对策,2013,30(20):59-62.

② 郭强. 基于区域产业集群的专利信息服务平台建设研究[J]. 科技进步与对策,2013,30(20):59-62.

③ www.european-patent-office.org

④ 郭强. 基于区域产业集群的专利信息服务平台建设研究[J]. 科技进步与对策,2013,30(20):59-62.

⑤ 郭强. 基于区域产业集群的专利信息服务平台建设研究[J]. 科技进步与对策,2013,30(20):59-62.

场能力在内的综合实力,以便于进一步判断该行业的市场竞争状况和发展趋势。平台所提供的商业信息、法律信息、知识产权信息,可以为客户提供系统化的分析资源,还实现了可视化图表功能,另外还向用户提供了两种分析方法,即专利强度分析和专利相似性分析。[①]

4. 中国国家知识产权局专利检索数据库

中国国家知识产权局专利检索数据库包含有 1985 年 9 月 10 日以后的数据,囊括了专利法实施以来我国所有的发明、实用新型、外观设计分类项目和摘要信息全文,可以说是全面记录保留了我国改革开放以来的知识产权信息数据发展的历史。通过数据信息平台,还可以浏览各种专利说明书和设计图形的全文电子扫描件。[②] 该检索系统面向公众提供免费专利检索服务,主要提供中国专利文献的查询。

5. 中国知识产权网"CNIPR 中外专利数据库服务平台"

中国知识产权网"CNIPR 中外专利数据库服务平台"的数据范围,包括中国专利和其他国家(地区)专利,包括美国、日本、英国、欧洲专利局(EPO)、世界知识产权组织(WIPO)等 91 个国家和地区以及国际组织。该平台的知识产权信息检索功能包括:中外专利混合检索、行业分类导航检索、IPC 分类导航检索、中国专利法律状态检索、中国药品专利检索等。除了表格搜索和逻辑搜索之外,还提供二次搜索、过滤搜索和同音词搜索等辅助的检索方法。针对不同语言的国外专利系统能够提供机器模块翻译,帮助用户方便快捷地了解检索到的知识产权内容。平台还开发了知识产权综合分析及预警功能,深度挖掘和处理专利数据,找到数据中的潜在知识,使平台中的信息能够为用户所用,并且以图表的形式直接呈现。[③]

6. 上海知识产权(专利)公共服务平台

上海知识产权(专利)公共服务平台于 2009 年 6 月正式开通。该平台主要具有以下特色和优势:第一,除了专利检索和分析功能外,该平台还可以扩充其他功能,比如,为企业提供专利申请流程指引,为企业开辟知识产权在线信息管理平台,还可以提供知识产权信息数据库、知识产权案例数据库、集成电路布图设计数据库的预警。第二,拥有海量的知识产权信息资源。专利检索数据库拥有 5000 多份专利摘要信息,包含了近 80 个国家(地区)、

---

① 郭强.基于区域产业集群的专利信息服务平台建设研究[J].科技进步与对策,2013,30(20):59-62.

② 郭强.基于区域产业集群的专利信息服务平台建设研究[J].科技进步与对策,2013,30(20):59-62.

③ 郭强.基于区域产业集群的专利信息服务平台建设研究[J].科技进步与对策,2013,30(20):59-62.

国际组织的数据。第三,拥有多样化的检索手段。常规检索手段包括简单检索、表格检索、高级检索,进阶检索手段包括辅助检索。① 系统增加了专利分类统计检索的功能,用户可以在线分析检索结果,拿到实时形成的专题数据分析报告。平台所能提供的功能还有专题数据库功能、资产全定制预警功能、知识产权交易价格评估功能、知识产权综合管理功能等内容。②

7.广东省知识产权信息服务平台

广东省知识产权信息服务平台,主办方是广东省知识产权局,承办方是广东省知识产权研究开发中心,该平台提供了完整的中国知识产权信息数据库,还包括大量的其他国家和地区的专利数据库,如世界知识产权组织、欧洲专利局、东南亚、美国、日本、英国、法国、德国、瑞士、韩国、俄罗斯等地,拥有超过 2000 万件的专利说明书的全文,能够以中文为工作语言,进行全球范围的知识产权信息检索。所有的外国专利数据都用英文文摘的形式展现。平台具有表格搜索、逻辑搜索、IPC 分类搜索等专业搜索,还具有智能模糊搜索、同义词搜索等新型搜索方式,对搜索结果可以实施屏幕取词、二次搜索、过滤等操作。依靠这些功能,平台完成了中医药专利数据库、重点家电行业专利数据库、汽车摩托车行业专利数据库的创建,并以会员制的形式由相应建设单位向用户开放。③

8.北京东方灵盾科技有限公司"中外专利检索及战略分析平台"

北京东方灵盾科技有限公司"中外专利检索及战略分析平台"包含专利检索、专利分析、数据管理、用户管理等模块。该平台可进行多种方式的知识产权信息检索,并可对检索到的数据进行实时统计分析、同族专利分析、相似性分析、引证专利分析、关键词聚类分析等,并自动生成分析报告。

(二)我国知识产权信息服务平台特色分析及不足

从实务方面来看,知识产权服务的入门级形式是针对产业及企业,开发知识产权服务平台。④ 前述提及,国外知识产权服务平台主要有:欧洲

---

① 周成效,孙继林.开放式专利数据库检索分析功能之比较[J].现代情报,2012,32(8):151-153.
② 郭强.基于区域产业集群的专利信息服务平台建设研究[J].科技进步与对策,2013,30(20):59-62.
③ 郭强.基于区域产业集群的专利信息服务平台建设研究[J].科技进步与对策,2013,30(20):59-62.
④ 董玉鹏.转变增长方式须正视知识产权服务业不振现状[N].中国社会科学报,2012-3-30(A06).

专利局(European Patent Office)知识产权信息检索服务系统①、美国专利与商标局(USPTO)专利数据库②、日本工业产权数字图书馆(IPDL)③、美国 Dialog 公司 Innography 专利分析平台④、汤姆森科技信息集团(Thomson Scientific)Delphion 知识产权信息平台⑤等。我国国内的知识产权服务平台主要有:中国国家知识产权局专利检索数据库⑥、中国国家知识产权局知识产权信息服务平台试验系统⑦、上海知识产权(专利)公共服务平台⑧、广东省知识产权信息服务平台⑨、北京东方灵盾科技有限公司"中外专利检索及战略分析平台"⑩等。总体上来看,目前我国专利数据的完整性和可靠性在国家有关部门的大力推动下,得到了较好的保障,与国外同类知识产权信息服务系统平台的技术水平平齐,并且在政府的支持下,具有公益性质的国家及地方各级知识产权服务平台发展规模较大,功能已经比较完善。但是,目前国内尚缺乏高端综合性资产的服务平台,从根本上讲,既缺乏海量知识产权数据,也缺乏专业化的分析检索预警管理能力。在增值服务方面,知识产权备案登记、成果转化、产权交易价值评估等专业服务比较少,与市场需求还有较大差距,尤其是针对中小企业的知识产权服务比较欠缺。⑪

---

① European Patent Office. Patent information retrieval system of European Patent Office, http://www. epo. org/,2012-01-15.

② The US Patent and Trademark Office (PTO). USPTO Patent Databases, http://patft. uspto. gov/,2012-01-15.

③ Japanese Patent Office. Industrial Property Digital Library, http://www. jpo. go. jo/, 2012-01-15.

④ Innography Inc. Innography-Presentation Transcript, http://www. innography. com, 2012-01-15.

⑤ Thomson Scientific Inc. The Delphion Intellectual Property Network[EB/OL]. http://www. delphion. com/,2012-01-15.

⑥ 中华人民共和国国家知识产权局. 中国国家知识产权局专利检索数据库,http://www. sipo. gov. cn/zljs/,2012-01-15.

⑦ 中华人民共和国国家知识产权局. 知识产权信息服务平台试验系统,http://pub. cnipr. com/pubpisfts/index. do,2012-01-15.

⑧ 上海市知识产权局. 上海知识产权(专利)公共服务平台,http://www. shanghaiip. cn, 2012-01-15.

⑨ 广东省知识产权研究与发展中心. 广东省知识产权信息服务平台,http://www. gdzl. gov. cn,2012-01-15.

⑩ 北京东方灵盾科技有限公司. 中外专利检索及战略分析平台,http://eastlinden. com/ bou. aspx? id=11,2012-01-15.

⑪ 董玉鹏. 转变增长方式须正视知识产权服务业不振现状[N]. 中国社会科学报,2012-03-30(A06).

1. 运营模式比较

目前国内外主要知识产权信息服务平台有的是免费的,如各国/组织的专利数据库;有的是收费的,如一些商业机构开发的专利数据库。免费的知识产权信息服务平台往往知识产权信息较全,更新及时,检索的权威性高,但是相关的检索功能、下载和分析功能也比较有限,通常只能提供逐页下载(如中国国家知识产权局的官方专利检索网站的下载功能),或者是全文逐份下载(如欧洲专利局官方检索网站的下载功能)。收费的专利数据库的检索功能相对较为强大,而且通常具有较好的下载和分析功能,如支持按各种顺序进行检索结果的自动排序,支持批量全文下载,支持专利检索结果的统计分析、支持引证分析等。[①]

2. 收录范围、种类和浏览权限比较

国内外知识产权服务机构和专业服务公司设置的知识产权信息的浏览权限范围也不同。国家知识产权局专利检索数据库提供专利申请材料中的摘要和专利公开说明;知识产权信息服务平台试运行系统提供摘要、图形说明书和图形授权说明书,但是浏览前应安装平台提供的图形浏览工具控件;在中国知识产权网中的中外专利数据库服务栏目中,可以查询专利摘要和授权说明,其中专利摘要的内容只要注册为会员,就可以免费浏览。中国知识产权信息中心专利数据库检索系统提供摘要、主权利要求、主附图以及专利公开说明书等。上海知识产权(专利)公共服务平台提供摘要和公开说明书。国外知识产权信息服务产业比较发达,美国 Dialog公司、汤姆森科技信息集团等专业性公司推出的产品种类更丰富,用户的选择余地更大。[②]

3. 检索途径比较

国内外知识产权服务信息平台均具有基本专利检索的功能。我国国家级的信息服务平台和地方的公共服务平台,存储了一些检索字段。上海知识产权(专利)公共服务平台具有最多的检索渠道,能够进行案例检索,这是国内其他同类平台所无法比拟的。知识产权信息服务平台测试系统、中国知识产权网络专利数据库服务平台、上海知识产权(专利)公共服务平台可以进行国外专利数据库的检索。绝大多数专利数据库都可以进行专

---

① 董玉鹏.转变增长方式须正视知识产权服务业不振现状[N].中国社会科学报,2012-03-30(A06).

② 郭强.基于区域产业集群的专利信息服务平台建设研究[J].科技进步与对策,2013,30(20):59-62.

利分类检索,也可以实施逻辑匹配检索。① 美国 Delphion 知识产权信息系统提供了方便、有效的专利检索工具,它使用一个集成的浏览界面,能够快捷地检索到来自世界各地的专利全文信息。②

4. 操作便捷性方面比较

国内和国外的知识产权信息服务平台大多提供友好的检索界面,具有人性化的服务功能。③ 在网站或平台上的显眼位置一般都会提供帮助项目,如平台使用说明和用户手册等。在检索过程中,各字段一般也会有解释说明。随着技术发展,现在每个平台都能够从结果中进行二次检索,帮助用户筛选。国家知识产权局专利检索数据库、知识产权信息服务平台测试系统、中国知识产权网中外专利数据库、上海知识产权(专利)公共服务平台分类系统都有专利检索结果分类统计的功能,可方便快捷地筛选发明、实用新型和外观设计。④ 需要指出的是,美国 Dialog 公司的 Delphion平台功能最为强大,提供了多种搜索功能,该平台可以显示同一专利和同一专利族的法律状态。Delphion 平台除了专利数据库检索外,还以可视化图形为主要的结果输出形式,具有快照(snapshot)、引文链接(citation link)和聚类分析(clustering)三种分析功能,能够对知识产权信息进行深度综合分析。⑤ 从保存和输出搜索结果的角度来看,国内外知识产权信息平台都提供了保存和下载功能。国家知识产权局专利检索数据库、中国知识产权网专利数据库服务平台、上海知识产权(专利)公共服务平台也有打印按钮,可以方便地打印输出检索结果。从保存和输出搜索结果的方面来看,国内外知识产权信息平台都提供了保存和下载功能。⑥

三、知识产权信息深度挖掘服务的内容

应以当前该领域的技术发展需求为依据,围绕知识产权信息服务与企

---

① 尹新强.网络免费专利信息资源识别与利用——国内几大专利信息服务平台比较[J].山东图书馆学刊,2010(6):89-92.

② 郭强.基于区域产业集群的专利信息服务平台建设研究[J].科技进步与对策,2013,30(20):59-62.

③ 郭强.基于区域产业集群的专利信息服务平台建设研究[J].科技进步与对策,2013,30(20):59-62.

④ 郭强.基于区域产业集群的专利信息服务平台建设研究[J].科技进步与对策,2013,30(20):59-62.

⑤ 郭强.基于区域产业集群的专利信息服务平台建设研究[J].科技进步与对策,2013,30(20):59-62.

⑥ 尹新强.网络免费专利信息资源识别与利用——国内几大专利信息服务平台比较[J].山东图书馆学刊,2010(6):89-92.

业科技创新服务的宗旨,将专利信息服务的各要素进行优化整合,探索应用信息技术推进知识产权信息服务上水平、促发展的途径。① 应建立知识产权信息加工和服务标准规范体系,分阶段逐步熟化与突破面向引证关系的专利知识聚类技术、知识产权信息知识地图技术与基于知识发现的企业技术竞争及专利预警分析技术等知识产权信息数据挖掘的关键技术,为主导产业发展与转型升级提供有力的智力支持和信息保障。

（一）知识产权信息服务标准规范制定与推广

以当前该领域的技术发展需求为依据,结合我国产业发展实践和该领域国内外的研究成果,开展国内外知识产权信息服务标准规范现状和趋势研究,梳理知识产权信息的组织、存储和加工标准,探索建立知识产权信息加工和服务标准规范体系,进而为知识产权信息服务平台的数据交换、安全运行、服务流程等提供有力的规范保障。

（二）知识产权信息加工与服务关键技术研发与应用

1. 面向引证关系的专利知识聚类技术研发与应用

基于聚类与关联分析技术的专利引证体系研究,具体实现专利间相互引证关系、申请人专利引证关系、被引证专利排名、技术手段被引证专利排名等内容。基于引证分析、利用频率、专家评论等方法的专利评价方法和技术研究,探索建立区域专利效用评价体系。

2. 知识产权信息知识地图技术研发与应用

知识产权地图主要服务于技术研发,研究分析与预测指定的技术发展趋势,寻找指定技术领域的研发突破点,为企业在研发过程中规避现有技术风险、向竞争对手设置专利障碍等创新战术策略提供信息依据和参考。② 主要包括:同族专利分析、专利技术/功效矩阵、技术热点分析、专利发展脉络、矩阵技术密集点与空白点分析等。专利权利地图,主要包括专利范围构成要件、权利范围矩阵分析、专利权人研发能力对比等。

3. 基于知识发现的企业技术竞争及专利预警分析技术研发与应用

通过对知识产权信息数据库和特定领域知识的抽取分析,建立知识产权专题数据库,并在此基础上,利用向量空间、神经网络、矩阵分析、关联规则、数理统计等数据挖掘和知识发现工具,开展基于知识发现的竞争情报与知识管理融合模型研究,构建技术点监测、竞争对手监测、法律状态监测

---

① 邓勇,房俊民,文奕.专利信息集成服务平台的构建设想[J].情报理论与实践,2007(1):90-94.

② 雷迪.专利地图在专利情报分析中的应用[J].情报探索,2011(2):59-61.

等知识产权信息服务功能延伸模块,并与企业知识管理相融合。

(三)关键技术研发技术路线

1.面向引证关系的专利知识聚类技术

采用图像识别、语义分析等方法对知识产权信息进行加工。应用聚类分析、关联规则等数据挖掘技术,结合行业专题库和专利全库进行综合分析,建立专利间相互引证关系、申请人专利引证、被引证专利排名、技术手段被引证专利排名等。

2.知识产权信息知识地图技术

提出了基于知识挖掘的专利地图制作技术,并形成一系列方法,支持企业快速建立专利地图。知识产权信息知识地图技术主要包含星系图、概念图、雷达图、麦哲伦图等方法。应用智能检索引擎,获取对象数据,并利用这些结果集制作专利技术管理图,进而根据专利技术管理图中所提示的知识产权信息进行技术创新或回避路线设计,或者对自身开发的技术进行侵权预判。

3.基于知识发现的企业技术竞争及专利预警分析技术

通过对知识产权信息数据库和领域知识的抽取分析,建立专题数据库,形成相应的数据集市,并在此基础上,利用数据挖掘和知识发现工具,实现竞争对手分析、保护地区分析、专利权分析、生命周期分析、技术热点分析和预警分析等。

四、知识产权信息服务标准化的必要性

(一)知识产权信息服务标准化的现实需求

在互联网大数据技术日益成熟的环境下,知识产权信息服务出现了新特点,第一是用户需求更加全面集约,希望能一次性获得知识产权信息。[1]附随信息而来的知识产权服务,应当是在做好知识产权文献检索的同时,也提供相关的知识产权战略咨询服务。[2] 第二是技术推动了知识产权信息服务的不断完善。一些智能化、集成化的新技术解决了信息指引、信息

---

① 邓勇,房俊民,文奕.专利信息集成服务平台的构建设想[J].情报理论与实践,2007(1):90-94.
② 李喜蕊.我国市场化知识产权信息服务体系的构建与完善[J].武陵学刊,2014,39(2):56-62.

推送、并行搜索等难题,有助于知识产权信息服务更加高端化。① 第三是知识产权信息资源整合的要求更高了。当前知识产权信息是海量的,内容异常丰富,甚至出现了信息输入过度的情况,这就使得服务机构在将知识产权信息提供给用户之前,必须进行标准化的筛选、清洗、分析、评价和整理等工作。

标准化为创新建立了良好的秩序,保障创新有序发展。② 1996 年国际标准化组织向全世界发出了"呼唤服务标准"的号召,认为服务业的标准化将成为未来服务业发展的一个重要趋势。③ 服务业发展到高层次,对于标准化的需求是顺理成章的,因为标准化是服务质量的有力保证、服务过程规范的重要标尺。现在标准化管理部门非常重视服务业标准建设。④

服务贸易在当今世界贸易中起着非常重要的作用。根据世界贸易组织的统计,1995 年,世界服务贸易总额超过 1 万亿美元(达到 12300 亿美元),占世界贸易的 25% 以上,在一些发达工业国家,第三产业服务贸易增长率居所有行业之首,连 WTO 也非常重视服务贸易。为防止服务贸易壁垒,全球首个服务贸易多边协定《服务贸易总协定》于 1995 年 1 月生效,协议强调服务标准不可缺少,鼓励成员采用广泛的国际标准。⑤ 国际标准化组织(ISO)、国际电工委员会(IEC)和国际电信联盟(ITU)这三大国际组织历年发布了一系列与服务有关的国际标准。国际标准化组织(ISO)及时组织制定颁发了 ISO9004-2《质量管理和质量体系要素第二部分:服务指南标准》。这一标准有助于消费者对不同服务进行比较,从而选择他们认为的最好服务。⑥ 提高服务质量、健全服务标准体系是国际的大趋势,应加快服务业标准化与国际接轨的步伐。

(二)知识产权信息服务平台建设的标准化

知识产权信息是一种战略性信息资源,集技术、法律及市场等多重数据信息于一体,包含了与发明创造技术解决方案相关的技术信息。当"理性构思"(intelligent design)作为活跃因素参与到产业发展中的时候,就会

---

① 邓勇,房俊民,文奕.专利信息集成服务平台的构建设想[J].情报理论与实践,2007(1):90-94.

② 布莱恩·罗瑟瑞.服务业国际标准化手册[M].李仁良,咸奎桐,范与华,译.北京:中国宇航出版社,1998:76.

③ Rothery B. Standards in the Services Industry[M]. Hong Kong: Science & Culture Publishing House Hong Kong Co., Ltd., 2002:3.

④ 许建平.服务业标准化应作为标准化工作的重点[J].中国标准化,1997(2):6-7.

⑤ 许建平.服务业标准化应作为标准化工作的重点[J].中国标准化,1997(2):6-7.

⑥ 许建平.服务业标准化应作为标准化工作的重点[J].中国标准化,1997(2):6-7.

发生产业服务模式改革。① 随着知识产权存量增加、企业意识增强,《国家知识产权战略纲要》对"构建知识产权信息公共服务平台"和"发展知识产权信息服务"等战略重点提出了明确的要求:引导和鼓励各方面建设独立的知识产权信息数据库,并加强信息资源整合共享,培育有真正市场需求的知识产权信息服务,吸引社会资金进入这一领域,鼓励企业注重知识产权信息的增值价值。

目前,我国知识产权信息服务平台建设相对较为滞后,在服务体系的完整性、服务质量的规范性、服务机构提供信息的深度方面有待于进一步提高。② 多数服务机构提供的信息服务还是基本停留在专利基础数据库的检索和简单的统计分析上,缺乏深度加工,对企业的知识产权战略研究、专利预警等高端服务还很少。在分析服务创新和标准化特点的基础上,可以将平台的服务模式分为"标准化""模块化""订制化"三种类型。③ 我国不少知识产权信息服务平台有浓厚的政府色彩,在市场主动性和能动性方面不够灵活,一些民营机构虽然具备专业化特质,但在信息获取和人才招募上缺乏优势,真正按照专业化、市场化运作的知识产权信息平台运营机制还没有形成。④

五、知识产权信息服务规范要点解析

(一)知识产权信息服务规范应强调主体对象范围的普适性

知识产权信息服务规范主体由适用范围、规范性引用文件、术语与定义、知识产权信息服务基本要求、知识产权信息服务目标、知识产权战略决策服务、知识产权信息检索服务、知识产权信息分析服务、知识产权预警服务、服务绩效评估及评估指标等 11 部分组成。知识产权信息服务规范应立足经济社会发展实际,旨在提供一套系统化、可操作性强、具有区域特色的知识产权信息服务规范,促进我国知识产权服务业科学、有序发展。

知识产权信息服务规范适用于知识产权服务机构或提供专业性知识

① Ferguson N. The Ascent of Money: A Financial History of the World[M]. Nwe York: The Penguin Press, 2009:11.

② 郭强. 基于区域产业集群的专利信息服务平台建设研究[J]. 科技进步与对策,2013,30(20):59-62.

③ Sundbo J. Standardization vs. Customization in Service Innovation. Service Development, Internationalisation and Competences[R]. Working Paper No. 2, Danish SI4S WP3-4 Report, Roskilde University, 1998.

④ 台新民. 我国专利信息服务业发展现状与对策研究[J]. 生产力研究,2011(5):139-141.

产权信息服务的机构。知识产权信息服务规范应以知识管理(knowledge management)理论为依据,以所在地专利及其他知识产权信息服务机构为适用对象,以建立全面质量管理(total quality management)体系为切入点,围绕知识产权信息服务能力与企业科技创新能力提升的宗旨,作用于知识产权信息服务的组织和运作原则、知识产权信息服务平台的数据交换、安全运行、服务流程等方面,探索应用信息技术推进知识产权信息服务上水平、促发展的途径,帮助和引导服务机构进行有效的知识产权信息储备、检索、分析、预警以及咨询等服务,并建立科学的知识产权利息服务绩效评估体系。

（二）知识产权信息服务规范应强调信息采集加工的适用性

知识产权信息服务规范应考虑到知识产权信息收集的全面性,为该分类规范的基本出发点,建立区域产业集群专项知识产权信息跨库聚合标准规范,为企业技术创新提供全面可靠的知识产权信息储备支撑。知识产权信息储备要求应用海量数据检索技术,同时考虑到区域特色产业集聚区及区内企业专利工作特色,建立对部分领域知识产权信息的更新与动态跟踪规范。

知识产权信息服务规范还应明确知识产权信息检索和分析的要求,主要包括:检索策略构建规范、知识产权信息目录编制规范、专利技术情报检索规范、有效性和侵权性检索规范、同族专利检索规范、专利监视与法律状态检索规范、数据源准备与数据清理规范、知识产权信息分析方法的确定与调整规范、知识产权信息专项分析规范、知识产权信息分析报告撰写规范等内容。

（三）知识产权信息服务规范应强调服务多元化

知识产权信息服务规范应明确知识产权信息服务平台的构成要素、组织形式和服务模式,从领导机制、人才支撑、经费支持等方面规定知识产权信息服务平台运行的基本保障措施,适用于以产业集群内企业为重点的知识产权信息检索服务、专利分析服务和专利预警服务等内容与流程。

在知识产权信息检索服务方面,应规定服务机构提供专利检索服务,制定适用的知识产权信息检索规则,提供相应检索服务。知识产权信息检索规范应主要包括检索策略构建规则与知识产权信息目录编制规则。

在知识产权信息检索内容方面,知识产权信息服务规范应包括:可专利性检索、专利技术信息检索、专利申请人或专利权人跟踪检索、专利法律状态检索、同族专利检索、技术引进检索、专利侵权检索等内容,①实现用户在专利申请、项目申报、产业领域及竞争对手跟踪、技术引进与输出等全领域的知识产权信息服务覆盖。

在知识产权信息分析服务方面,知识产权信息服务规范应强调服务机构可根据用户要求,在前述知识产权信息检索基础上,对检索结果进行各类知识产权信息分析,帮助用户从专利文献中获取更加有价值的信息。知识产权信息分析可采用定量分析和定性分析方法,包括:专利总体趋势分析、专利申请区域分析、技术分类分析、技术对比分析、申请人分析以及发明人分析等。

在专利预警机制建设方面,标准要优先考虑如何提高逻辑检索表达式的订制功能,结合知识产权信息推送技术,实现专利在线预警功能,主要内容包括:①定期预警,持续跟踪用户关注领域所对应的新专利,从而了解该领域的技术发展动态;②活跃指数预警:应包括对检索出的专利进行热点跟踪、专利产出指数、竞争对手跟踪等内容;③预警度分析:对用户关注的专利从技术和竞争对手的角度进行预警,建立梯级预警度标准,并及时向目标用户推送相关预警信息。

(四)知识产权信息服务规范应强调绩效评估的科学性与易用性

知识产权信息服务规范应建立科学的知识产权信息服务效用评价标准。面向不同产业集群,制定基础指标的知识产权信息服务效用综合评价体系,对每一项知识产权信息服务绩效均能够进行客观有效的评价。要求服务机构建立、保持及实施内部审核程序,采用适当的方法对知识产权信息服务管理体系、运行控制过程进行检查,明确检查频次和内容,及时纠正运行控制中存在的问题。绩效评价标准要求服务机构评价自身的机构建设,包括建设思路、软硬件设施以及人员配备等;在知识产权信息储备、加工和分析方面,要求建立区域产业集群专项知识产权信息跨库聚合标准规范,建立对部分领域知识产权信息的更新与动态跟踪规范,知识产权信息储备达到一定规模,支持多种分析功能,具有完整的知识产权信息检索规范体系,保证用户分布式检索需求,并对知识产权信息查询手段和检索系统平均响应时间提出相应要求;在信息管理和利用方面,应建立企业知识产权信息管理系统、行业产品专利库、企业专题专利库以及知识产权信息服务等内部规章制度,并能够进行专利侵权分析与调处。同时,还应强调

---

① 尹新强.网络免费专利信息资源识别与利用——国内几大专利信息服务平台比较[J].山东图书馆学刊,2010(6):89-92.

服务机构与专利主管机构的沟通交流机制,要求服务机构应将专利服务工作情况上报到相关主管部门,并且可以根据知识产权信息服务目标以及实施效果评估结果,对知识产权信息服务情况进行综合诊断,制定和落实改进措施。

第七章　知识产权与标准协同发展进阶展望

第一节　当前我国知识产权运营格局评述

一、知识产权运营的意义

建设知识产权运营服务体系,是深入贯彻落实《国务院关于新形势下加快知识产权强国建设的若干意见》(国发〔2015〕71号)和《国务院关于印发〈"十三五"国家知识产权保护和运用规划〉的通知》(国发〔2016〕86号)的扎实一步,对于促进知识产权与创新资源、金融资本、产业发展有效融合具有重要意义。

第一,建设知识产权运营服务体系,有利于推进以知识产权为核心资源的开放创新发展新格局,支撑"一带一路"倡议实施。开展知识产权运营服务体系建设,可以进一步发挥链接国际国内资源的开放优势,在市场导向、产业导向原则下,加快全球创新资源的培育引进和配置,重视高价值专利及组合的引入。① 这样做,有利于在全国范围内率先示范以知识产权为核心资源引领开放创新发展的新格局,以知识产权促进"一带一路"倡议实施,为建设知识产权强国增添更多的开放元素。

第二,建设知识产权运营服务体系,有利于推进以知识产权为引导的制造业跨越发展新机制,为"中国制造"战略突围提供知识产权新路径。建设知识产权运营体系,可以充分利用当前我国制造业发展优势,以及区域

---

① 袁小林,董莎.助力实体经济发展　宁波全面打造知识产权运营服务强市[J].宁波通讯,2018(11):22-24.

内大量知识产权储备和知识产权运用需求,推进重点产业领域知识产权运营,加快高价值专利组合转化运用,为我国率先突破优势产业关键核心技术、提升产业国际化发展水平、实现制造业跨越发展提供有效助力。

第三,建设知识产权运营服务体系,有利于形成知识产权支撑创新驱动发展新思路,为创新资源相对薄弱地区先行先试。在经济发展进入新常态、新产业与科技革命不断孕育突破的背景下,我国经济社会发展进入转型升级关键期。从政府到企业,对以知识产权为支撑的创新发展的需求,比以往任何时期都强烈。在这一关键时期,亟须以知识产权运营为引导,强化竞争优势、补足发展短板,推动经济发展适应新常态、引领新常态。

二、知识产权运营高端智库与人才

知识产权运营需要全国性的顶尖知识产权专业高端智库支持。在既有知识产权学科机构建设工作基础上,现有国家级高端智库机构、高校科研院所应充分合作,广泛吸纳知识产权理论研究领域专家,形成专业化的知识产权运营国内顶尖智库,开展知识产权运营方面重大疑难问题与对策研究。同时,国内外知名咨询研究机构、律师事务所等,应合作探索知识产权运营服务过程中遇到的实务难题,并提出系统的解决方案。高端智库主要开展以下对策性研究。

（一）知识产权运营服务业态研究

结合区域经济特点和中小企业创新发展需要,在现有知识产权服务基地和平台的基础上,整合各类知识产权资源,提供知识产权信息检索、交易中介、维权援助服务,以及提供专项保护、标准化管理、个性化专利地图、专利战略分析等专项服务。探索构建多元化、双赢的知识产权服务价值链,形成可持续发展的现代服务创新格局。

（二）知识产权服务标准规范研究

以当前该领域的技术发展需求为依据,结合该领域国内外的研究成果,开展国内外知识产权服务标准规范现状和趋势研究,建立知识产权信息加工和服务标准规范体系。以知识管理为理论切入点,系统研究知识产权的组织和存储、知识产权服务平台的数据交换、安全运行、服务流程等相关标准规范。

（三）知识产权专家和知识社区系统建设研究

围绕代理人、分析师、律师、评估师等知识产权服务专家联盟团队,研发知识产权专家咨询和知识社区系统,提供即时通信、专家咨询、虚拟联盟、周边知识等服务。支持企业开展知识产权共享,实现产业网络内企业知识的整合和协同,提升技术互补能力,促进知识社区的形成。

今后一段时间,为推进知识产权运营,要求在知识产权运营人才培养目标定位方面,要着重考虑到知识产权运营人才需求的实际情况,科学设计知识产权运营人才遴选、培养、认证方案,力推知识产权运营服务人才培养走向正规化、常态化,使企业能够拥有既熟悉自身研发需求,又熟悉知识产权法律法规、知识产权运营流程、知识产权风险防御的领军型知识产权运营管理人才,在短期内帮助企业减少知识产权管理漏洞,预警知识产权纠纷,及时止损。针对企业知识产权运营管理的高端人才需求,整合师资力量,设计整套科学的课程体系,以企业总裁级的高级管理人员为授课对象,开展多期知识产权运营服务领军型人才的培养,与其他知识产权人才培养形成错位发展的知识产权运营人才培养体系。

三、重点优势产业知识产权联盟

知识产权运营的基础,是建设服务区域经济发展的紧密合作型的特色产业知识产权联盟。应结合国家及区域中长期产业战略发展规划,瞄准重点特色产业,以培育高价值知识产权组合为近期目标,联合国内知名企业、研发机构,以及产业链上下游企业科研院所等实体,推进建设重点产业领域专利池,最终形成优势特色产业知识产权联盟,作为知识产权运营的市场主体。

建设重点优势产业领域知识产权联盟,要以市场为导向,以提升知识产权价值为目标,面向全球整合知识产权资源,围绕产业体系涉及的重点产业,结合我国重点产业发展方向及关键技术需求,选取若干重点产业作为切入点。联盟建立旨在促成企业、行业组织、研究机构和政府相关部门汇聚资源、互相协作、有序发展,加强知识产权信息深度挖掘,开展产业专利导航分析、知识产权分析评议、专利技术预见等前瞻性研究,编制产业知识产权信息分析报告,引导专利创造和集聚。依托联盟组织同步实施,提高技术标准的参与率、技术专利的产出率、标准化和知识产权的经济贡献率,利用知识产权、标准化手段提高重点优势产业在国内外市场的核心竞争力,帮助企业做大做强。重点优势产业知识产权联盟将成为联系政府、企业、高校、行业组织、科研机构等形成重点产业领域"官、产、学、研"相结合的纽带,是帮助企业利用知识产权和标准化手段实现创新技术突破与竞争力提升的服务载体,联盟的主要功能和任务内容如下。

第一,研究制定优势产业的知识产权发展规划,为联盟成员提供产业专利导航和分析服务。开展重点优势产业发展知识产权和标准化战略研究,调研产业需求、技术优势、现有标准和专利及发展趋势,制定发展规划。开展产业专利导航分析,明确全球核心专利分布和竞争格局,全面研究产业发展方向,引导产业知识产权进行合理分布,赢得联盟成员参与国际竞争的战略主动权。建立行业知识产权信息数据库,支持联盟成员对知识产权信息进行定向跟踪、监测和深入分析,为联盟成员提供研发项目、企业并购、市场开发等决策服务。

第二,在重点优势产业领域建立订单式知识产权研发体系。推动相关高校、科研机构与产业上下游企业合作,建立创新前端流程紧密结合以及后续产权保护持续跟进的产学研合作机制。以市场需求为根本导向,推动建立"产、学、研、政、用、金"深入整合的产业核心关键技术研发与知识产权管理体系,形成有机整体的专利组合。建设自主知识产权的技术支撑体系,推进"技术专利化—专利标准化—标准许可化"战略。联合进行技术攻关、制定联盟标准,解决产业化过程中的重大、关键技术问题。

第三,构筑联盟所在产业关键技术的知识产权集群。可考虑重点产业领域发展的实际需要,面向核心技术和产品,进行适度超前的、有预见性的知识产权布局,按照"自愿参与、互利共赢"的原则,围绕上下游产业链的核心技术和产品构建集中许可的专利池,构建相互支撑的知识产权集群。根据产业发展需要,以专利池为基础和依托,通过自筹资金、质押融资、引进风险投资等方式筹措资金,构建与专利池相匹配的资金和人才库,促进"知识产权＋资本＋人才"产业发展核心要素库的形成,为集群创新提供综合服务。

第四,建立知识产权产业化孵化体系。通过自主建设或与孵化器合作等创新知识成果的孵化模式,为企业二次开发和产业化提供创业咨询、融资服务、测试平台、标准厂房、知识产权运营等创新服务。通过充分发挥联盟资源整合优势,建设具有产业特色的低成本、便捷性、全要素、开放式的创新基地。建立专利技术的甄选机制,开放知识产权信息数据库资源及相关创新平台,为企业需求方提供必要的技术支持。建立创业帮扶和指导制度,通过联盟中成熟的优势企业与初创型中小微企业的合作,实现知识产权与产品的对接。

第二节 知识产权与标准运营的引导协同

一、知识产权与标准运营的政府引导与协同效应

知识产权运营离不开标准化的战略的协同配合。根据著名经济学家约瑟夫·熊彼特(Joseph Alois Schumpeter)的创新理论,创新指成功引入新产品、新生产方式和新组织形式而产生经济效益的全过程;如果只停留在新发现、新认识、新创意,没能转变成商业价值,就不是创新。[①] 也就是说,创新应该是一个创造价值的完整过程,落脚点是实现价值增值。在社会工业化发展的成熟至转型升级发展阶段,要么受制于产品技术的复杂性,要么受制于产品技术权属的分散性,一个产品核心性的技术创新单凭一家企业之力是难以完成的,技术创新所需要的知识资源并不是完全内化可满足的,更多的新知识来自企业外部,通过科研机构的技术转移和技术扩散来实现。[②]

2007 年国家发展和改革委员会《关于促进产业集群发展的若干意见》(发改企业〔2007〕2897 号)指出,改革开放以来,特别是近些年以来,产业集群越来越成为我国产业的重要组织形式和带动区域经济发展的引擎,东部沿海省市产业集群增加值占区域工业增加值的 50% 以上,中西部地区的产业集群也获得了发展,东北地区相关装备制造集群的优势日益突出。同时,产业集群覆盖了纺织、服装、五金制品、皮革制品、工艺美术等传统产业。信息技术、生物工程、新材料、文化创意产业等高新技术领域加快发展,出现了一大批龙头企业和区域品牌。产业集群在加强分工专业化、发挥协同匹配效应、压缩创新成本、优化各类生产要素的配置等方面发挥了重要作用。这种产业发展趋势催生了新的集群式创新(clustering innovation)模式,即以专业化分工和协作为基础的同一产业或相关产业的许多企业,通过地理位置上的集聚,产生创新聚集效应,从而获得集群创新优势的一种创新组织形式。[③] 产业集群创新过程是企业、科研机构、政府、中介

---

① 钟书华.创新集群:概念、特征及理论意义[J].科学学研究,2008(1):178-184.
② 屈韬.集群创新、FDI 技术转移外溢与知识管理战略[M].北京:人民出版社,2012:14.
③ 刘友金.集群式创新:中小企业技术创新的有效组织模式[J].经济学动态,2004(5):40-43.

服务机构和市场环境的有机协调和共同促进过程,也是上述因素与主体相互作用的过程。构成产业集群的企业和研究机构具有创新压力,也有创新学习、交流进步等方面的良性机制。①

二、集群创新成果转化的政府导向作用分析

创新可细分为原始创新、集成创新、引进消化吸收再创新②,以及知识创新、技术创新、管理创新、方法创新等,不一而足。将创新演化过程和方式进行细分,有利于将创新理念推向全社会,但易将创新活动"片段化",淡化创造价值的最终目的。所以十八大报告在肯定之前创新发展战略思路的基础上,强调了创新系统内各主体协同的重要性,提出实施创新驱动发展战略,坚持走中国特色创新道路,着眼全球市场竞争系统规划和推进创新活动,提高原创、集成创新以及消化吸收再创新的能力,强调协同创新的新型创新模式。十九大报告更是进一步强调,创新是发展的第一动力,是建设现代经济体系的战略支撑。应坚定不移地加强国家创新体系建设,加强战略科技力量建设,建立以企业为主体、市场为导向、产学研深度融合的技术创新体系,加强对中小企业创新的支持,促进科技成果转化,加强知识产权的创造、保护和运用。

政府作为行政管理机关,在促进科研成果转化过程中,扮演社会治理者和产业发展引导者的角色。政府在引导集群发展时,应号召集群企业学会分工合作,加强产业关联依存,打造完整的产业价值链。③ 政府可以采取的措施主要包括:创设有利于产业集群系统创新的宏观战略规划政策环境;着眼于解决有产业带动和关联效应优势、技术创新扩散能力强的产业技术关键难题,精准定位技术攻关骨干,将其作为科技项目立项扶持重点;制定并实施创新成果转化的扶持政策,加大财政资金投入;除政府财政预算资金对创新项目进行财政补贴,以及通过金融政策促进技术创新,协调银行等金融机构对协同创新技术项目所需资金予以信贷倾斜;整合创新资源,为相同或相近的产业集群企业间以及企业与其他机构的技术创新合作牵线搭桥。

---

① 王缉慈.创新的空间——企业集群与区域发展[M].北京:北京大学出版社,2003:12.

② 胡锦涛.坚持走中国特色自主创新道路 为建设创新型国家而努力奋斗——在全国科学技术大会上的讲话[EB/OL].(2006-01-09)[2018-3-28].http://www.gov.cn/ldhd/2006-01/09/content_152487.htm.

③ 张哲.产业集群内企业的协同创新研究[M].北京:人民交通出版社,2011:130.

关于集群创新中政府的作用程度,可以以挪威奥斯陆肿瘤集群(Oslo Cancer Cluster)的成立与运作为典型事例。该中心是一个由 90 余家成员组成的生物技术集群和挪威国家级专家中心,旨在以挪威历史悠久的癌症防治和研发传统为依托,凭借多年积累的专长和知识,成为领军世界的癌症研究中心。由于奥斯陆肿瘤集群的成功,挪威中央政府和奥斯陆地方政府都加强了对生物医药产业发展的支持。政府组织成立上述产学研联合体的目的,就是希望通过企业、医院、研究机构、金融机构和政府机构的紧密合作,使价值链上的所有组织能有效地串联起来,紧扣市场需求,保证资金投入,缩短将发现、发明转化为产品的时间,增强国际竞争力。在这一过程中政府主管机构并不直接参与集群的决策与业务活动。

三、强化政府在集群创新中协同效应的要素

(一)树立以创造价值为根本目的创新政策导向

在政府引导方面,要加强规划导向,加快编制和完善产业集群发展规划以及相关配套规划,与土地利用总体规划、城市规划相衔接,实现"多规融合""多规合一"。加快制定产业集群发展指导方针,提出有针对性的措施和政策,推动一批产业集群实现突破式发展。加大政策扶持力度,进一步制定和实施促进产业集群发展的土地、财政、税收、技术改造、项目审批等优惠政策。[①] 对此,欧盟的相关做法可以作为借鉴。欧盟将集群创导(cluster initiative)作为发展创新集群的主要手段。[②] 在创新集群发展的政策路径方面,将加强高校和科研机构在各学科领域开展长期基础研究作为科学研究政策的重点之一,尝试基础研究领域实施以业绩为主导的新型资助政策,引导基础研究人员一有新发现、新认识,就询问相关企业是否有兴趣,如企业有兴趣,他们就会共同讨论如何开展下一步研究,努力将新发现、新认识转变为企业的生产力,从而创造实际经济价值。

(二)营造平等与共赢的成果转化利益分配机制

现代社会,要将知识转变为经济价值,越来越依赖多方合作,而平等、共赢是合作成功的重要前提。构建集群是产业发展,尤其是高新技术产业

---

① 陈利权,刘军.宁波块状经济:加快向现代产业集群转型升级[N].宁波日报,2009-11-30(A11).

② 赵中建,王志强.欧洲国家创新政策热点问题研究[M].上海:华东师范大学出版社,2013:95-126.

发展的有效模式,有利于价值链上各相关者互相认同,互相合作,有利于人才流动和信息交流。① 这就需要构建科学的资源共享和科研成果转化利益分配机制,依靠平面化管理架构,使集群快速拥有影响力的规模和水平。政府作为社会治理权威性力量,应着力构建平等与共赢的科研成果转化利益分配机制,营造促进产业集群创新的基础支撑环境,建立与维持公平的市场竞争环境,保护技术创新主体的合法权益,激发其创新的积极性,保持其创新活力,平衡市场竞争过程中的各方总体利益,健全知识产权运用与标准化的协同运作体系,创设平等与共赢的成果转化利益分配机制。

（三）构建平稳高效"产、学、研、用、金、政"交流合作平台

构建从创新知识成果到获得市场认同产品的价值创造链是实现创新的关键。经验表明,建立高技术产业集聚园区是一种有效的方式。成功的园区一般都能有效组织入驻企业、研究机构、投资机构、中介服务机构,以及产品或服务用户和政府机构开展交流,找到有市场前景的方向,开展进一步合作。集群协同创新中,知识产权运营平台建设的主要构成要件包括:(1)技术创新平台。包括产业集群企业技术创新体系建设、产业共性技术和关键技术研发中心、服务中心和产品检测中心建设。(2)融资服务平台和中小企业信用担保体系。主要是为了改善中小企业融资环境,促进产业信息的交流、传递和传播,为企业提供生产资料、产品咨询、人才流动、市场行情分析等信息服务。② (3)知识产权服务平台。知识产权服务应涵盖将产权明晰的知识财产转变为经济价值的整个过程,从人才、资本等因素考虑,许多单位无力独自承担起这一系统工程,需要多家有关单位鼎力合作,发挥各自的人才、资本、市场和外协资源等优势,协同推进创新成果的知识产权保障。需要强调的是,集群创新科研成果转化公共服务平台的建设重点应是构建企业、高校、科研院所、金融机构、中介服务机构、政府机构等组成的一体化交流合作网络或联盟,而不是流于形式的网站建设。

在集群创新过程中,政府的地位较为独特,其虽然不是创新的直接参与主体,但是可以对科研成果转化起到积极导向作用,并产生协同扩大效应。通过以上分析,我们认为,政府应建立系统的制度保障,充分激发和调动地方创新集群成员创新和可持续发展的意识和积极性,避免出现"只见

① 宣晓冬.挪威发展生物医药的成功经验[J].全球科技经济瞭望,2010(9):64-67.
② 陈利权,刘军.宁波块状经济:加快向现代产业集群转型升级[N].宁波日报,2009-11-30(A11).

树木不见森林"的现象,即只追求个别创新指标的增长,而拉低集群创新的速度和影响区域创新协同发展。

第三节　知识产权与标准一体化运营平台

一、知识产权与标准一体化运营平台建设理论依据

知识产权与标准一体化运营平台建设需求,应区域经济特色和中小企业创新发展而生。基于"资源云"("数据云""专家云""机构云"等)的知识产权与标准一体化服务模式,突破基于本体的知识管理技术、知识产权"资源云"语义组织技术、数据深加工及专业化服务技术等核心关键技术,以现有知识产权、标准质量服务系统和平台为基础,研发面向柔性需求的生产性服务业平台系统,整合各类型知识成果和标准资源,提供共性服务(包括检索、交易、维权、认证、规范化管理等)和专业特色服务(包括个性化知识产权地图、知识产权与标准化战略分析与布局等)。通过网上服务和线下服务结合、公益服务与增值服务结合、应用示范与协作推广结合的模式,培育以知识产权与标准化为特色的生产性服务业,形成可持续发展的现代服务创新业态。

应研究建立以"激励创新、提升核心竞争力"为目标,以多方知识产权与标准化专业服务机构为主干,面向区域企业、高校、科研院所等,以全程专业服务为特色的知识产权与标准化服务模式,突破当前生产性服务业中咨询公司、中介服务机构等组织的服务能力不足、服务面窄、盈利不可预期,以及企业知识产权利用水平低、标准化程度弱、创新意识和动力不足等问题,为企业和社会提供信息查询、预警、专题分析、代理、托管、培训、投融资、维权援助等与知识产权、标准化相关的全方位服务,贯穿市场运营活动的各个环节,建立知识产权价值链和标准化价值链,建立知识产权与标准联盟布局一站式服务阵列。

在盈利模式方面,应探索建立知识产权公益服务与增值服务相结合、多渠道的知识产权服务盈利模式。在系统建设初期,利用政府政策支持开展知识产权公益服务,同时通过发展企业会员并收取会费的形式,保证一体化知识产权服务平台的正常运作,并逐步发掘具有潜在盈利价值的特色服务项目,将知识产权公益服务与增值服务相结合;在系统建设中后期,整

合平台资源优势,全面开展知识产权增值服务。由此,形成科学合理、可保证知识产权服务体系持续运行的盈利模式。

二、知识产权与标准一体化运营服务模式比较

(一)知识产权服务发展历程和趋势

知识产权服务体系以政府主管部门、高校科研院所、行业协会、中介服务机构等组织为服务载体,以产业及企业(尤其是战略性新兴产业、高新技术企业)为主要服务对象。知识产权服务体系包括代理、战略咨询、许可交易、投融资、信息分析、法律事务、人才培养等多个方面。[①] 如果把全球产业链看作一条"微笑曲线"的话,那么目前我国产业及企业总体上尚处于全球分工价值链的低端、末端,主要负责生产加工环节。而发达国家的跨国公司,则处于价值链的前端和上游,垄断了市场开发、技术方案、产品设计、营销方案设计、高端客户售后服务等环节,瓜分走了大量的利润,留给生产制造环节的利润,只有 $5\% \sim 10\%$[②]。从国内看,知识产权服务体系建设是经济增长方式转型的重要抓手。[③] 建立健全服务于我国企业(尤其是制造业中小企业)的知识产权服务体系,对于固化知识产权、促进技术创新有着极为关键的作用,是加快转变经济发展方式的重要支撑。

近年来,我国在知识产权的服务平台建设上取得了突破性进展,知识产权实现市场价值的途径有了系统的战略性机制支撑。我国部分产权交易所已设立了知识产权交易业务,上海市和天津市成立了专业化的知识产权交易所。[④] 随着更多国家、更多行业、更多企业对专利的重视和需要,相关研究机构和研究成果也会快速增长。[⑤] 现代信息技术是发展高端知识产权信息应用系统和产品的重要手段,知识产权信息检索和分析产品研发中,通过广泛应用语义检索、机器翻译、文本聚类、跨语言检索、自动标引等自然语言理解技术,显著提高了知识产权信息深度挖掘的应用水平。[⑥] 知识产权服务的主要内容是为用户提供软件产品、文字报告或者咨询服务等,以无形产品为主要产出成果,很难建立起统一的评价标准,这在一定程

---

① 洪群联.我国知识产权服务体系发展现状与战略思路[J].经济纵横,2011(11):44-49.
② 洪群联.我国知识产权服务体系发展现状与战略思路[J].经济纵横,2011(11):44-49.
③ 洪群联.我国知识产权服务体系发展现状与战略思路[J].经济纵横,2011(11):44-49.
④ 洪群联.我国知识产权服务体系发展现状与战略思路[J].经济纵横,2011(11):44-49.
⑤ 王璐瑶,鄢小燕.中国网络化专利信息的发展现状及趋势研究[J].图书情报工作,2006(6):76-78.
⑥ 台新民.我国专利信息服务业发展现状与对策研究[J].生产力研究,2011(5):139-141.

度上也影响了高端知识产权服务的发展,所以应完善行业发展所必需的行业标准和管理规范,使知识产权服务在有章可循的条件下健康发展。然而,关于"知识产权＋标准"一体化服务的体制机制,目前我国尚未系统建立起来。

(二)知识产权服务现状分析

目前,我国知识产权服务相关的平台可以大致分为两类。一类,只具有单一的检索功能,即平台整合了世界上各个国家和多个知识产权组织的专利数据库,检索方式大同小异,最大的区别是整合的国家数量不同,量小的只有几个国家的数据,而量大的可达近百个。另一类,平台包含的功能更加齐全,除知识产权信息服务外,还包括知识产权评估咨询、展示交易等功能。

1. 中国技术交易所 IPOS 平台

2009 年 8 月,经国务院批准,中国技术交易所利用所在地北京中关村国家自主创新示范区先行先试的政策优势,牵头组建了 IPOS 平台。IPOS 平台由中国技术交易所、国家知识产权局知识产权出版社、北京东方灵盾科技有限公司、北京大学知识产权学院和多家专业知识产权中介服务机构共同构建。作为第四方服务平台,IPOS 平台的目标是为政府、企业、科技园区、科研院所和各类投资机构提供优质、全面的知识产权服务,协助用户强化知识产权意识,提高管理水平,加快知识产权商品化的效率。[①] 该平台是实施国家知识产权战略的市场驱动平台,汇集了国内外具有丰富经验的知识产权数据提供者、律师事务所、会计师事务所、咨询机构、培训机构的中介服务资源。根据客户的不同需求,平台可分为原始数据层、深度处理数据层、支持能力层、服务产品层、服务个性化需求等层面,为不同产业、不同地区、不同企业提供知识产权"一条龙"服务。同时平台为各类服务机构建立了信用评价体系,可以作为用户选择服务主体和服务内容的参考。平台下设专家库和会员机构,会员机构向平台推荐该机构所属的专家,只有经过平台认证的专家才能在平台上为会员提供服务。

2. 江苏省知识产权公共服务平台

江苏省知识产权公共服务平台是江苏省专利信息服务中心下设的综合性、公益性知识产权公共服务平台。平台建设的前期基础组织有:江苏省知识产权信息中心、中国(江苏)知识产权保护援助中心、江苏省知识产权服务中心、江苏省知识产权研究会、江苏省知识产权保护协会和江苏省

---

① 王明浩.我国首个知识产权一站式服务平台启用[N].人民日报,2010-08-18(06).

发明协会,共计6大服务机构和社会团体。该中心成立于1998年,是全国首批成立的公益性专利信息服务机构。服务平台集成了知识产权战略研究、检索、教育培训、法律援助、评估和交易等多种功能,具有在线数据库建设、在线分析、失效专利库、在线翻译等知识产权拓展工作模块。平台开设了"知识产权一网"栏目,建立了汽车、纺织、医药等六大行业特殊专利数据库,汇集了国内外知识产权领域的资料数据信息、法律法规、知识产权服务机构信息以及相关专业书籍,具有知识产权"一站式"服务的特点。平台以江苏省为原点,能够辐射到整个华东地区。

3.广东省知识产权公共信息综合服务平台

广东省知识产权公共信息综合服务平台提供的是"一站式"综合服务。广东省知识产权公共信息综合服务平台由广东省知识产权信息中心实施。经过3年的建设,广东省知识产权公共信息综合服务平台项目于2012年3月顺利完成。建成广州、深圳、汕头等6个地市一级的知识产权信息子平台,以及韶关、湛江等14个市级子站。[①] 以上服务平台的架构布局基本上实现了向广东省企业及社会公众提供"七国两组织"(中国、美国、日本、英国、法国、德国、瑞士、欧洲专利局、世界知识产权组织)专利基本信息检索服务目标。目前,平台拥有3200万条数据,占世界知识产权信息总量的60%。近3年来,该平台检索访问的专利总数达到800万页/次,为广东省公众提供权威丰富的专利信息检索服务。[②] 平台根据广东省知识产权需求,将科技文献、专利、商标、著作权、标准信息进行整合,并将服务和人才培养纳入其中,能够提供信息查询、信息成果展示、成果交易、宣传培训、保护的功能,满足企业在知识产权信息、知识产权利用、知识产权风险防范方面的需求。[③]

4.温州市知识产权服务园

温州市知识产权服务园系由温州市科学技术局、浙江工贸职业技术学院共同建设的知识产权服务业集聚发展平台,于2009年3月获得温州市政府批准。园区聚集了20多家知识产权代理机构、培训机构、研究机构、交易中介机构、律师事务所、法律援助中心、知识产权协会组织、公共信息平台、银行等服务机构,形成了知识产权信息服务中心、中介服务中心、展

---

① 魏庆华,徐宇发,陈宇萍.拓展职能提升服务——建设广东省知识产权综合服务平台[J].中国发明与专利,2009(6):8-11.

② 魏庆华,徐宇发,陈宇萍.拓展职能提升服务——建设广东省知识产权综合服务平台[J].中国发明与专利,2009(6):8-11.

③ 李瑞,杨波.知识产权质押融资:广东模式、经验与思考[J].时代金融,2016(30):55-57,64.

示交易中心、维权援助中心、人才培训中心、质押融资中心等服务中心。温州市知识产权服务园的知识产权服务范围打造了知识产权信息服务、中介服务、展示交易、维权援助、人才培训、质押融资 6 个中心,职能包括信息服务、中介服务、会展交易、质押融资、维权援助、人才培训,力争实现一站式的企业和社会知识产权服务。[①]

5. 包头知识产权一站式服务联盟

2011 年,为一站式全覆盖解决企业在生产经营中遇到的知识产权事务,加速知识产权成果转化和产业升级,包头在全国范围内率先成立了"知识产权一站式服务联盟",联盟成员包括国家知识产权培训中心、知识产权出版社等 16 家专业中介机构,联盟以"包头国家稀土知识产权信息中心"为窗口,以国内外专利全文信息数据库和稀土全文知识产权信息专题数据库为基础,采取全天候服务和定期服务方式,为本地 300 余家企业、院所提供了培训、咨询、检索和申报等知识产权服务。通过"一站式服务联盟",稀土高新区进一步实施了"企业知识产权托管工程""稀土产业创新方法应用项目""企业知识产权经理人培育工程"和"知识产权双周讲座"等项目,明确服务内容和服务标准,为更好地服务企业奠定基础。

三、知识产权与标准一体化运营服务的内容

(一)知识产权与标准一体化运营之共性服务

围绕专利、商标、版权及其他类型知识产权,以知识产权与标准化协同促进创新活动为目标导向,可提供以下共性服务。

"知识产权+标准"代理代办服务。作为知识产权和标准化服务的基础性事项,代理代办服务的主要内容包括:从事专利代理和商标代理,以及版权登记代理、集成电路布图设计登记代理、执行标准备案等代理服务。

"知识产权+标准"查询检索服务。在现有知识产权数据库的基础上,为用户提供专利专题检索、专利权人检索、可专利性的检索、反侵权检索、知识产权无效检索、法律状态检索等个性化的检索服务。

"知识产权+标准"投融资咨询服务。此类咨询服务,主要是指知识产权投融资服务实现标准化运作,服务机构可确立向商业银行推荐知识产权融资项目统一的方式方法与流程,商业银行自身也可以创设统一的标准流程,以便完成知识产权评估、潜在高价值知识产权备案监控、知识产权质押

---

① 周大正.知识产权服务园助力优化营商环境[N].温州日报,2018-09-27(04).

登记等知识产权投融资标准程序;设立能够互相联通的知识产权投融资诚信信息系统。进而,将知识产权融入资本市场,同时利用标准化手段形成技术壁垒。

"知识产权＋标准"相关法律服务。建立"知识产权＋标准"法律、法规数据库和"知识产权＋标准"案例数据库;通过承担法律咨询、诉讼代理、担任法律顾问等法律服务内容,提升企业对知识产权与标准协同发展的意识与重视程度,从思想意识方面提高"知识产权＋标准"战略,提升创新行为管理能力,协助企业做好"知识产权＋标准"发展规划及细化工作的整体解决方案,针对不同的企业对知识产权和标准的需求程度、其所掌握的创新资源特点,立足产业发展实际,进行精准定位,多个角度、复合性地进行精准化服务。

"知识产权＋标准"人才培养服务。该部分内容是比较丰富的,包括提高企业的知识产权与标准化意识,完善企业的知识产权与标准化管理体系,帮助企业更好地理解、掌握与实施知识产权战略和标准化战略,提高知识产权与标准化活动管理水平,组建一支高素质的"知识产权＋标准"管理队伍。与企业的"知识产权＋标准"管理团队建设需求相适应,可以开展有集中培训、个性化培训、在线培训等多种形式的培训。

(二)知识产权与标准一体化运营之特色服务

1.协助企业制定和实施"知识产权＋标准"战略

制定和实施知识产权和标准化战略是企业持续健康发展的重要组成部分。缺乏知识产权指导和标准化战略的企业,创新发展将是盲目的,不可避免地会走许多弯路。根据企业的实际情况,结合企业的技术实力、物质实力、竞争形势和政策环境,在不同的发展阶段实施不同类型的知识产权组合和标准化发展战略。这应在企业的日常管理各环节中体现出来。

2.提供企业日常经营所需的知识产权和标准化战略发展咨询服务

为了提高研发效率和生产销售效果,企业需要坚持执行知识产权和标准化战略。知识产权和标准信息资源应与丰富的信息产业专家数据库资源相结合,为企业创新发展提供强有力的支持,帮助企业避免可能侵犯他人知识产权的风险。同时,通过标准化工作方式,提升企业质量管理与整体技术水平和层次。

3.为企业提供知识产权与标准维护服务

通过与多家知识产权代理服务机构协调合作,为企业申请专利权、注册商标等提供代理服务,按照企业要求维护所有知识产权的长期稳定和有效性。根据行业技术发展情况,评估技术标准的现势性,促进技术标准的更新迭代。

4. 为知识产权转让、许可提供评估、咨询和代理谈判服务

知识产权的价值不仅体现在实施方面,而且也体现在转让和许可方面。知识产权的权利人转让或许可知识产权给受让人,进而获得预期经济利益。运作良好的知识产权转让和许可机制能够进一步促进标准的贯彻推广和实施,并进一步促进整个产业的升级发展。然而,知识产权是价值难以计量的无形资产,在转让和许可时,利益相关方有可能在价值评估及让渡方式等方面难以达成一致。在"知识产权+标准化"运营服务平台之中,搭建知识产权价值评估服务模块和代理协商服务模块,能够为知识产权交易扫清障碍。

5. 打造知识产权与标准数据库并提供专题技术分析服务

知识产权以及技术标准数据蕴含了巨大潜在价值,世界范围内的知识产权与标准文献信息记载了当前各国科研成果产出的现状,并忠实记录了技术发展的脉络与趋势。有效利用知识产权与标准文献,充分挖掘其中的信息数据并形成直观的分析结果,企业可以快速站在技术前沿,借鉴、组合相关领域技术思想,拔高研发起点,有效缩短研发周期、节省研发成本。此外,由于知识产权的地域性特点,国内企业可以借鉴使用外国知识产权与标准文献中的技术信息,推导出其中的技术及工作方法流程,加以借鉴使用。因此,建立一个专门的知识产权和标准数据库对企业来说是非常重要的。根据产品类别和技术领域,为企业建立个性化数据库,针对特定的技术难题,挖掘其中的知识产权和标准数据信息进行分析,使企业能够及时了解所关注的技术领域的进展和竞争对手的研发进展。

四、知识产权与标准一体化运营服务平台建设步骤

(一)知识产权与标准一体化运营服务平台系统架构体系

知识产权与标准一体化运营服务平台,着力推动知识产权与标准协同,进行模块化的布局管理,实现在标准统一之下的知识产权获取、知识产权保护以及知识产权资产运营。一方面,通过平台化的先进信息技术管理,依托一个相互打通的知识产权与标准数据库,实现知识产权的创造和知识产权的转移转化;另一方面,通过市场经营,实现知识产权的主动保护与运用。知识产权与标准一体化运营服务平台系统架构应采取"攻防兼备"的建构布局思想,一方面依托知识产权及其他相关技术资产,进行有效的知识产权布局,有效支撑市场拓展;另一方面将作为技术资产的知识产

权与作为社会公共资产的标准进行组合经营。① 由此,保证知识产权权利主体在标准化的羽翼下,获得更高层级的盈利。

(二)知识产权与标准一体化运营服务平台应用支撑部署

作为生产服务业的具体服务承载者,知识产权和标准服务平台体系结构应具有兼容性好、可扩展性强和安全性高的特点,可以聚拢不同类型和不同需求的用户,加快数据交换,方便资源管理。立足于现有工作基础,按照平台架构的标准化要求,完善知识产权和标准服务的智能信息检索、评估、交易和专家咨询系统,形成一站式平台化应用系统。

知识产权与标准一体化运营服务管理与运作,应以提升知识产权资产质量为核心,为优势技术、战略产品及战略市场做好高质量知识产权集群储备铺垫。以知识产权形式表现的知识资产应在系统架构内进行全流程管理,形成综合规划、资源、流程、规则和评估改进等诸要素的完整过程,通过分类组合提高知识资产的目标性、效率性和效益性,降低资产维护成本。②

知识产权与标准结合并协同发展,是实现技术扩散的重要手段,具体应用支撑包含以下内容。第一,知识产权与标准的协同,需要知识产权与标准一体化运营服务系统跟踪标准化过程,在标准起草研发的形成阶段就进行知识产权的布局、预估和识别。第二,知识产权与标准的相互对照映射将呈现企业与竞争对手在相对应的产品市场的技术水平。第三,融入标准中的知识产权的指标是受控的,服务平台可以有目的地调整核心知识产权的数量与布局,尤其是调控必要、潜在必要知识产权与其他技术资产之间适当的比例,从而优化资产,提高经济效益。③

应用系统在完成封装后,通过平台架构(OS)提供的安装部署工具进行装载,从而提供共性服务,商标、专利、版权、技术标准专业化服务,社会管理与公共服务标准专题服务等内容。专业服务提供商(SP)和资源服务提供商(CP)将应用这些服务系统,经一站式平台为用户提供统一的服务。另一方面,这些 SP 和 CP 根据不同的行业、不同的服务内容,提供相应资源,形成各具特色的知识产权与标准服务云。

---

① 王加莹.专利布局和标准运营[M].北京:知识产权出版社,2014:131.
② 王加莹.专利布局和标准运营[M].北京:知识产权出版社,2014:131.
③ 王加莹.专利布局和标准运营[M].北京:知识产权出版社,2014:133-134.

第四节　从国际化视角推进知识产权
与标准协同发展

一、全球化背景下知识产权法律风险点解析

国际化是企业发展到一定成熟阶段的优选路径。企业在对外投资或者进行并购活动时,资本运用策略固然重要,然而以知识产权为主要构成的知识资产的轻重去留也是必须考量的重要因素。因为知识产权具有无形特点,其独占性和专有性并不是随着合作伙伴或收购对象的实体资产转移而自动转移的。① 在制造业领域,品牌、专利、软件、标准等无形资产中相对比较"硬的资产",与发展战略、领导团队、员工素质、企业文化等无形资产中更"软的资产"是相辅相成的整体,缺乏其中任何一个要素,都无法让企业在市场上发挥全力。如果我国企业在海外投资、收购中,仅是计划收购生产线,那么并不划算;如果是类似合资、合作模式,那么对双方均有益处。

然而创新的对价并不一定是正面的助益,负面影响和风险(包括市场风险与非市场风险)无处不在,对于表现优秀的企业来讲尤其如此。企业海外产品出口贸易和参展高概率面临知识产权风险。目前我国部分外贸企业知识产权法律意识不到位,没有对知识产权战略布局和风险防控进行提前布局,这在遇到国外竞争对手在知识产权方面有针对性的指控以及侵权时,难免手足无措。② 发达国家这类竞争对手往往都有知识产权方面的专业法律服务人员作为智库出谋划策,例如针对中国企业的存疑的知识产权侵权情况,他们会调动本国资源,采取主动防御和主动绞杀双重手段使得中国出口企业深陷知识产权泥淖,比如利用本国技术优势,提前构筑好知识产权藩篱与技术性贸易壁垒,对来自中国的出口产品形成阻挡;还可以在本国申请侵犯知识产权的行政调查,以及在本国法院以侵权发生地属于地域管辖为由,控诉侵权。截至 2011 年底,美国对中国的出口企业进行

① 张红辉,周一行.“走出去”背景下企业知识产权海外维权援助问题研究[J].知识产权,2013(1):83-85.
② 张红辉,周一行.“走出去”背景下企业知识产权海外维权援助问题研究[J].知识产权,2013(1):83-85.

"337 调查",直接涉及企业多达 152 家,波及数万家产业链下游工业企业;在美国法院已经判决的案件中,中国企业败诉的比率高达 60%,远远高于其他国家 26% 的平均数值。① 如果我国企业在某个国外市场被列入知识产权违法名录,那么这个企业就很难在该国市场立足,我国相同或相关行业的其他企业往往也会因为该国主管机构以及社会公众的"惯性思维",在相关产品出口到该国外市场时,受到比一般外国企业更为严格的知识产权侵权审查。在涉外展会知识产权侵权指控方面,"会场"变成打击知识产权侵权"战场"的情况屡见不鲜,典型者如:柏林消费电子展(IFA)案、汉诺威设备展侵权案、海鸥表业海外展会侵权指控案、中国企业格拉斯哥"红牌"案等。② 这导致中国企业境外参展出现展品被扣或被迫撤展的窘状,即使后续没有认定为侵权,"中国企业的产品侵犯知识产权"的形象在展会这样的公开场合也被无端且无限放大了。另外,涉外知识产权纠纷中的反垄断之诉这一新的诉讼类型也不可忽视。反垄断法保护的是竞争,而非竞争者。因此反垄断法的分析视角并不仅限于争议双方的许可谈判分歧,也不着眼于计算出具体的知识产权许可费,而是着眼于根据有关证据确认知识产权权利人的许可行为对竞争会产生怎样的影响。

目前,我国国内知识产权维权援助服务平台已经初具规模并开始发挥效用,但是却没有针对涉外知识产权纠纷建立一套完整的应对机制。从一国知识产权战略实施主体角度来看,知识产权海外维权毕竟是一个往复锤炼、摸爬滚打的过程,中国企业历练太少、经验不足,与国外竞争对手几十年如一日积累的实战经验相比,还有待于进一步提升层级。我国企业进行涉外知识产权维权过程中,存在着诸多短板,每个短板都蕴含着风险点。首先,尚未形成有效的信息沟通机制。涉外知识产权维权援助服务工作机制建设的第一步,就是在政府主管部门与行业协会及企业之间构建顺畅的信息获取、信息发布机制和信息公开渠道,形成积极的互动。政府官方发言人制度与公文公告系统囿于国家安全及政府不得直接干预市场的考虑,不能直接作为企业发布信息的平台。其次,面向企业的知识产权海外维权援助多部门协同态势尚未成形。执掌知识产权管理的相关主管部门,包括知识产权、市场监督管理、外贸、财政、金融等多个部门,需要联合工作,且需行业协会、民间团体以及相关技术专家深度参与,一个部门一劳永逸地

　　① 张红辉,周一行."走出去"背景下企业知识产权海外维权援助问题研究[J].知识产权,2013(1):83-85.
　　② 田力普.中国企业海外知识产权纠纷典型案例启示录[M].北京:知识产权出版社,2010:255-290.

帮助企业完成知识产权海外维权援助是不切实际的想法,然而我国目前并未在全国范围内形成相关主管部门协同专项工作机制。再次,知识产权维权援助经费支持机制还不尽完善。知识产权海外维权的成本动辄以数百万美元计算,而且开支项目是多方面的。政府知识产权主管部门是否要用财政经费补贴企业知识产权维权,以及怎样进行补助、补助多少,还未形成定论。在地方政府的政策操作层面,目前企业知识产权维权诉讼方面虽有补助,但是尚处于短期探索阶段,补助仅针对知识产权诉讼胜诉的情况,而且数额有限制,受众面相对比较狭窄。①

二、争取知识产权与标准协同发展国际话语权

知识产权与标准协同发展的结果与创新是互洽关系。随着经济全球化的深入发展,标准中的知识产权问题对相关产业(特别是信息通信产业)的发展产生的影响日益突出。这一问题已成为国际贸易争端的根源,对成员方经济发展和多边贸易造成了消极影响。从 ISO 网站最新的专利信息数据库汇总表所涉及的标准专利声明的国家分布情况,可以看到,美国、日本等发达国家在国际标准化进程中始终占据主导地位,我国制定和颁布的标准比例相对较低。我国虽然起步较晚,但随着创新战略、知识产权战略和标准化战略的实施,国际标准对我国自主研发的创新技术采用逐渐增多,从 2010 年的 1 项专利申报增加到了 2018 年的 30 项。从我国目前参与国际标准化活动的广度和深度来看,这一增长趋势日益明显。

现代国际贸易的一个突出特点是经济全球化与知识经济化,当前的国际知识产权与标准规则是以知识产权的国际强保护为前提和依据的。应加快我国标准与知识产权冲突协调机制建设,充分利用我国与其他发展中国家的共同经济利益交叉点,努力推动国际标准化管理的体制变革,加强战略合作,积极引导示范,建立由我国主导或世界主要影响的知识产权和标准冲突协调机制。应协调对内、对外知识产权与标准化工作,尽快建立和有效实施冲突协调机制,加快科技创新知识产权成果向标准的转化。从外部看,要把知识产权与标准国内协同发展的力量转变为参与国际竞争的软实力,在对外战略布局上,实现政府联动引导与企业自主创新一体化的运作机制,加强在战略性新兴产业领域的国际标准竞争格局布设。同时,利用有利时机修订国际标准化统一规则,施加中国在国际标准化领域的影

---

① 余翔,李伟. 中小企业知识产权保护能力建设初探[J]. 知识产权,2013(1):79-82,85.

响力，积极推进我国在国际标准化领域的协调机制，在全球标准竞争中抢得先机。

2005 年 5 月，中国政府正式向世界贸易组织递交了关于"标准化中的知识产权问题"的讨论建议提案。2006 年 6 月，中国政府向世界贸易组织（WTO）提交了作为中国政府"标准化中的知识产权问题"提案的背景文件[JOB(06)/176]，该文件对标准化中知识产权问题的背景、该问题与 WTO 有关协定的相关性以及中国政府的相关建议做了说明。实施标准化战略是一项系统工程，标准战略要根据市场成熟度、技术发展阶段，以及其他经济要素的变化而变化，而一国影响国际标准制定的因素则是稳定的，需要最好的技术、最强大的知识财富和最广阔的市场。[1] 我国现阶段是机遇与挑战并存，其关键在于积极应对国际标准与知识产权融合的趋势。

应从中国当前现实需求出发，建立包括知识产权信息披露制度和知识产权许可制度在内的冲突协调机制，积极协调知识产权与标准整合后的各种冲突，使所有利益相关者都可以通过协调机制实现其合理预期。为了建立及时、全面的知识产权信息披露制度，需要明确标准化工作主管部门、标准发起人、标准制定和修订参与者、社会上拥有知识产权的第三方及时披露知识产权信息的义务。不全面及时地披露包含在标准中的知识产权信息的，应当承担不利于其自身利益的法律后果。应着力健全公平、可操作性强的知识产权授权许可沟通与协商制度，确立权利人自动许可制度，即只要知识产权权利人参与制定标准或同意将知识产权纳入标准，那么就应视为其承诺将来同意签订知识产权授权许可合同。知识产权许可谈判应在标准批准发布前进行。推荐标准的许可协商机制以权利人与标准使用者平等协商为基础，由标准化主管部门作为中间协调主体，参与相关冲突事务，但是对于知识产权授权许可协商内容不进行实质性的干预。另外，考虑到我国标准现有分类的特色情况，强制性国家标准作为我国技术法规的重要组成部分，具有不同的法律属性，应建立不同的、更加有利于知识产权需求一方的许可谈判机制。强制标准的许可协商机制，应具有行政主导的许可机制、民事法律关系主体协商谈判与第三方协调及有限干预相结合的特征，尽最大可能确保标准必要专利授权许可的公平、合理且无歧视。

---

① 　The Boston Consulting Group. Beyond the Great Wall: Intellectual Property Strategies for Chinese Companies. 2007: 5.

三、建立知识产权与标准协同国际化治理体系

中国在建立符合世界贸易组织精神和实质的标准制度的同时,在宏观战略层面,需要建立完善的跨部门政策协调治理机制,出台具体的支持创新的配套政策。支撑创新的政策措施包括:允许中国企业和广泛的国家创新体系在知识积累、流转方面进行投资,扩大在国内外市场上创新的商业化潜力。[①] 建立跨部门协调机制,解决资源分配合理性和信息流通畅通性的问题,比如发布即时性的行业信息,倡导建设产业联盟,审查市场准入条件,促进知识产权事业的健康发展,上至国家标准委员会、国家知识产权局,下到各个行业协会,都需要进行有效沟通。[②] 当前我国的行业协会和企业联盟的"发育"还比较稚嫩,还无法做到像欧美国家那样,用事实标准来促进正式标准完善,还需要政府部门加以推动,使更多的标准早日上升为国内外官方标准。[③] 另外,标准与专利冲突的协调机制是相对比较复杂的,不仅包括前期在标准制订和贯彻实施过程中的事前协调,也包括了产生矛盾纠纷之后通过司法手段进行的事后协调;不仅包括国家/地方标准中的知识产权冲突协调,还包括团体标准、企业标准以及事实标准里面因知识产权产生的冲突协调。[④]

针对不同的技术领域,有必要查明标准中的核心技术有哪些,权利人处于何处,标准内容中有哪些已被知识产权覆盖;加强与国际标准化组织的合作,对境外标准中哪些可能包含知识产权进行预判;针对国际贸易和技术竞争中的标准壁垒、技术壁垒,制定应急处置和预警措施,并及时向社会通报相关的情况。[⑤] 应及时公开发布行业知识产权与标准化发展趋势时讯,加快标准形成地区贯标协调机制,鼓励企业在关键技术领域直接或隐含地将自主知识产权纳入技术标准,引导国内企业主动利用知识产权和反不正当竞争/反垄断法律工具,预防知识产权权利人滥用其在起草标准

---

① OECD 中国创新政策研究报告[M].薛澜,柳卸林,穆荣平,等,译.北京:科学出版社,2011:135.

② 孙捷,姚云,刘文霞.中外专利标准化知识产权战略的分析与研究——以中、美、欧、日的知识产权战略为例[J].中国标准化,2017(3):30-34.

③ 毛炜翔.标准中的知识产权结合发展途径与战略重点[C]//中国标准化协会.市场践行标准化——第十一届中国标准化论坛论文集.国家标准化管理委员会:中国标准化协会,2014:456-460.

④ 郭济环.标准与专利的融合、冲突与协调[D].中国政法大学,2011:143.

⑤ 孙捷,姚云,刘文霞.中外专利标准化知识产权战略的分析与研究——以中、美、欧、日的知识产权战略为例[J].中国标准化,2017(3):30-34.

的过程中形成的市场支配者地位。

　　TRIPS(《与贸易有关的知识产权协定》)在其 8.2 条及 40.2 条中规定了防止知识产权滥用的基本原则及措施。在 8.2 条中,鼓励各成员采取措施防止知识产权权利人滥用知识产权,或防止其采取不合理的限制交易或对国际技术转让产生不利影响的行动。尽管 TRIPS 没有采取较为严厉的措施来规范知识产权人滥用权利的行为,但赋予了各成员自行立法的权利,因此我国可以积极利用该条款,根据我国产业发展的实际情况,适时调整反垄断法执法政策,建立并完善我国的知识产权反垄断政策,在遏制先发标准控制企业的反竞争行为同时,为我国自主标准的发展提供生存空间。

　　研制备选的国内标准并不违背国际化背景下的知识产权与标准协同发展趋势。当然,构筑国内标准可能将中国企业孤立于国际标准竞争规则之外,进而使得中国企业的对外贸易成本更高、难度更大,使得产品终端消费者在国内和国外使用场景切换过程中产生不兼容的无所适从状态。[①]但是鉴于中国国内市场经济逐渐发展成熟、科研实力不断壮大,中国对国际上标准与知识产权引领企业的吸引力是巨大的,处于与其形成联盟并推行标准战略的有利地位。所以,应进一步将有利态势升格为主动掌控力,应立足本土产业发展实际,着眼国际市场竞争大局,以企业联盟为组织形式,升级企业间松散的知识产权联盟,促进"事实标准"与知识产权的结合,增强标准中知识产权的运用能力。[②]

---

　　① OECD 中国创新政策研究报告[M].薛澜,柳卸林,穆荣平,等,译.北京:科学出版社,2011:314.

　　② 毛炜翔.标准中的知识产权结合发展途径与战略重点[C]//中国标准化协会.市场践行标准化——第十一届中国标准化论坛论文集.国家标准化管理委员会:中国标准化协会,2014:456-460.

第八章 结 语

2008 年《国家知识产权战略纲要》明确提出要把加快制定以及完善标准相关的政策规范,加强调整专利融入标准的行为作为贯彻知识产权战略的重要任务之一。21 世纪已迈入第二个十年,我国产业及企业在高技术领域承受着国外竞争对手乃至部分外国政府的巨大压力,产业结构调整、社会经济转型发展也面临着一系列严峻挑战。通过技术创新获得国际竞争优势话语权,已经成为整个国家、整个社会、整个产业健康和可持续发展的必要条件。

当前,我国产业发展进入转型升级关键阶段,尤其是制造业发展整体呈上升趋势,部分产业达到了引领级别,正由"中国制造"向"中国创造"稳步迈进。随着科学技术快速发展和经济全球化深入渗透到经济社会生活的方方面面,知识产权与标准作为技术创新产业化的基础、成果、桥梁和载体,越来越成为我国战略资源的核心要素。尽管知识产权与标准制度设计上存在目的和性质上的矛盾冲突,然而,放眼共同推进知识创新这一视域,我们发现,知识产权与标准可以协同发展。甚至可以说,有效运用知识产权与标准协同的力量,是赢得国内市场和全球市场的关键所在。实现知识产权与标准的协同,从宏观方面来讲,是提升一国技术创新能力、实现跨越式发展的关键一步;从中观和微观层面来讲,是实现产业螺旋式升级以及企业长远发展的重要路径。我们对于知识产权的认知不再总是强调保护权利人的合法权益这一狭窄领域,对于标准化的认知也不局限于统一化,或者追赶跟随"国际潮流"。在对知识产权与标准冲突充分认识、分析和研究的基础上,构建兼顾效率和公平、兼具激励和制约要素,有利于知识产权与标准协同发展的新机制,为知识产权的标准化、产业化和国际化打造有序的法治环境,是我国国家、社会和市场主体应对竞争、实现可持续发展的重要抓手。

无论是知识产权制度还是标准化制度,都是积跬步之功、成千里之行,两者对于经济社会发展的作用都是正向的,同时也有着巨大的制度惯性。

应从制度创新角度出发,推进知识产权与标准的融合,降低冲突带来的负面效应,推动建立知识产权与标准相互配合、互为保障的机制,研发和实施支撑核心产品关键技术的标准体系,促使标准与知识产权形成完整保护链,从而促进知识产权与标准的协同发展。① 应坚持问题导向,以知识产权与标准的融合、冲突与协调为主线,准确把握和利用知识产权与标准协调发展的机遇,把标准的作用层级定位为引领级别,既要考虑到知识产权转化为生产力,也要考虑标准的市场适应性,从知识产权与标准协同发展原则、协同模式、协同发展遇到的障碍等方面入手,深入分析知识产权与标准协同发展的问题。知识产权与标准的协同发展,不仅仅是标准化法与知识产权法领域的问题,还涉及管理学、经济学、科技哲学、社会学等多学科领域的热点问题。对此,应当从我国知识产权和标准化工作的实际情况出发,坚持稳步发展、适度超前的原则,并在此基础上确定我国知识产权与标准协调发展的方向,建立一个既能满足标准化管理需要,又能与国家其他相关制度和政策相协调的机制。

知识产权与标准的协同发展是一个系统工程。应把知识产权与标准的协同放在经济宏观发展的战略格局中,从促进标准化战略的实施、促进创新技术标准化和产业化的角度出发,由政府引导制定知识产权与标准协同发展的基本原则、协同模式和具体制度设计。政府可以从宏观调控的角度发挥作用,监测标准在市场竞争中的现状与发展趋势,采取政策干预手段,发挥政府的影响力,引导市场和产业的整体发展方向,在重点行业与技术领域扶持建设具有自主知识产权的技术标准体系,从而提升本国产业竞争力,实现本国产业利益的最大化。应把知识产权与标准的融合、冲突与协调置于国际经济宏观发展战略之中,组建由中立第三方发起的"标准化＋知识产权"联盟,平衡竞争与合作的关系,从而从组织上解决现存知识产权与标准冲突的实践问题。应从利益均衡原则出发,充分考虑到各利益相关方的正当诉求,努力平衡社会公共利益与个人合法权益、知识产权权利与促进社会创新发展整体目标、激励创新与限制市场垄断行为、确保各方基本公平与促进知识产权产业化效率等各种因素,慎防滥用市场支配地位而导致垄断发生;通过冲突协调机制的构建,兼顾知识产权与标准整合后的私人利益与公共利益最大化。

知识产权与标准协同发展需要政府引导,但这不是政府行为,市场化、

① 凌俊杰,丁昌东,李碧.浅析我国标准与专利相结合的政策和措施[J].中国发明与专利,2016(10):38-41.

社会化的配套服务体系是两者得以顺畅协同的必要保障。政府主管部门需要将标准化的思维导入知识产权管理,充分利用知识产权与标准化的信息,建设完善知识产权与标准一体化运营服务平台,依托社会公益力量和市场化的运营服务,提升知识产权与标准的黏着度。在知识产权与标准两者协同发展的过程中,市场活动主体是主导力量。作为市场主体的企业必须把握以下几个关键点:第一,市场化是知识产权与标准协调共进的基本话语领域。知识产权与标准协同推动技术创新,更多地体现在市场竞争而非知识产权或标准的证明、文本之上。第二,标准化是协同发展的关键。知识经济时代的效益,讲求的是复杂系统中的规范统一与应用联动。创新不再是原生性、颠覆性的,更多的是在前期积累的基础之上逐层推进的创新模式,这离不开知识产权和标准化相结合的双重战略布局。第三,应运用多个渠道、多种方法,准确定位知识产权在技术创新过程中的关键点,明确标准化在行业中的成熟度,有意识地将知识产权、标准化和创新活动保持在同一频率上。[①] 第四,开放创新是可持续发展的永恒命题。在利用知识产权与标准化的双重协同手段保持市场优势地位的同时,其他市场参与者共享知识成果是基于长远战略考量的必要之举,这需要既得利益者的自觉践行与制度治理共同加以作用。

中国产业发展是世界产业整体发展不可或缺的一部分。在体系化的全球经济发展布局中,正常的市场竞争秩序不是仅靠制度保障就可以解决的。参与全球竞争需要多重制度保障与法律政策治理。知识产权与标准协同发展的目的,是有效把握知识产权与标准一体化的发展趋势,使知识产权与标准的协调发展,更好地促进国家有效治理、产业健康发展和企业有序竞争,实现我国知识产权和标准大国、强国的愿景。也就是说,知识产权与标准协同发展要放到全球化大视野中去理解。回顾目前知识产权与标准化理论研究,多为对某一细分领域或者某项具体制度的单向度推进式研究,分别讨论知识产权与标准在各自应用领域对于经济社会发展的促进作用,少量的理论成果涉足知识产权与标准融合后的权利滥用和反垄断规制。综合创新各方面要素,从实施知识产权战略与标准化战略出发,深入探讨知识产权与标准协调发展理论研究成果并不多见。这是今后理论研究值得进一步深入的地方。

基于开放创新理论预设,需要对知识产权与标准协同发展战略进行系

---

① 王黎萤、陈劲、杨幽红. 技术标准战略、知识产权战略与技术创新协同发展关系研究[J].
科学学与科学技术管理,2005(1):31-34.

统化建构。现代社会的知识创新活动是一个"知识创新—知识产权—技术标准"链式循环,由创新知识萌芽,最终落脚到技术标准。而在制度层面,知识创新确权形式经历了由知识片段到知识产权的过程,其中"内部知识"和"外溢知识"都需要冠以"法益",以得到全社会的尊重与保障。相应地,知识创新扩散路径则可以归总为由内部守则到标准生态,即如下过程:内部守则—私有协议—联盟标准—团体标准—标准生态—新的内部守则。至此,笔者提出知识产权与标准协同发展的理念,既是对以往标准必要专利、知识产权与反垄断等问题的回顾,也是对协同化新领域的展望。这是一个充满未知、充满变数、实践推动理论演进的研究领域。在该领域展开深入探索,是令人兴奋不已的求真之旅,可供研究的素材、可供论证的主题似乎无穷无尽,而所研究的脉络主线又异常清晰。希望研究成果能够真正起到破除偏见、开阔视野、用于实务之效果。

参考文献

一、中文专著

[1]鲍红.知识产权与转变经济发展方式论坛论文集[C].北京:华夏出版社,2010.

[2]鲍红.知识产权与创新发展论坛论文集[M].北京:知识产权出版社,2012.

[3]彼得·德霍斯.知识财产法哲学[M].周林,译.北京:商务印书馆,2017.

[4]布莱恩·罗瑟瑞.服务业国际标准化手册[M].李仁良,咸奎桐,范与华,译.北京:中国宇航出版社,1998.

[5]陈劲.协同创新[M].杭州:浙江大学出版社,2012.

[6]陈劲,郑刚.创新管理:赢得持续竞争优势[M].北京:北京大学出版社,2013.

[7]陈振明.公共政策分析[M].北京:中国人民大学出版社,2003.

[8]代中强.知识产权调查引致的贸易壁垒:形成机理、效应及预警机制[M].北京:知识产权出版社,2018.

[9]丁道勤.专利标准化的法律规制研究[M].北京:中国法制出版社,2017.

[10]范晓波.中国知识产权管理报告[M].北京:中国时代经济出版社,2009.

[11]傅家骥.技术创新学[M].北京:清华大学出版社,1998.

[12]高山行.知识产权理论与实务[M].西安:西安交通大学出版社,2008.

[13]高山行.知识产权理论与实务[M].2版.西安:西安交通大学出版社,2014.

[14]国家知识产权局条法司.专利法研究(2006)[M].北京:知识产权出版社,2007.

[15]贺星岳.现代高职的产教融合范式[M].杭州:浙江大学出版社,2015.

[16]侯俊军.标准化与治理(第二辑)[M].长沙:湖南大学出版社,2018.

[17]柯武刚,史漫飞.制度经济学——社会秩序与公共政策[M].韩朝华,译.北京:商务印书馆,2003.

[18]李翠娟.基于知识视角的企业合作创新[M].上海:上海三联书店,2007.

[19]李冬航.卫星导航标准化研究[M].北京:电子工业出版社,2016.

[20]李朝明.基于协同创新的企业知识产权合作[M].北京:经济科学出版社,2018.

[21]刘华.知识产权制度的理性与绩效分析[M].北京:社会科学文献出版社,2004.

[22]刘银良.生物技术的知识产权保护[M].北京:知识产权出版社,2009.

[23]龙文懋.知识产权法哲学初论[M].北京:人民出版社,2003.

[24]罗伯特·P.墨杰斯,彼特·S.迈乃尔,马克·A.莱姆利,等.新技术时代的知识产权法[M].齐筠,等,译.北京:中国政法大学出版社,2003.

[25]罗国轩.知识产权管理概论[M].北京:知识产权出版社,2007.

[26]洛克.政府论[M].叶启芳,瞿菊农,译.北京:商务印书馆,1964.

[27]马海生.专利许可的原则——公平、合理、无歧视许可研究[M].北京:法律出版社,2010.

[28]迈克尔·波特.国家竞争优势[M].李明轩,邱如美,译.北京:中信出版社,2007.

[29]麦绿波.标准化学——标准化的科学理论[M].北京:科学出版社,2017.

[30]毛金生.企业知识产权战略指南[M].北京:知识产权出版社,2010.

[31]屈韬.集群创新、FDI技术转移外溢与知识管理战略[M].北京:人民出版社,2012.

[32]曲峰庚,董宇鸿.绿色运营战略[M].北京:经济科学出版社,2012.

[33]中国科学技术情报研究所.标准化的目的与原理[M].北京:科学技术文献出版社,1974.

[34]舒辉.技术标准战略:基于创新融合的视角[M].北京:经济管理出版社,2014.

[35]孙中一.耗散结构论·协同论·突变论[M].北京:中国经济出版社,1989.

[36]陶鑫良.上海知识产权论坛[M].上海:上海大学出版社,2006.

[37]田力普.中国企业海外知识产权纠纷典型案例启示录[M].北京:知识

产权出版社,2010.

[38]谢鹏程.基本法律价值[M].济南:山东人民出版社,2000.

[39]王缉慈.创新的空间——企业集群与区域发展[M].北京:北京大学出版社,2003.

[40]王加莹.专利布局和标准运营——全球化环境下企业的创新突围之道[M].北京:知识产权出版社,2014.

[41]王晋刚.专利疯 创新狂——美国专利大运营[M].北京:知识产权出版社,2017.

[42]王为农.经济法学研究法理与实践[M].北京:中国方正出版社,2004.

[43]王益谊,朱翔华.标准涉及专利的处置规则[M].北京:中国标准出版社,2014.

[44]王玉民,马维野.专利商用化的策略与运用[M].北京:科学出版社,2007.

[45]魏凤,曹凝,牟乾辉,等.全球标准化战略发展态势及重要技术标准化分析[M].北京:科学出版社,2018.

[46]吴广海.专利权行使的反垄断法规制[M].北京:知识产权出版社,2012.

[47]吴金希.用知识赢得优势——中国企业知识管理模式与战略[M].北京:知识产权出版社,2005.

[48]吴敬琏.比较(第5辑)[M].北京:中信出版社,2004.

[49]吴汉东.知识产权多维度解读[M].北京:北京大学出版社,2008.

[50]吴树山,曾培芳.知识产权法制与战略关键词详解[M].北京:知识产权出版社,2011.

[51]吴欣望.专利经济学[M].北京:社会科学文献出版社,2005.

[52]许春明.知识产权制度与经济增长关系的实证研究[M].北京:知识产权出版社,2009.

[53]薛澜,柳卸林,穆荣平.OECD中国创新政策研究报告[M].北京:科学出版社,2011.

[54]杨晨.用知识产权管理赢得竞争优势——知识产权管理理论[M].北京:科学出版社,2008.

[55]杨建锋.现代知识产权服务业开放与建设[M].北京:经济科学出版社,2015.

[56]喻晓马,程宇宁,喻卫东.互联网生态:重构商业规则[M].北京:中国人民大学出版社,2016.

[57]于欣丽.标准化与经济增长[M].北京:中国标准出版社,2008.

[58]张乃根,陈乃蔚.技术转移与公平竞争[M].上海:上海交通大学出版社,2008.

[59]张乃根,陈乃蔚.技术转移、后续研发与专利纠纷解决[M].上海:上海交通大学出版社,2009.

[60]张清奎.医药及生物技术领域知识产权战略实务[M].北京:知识产权出版社,2008.

[61]张哲.产业集群内企业的协同创新研究[M].北京:人民交通出版社,2011.

[62]赵中建,王志强.欧洲国家创新政策热点问题研究[M].上海:华东师范大学出版社,2013.

[63]郑成思.信息、新型技术与知识产权[M].北京:中国人民大学出版社,1986.

[64]郑成思.知识产权法[M].北京:法律出版社,1997.

[65]郑万青.传统文化资源的知识产权保护与经营[M].北京:法律出版社,2012.

[66]中国标准化协会.标准化学科发展报告:2016—2017[M].北京:中国科学技术出版社,2018.

[67]中国知识产权司法保护年鉴编辑委员会.中国知识产权司法保护年鉴2013年[M].北京:法律出版社,2014.

二、中文期刊

[1]安佰生.标准化中的专利权问题:进展与挑战[J].知识产权,2008(5):40-45.

[2]安佰生.标准化中的知识产权:一个政策的视角[J].电子知识产权,2009(2):11-14.

[3]安佰生.标准化中的知识产权问题:认知、制度与策略[J].科技进步与对策,2012,29(5):101-103.

[4]安春明.以知识管理为核心的企业知识产权管理体系构建研究[J].情报科学,2009,27(5):668-671,689.

[5]蔡然,陈季翔,卢思,等.专利密集型产业知识产权快速维权援助机制设想[J].科技经济导刊,2016(8):165-166,173.

[6]蔡笑天,李哲,毕亮亮.科技体制改革以来企业的科学技术知识配置:回顾、趋势与展望[J].科学学与科学技术管理,2018,39(9):50-60.

[7]曹新明,曹晓慧.监管即服务:知识产权市场监管新理念[J].苏州大学学报(法学版),2016,3(2):103-118.

[8]曹艳梅,周纯洁.技术标准壁垒发展的新趋势——标准与知识产权相结合[J].大众标准化,2007(11):49-52.

[9]陈强,王艳艳.KIBS创新集群发展的动力机制研究[J].科技管理研究,2011,31(19):1-4,8.

[10]陈美章.对我国知识产权保护与管理的探讨[J].科技与法律,2003(3):3-6.

[11]陈丽苹,王常清.标准必要专利权人滥用市场支配地位的反垄断规制研究[J].武陵学刊,2016,41(5):46-51.

[12]陈锐,周永根,沈华,等.技术变革与技术标准协同发展的战略思考[J].科学学研究,2013,31(7):1006-1012.

[13]陈伟,康鑫,冯志军,等.基于群组决策特征根法的高技术企业知识产权开发评价指标识别[J].科技进步与对策,2011,28(11):116-119.

[14]陈武.行业协会在实施知识产权战略中的作用[J].电子知识产权,2006(5):35-37.

[15]陈雄辉,张本祥,徐毅,等.基于复杂网络理论提升广东区域创新能力的对策[J].科技管理研究,2012,32(1):6-9,18.

[16]陈谊.中外生物制药行业专利战略比较研究[J].电子知识产权,2004(3):24-27.

[17]陈谊.我国生物制药行业专利战略探析[J].前沿,2004(5):65-69.

[18]程恩富,谢士强.从技术标准看技术性贸易壁垒中的知识产权问题[J].经济问题,2007(3):18-20.

[19]储节旺,朱永,闫士涛.知识管理标准的研究[J].图书情报工作,2010,54(20):100-104,123.

[20]戴红.标准化与知识产权[J].中国标准化,2006(7):6-8.

[21]邓勇,房俊民,文奕.专利信息集成服务平台的构建设想[J].情报理论与实践,2007(1):90-94.

[22]丁宁.知识产权维权援助公共服务体系建设的几点思考[J].科技创新与应用,2013(6):296-297.

[23]丁蔚.Rambus专利侵权诉讼与标准中知识产权的管理[J].电子知识产权,2007(2):45-48,58.

[24]丁亚琦.论我国标准必要专利禁令救济反垄断的法律规制[J].政治与法律,2017(2):114-124.

[25]董健康,韩雁,梁志星.协同创新系统中各类主体的角色及定位[J].中国高校科技,2013(6):52-54.

[26]董颖.数字空间的反共用问题[J].电子知识产权,2001(12):38-40.

[27]范在峰.知识产权私权性质的变化及其与技术创新政策的协调机制探析[J].河北法学,2003(5):40-43.

[28]冯涛,杨惠玲.德国企业知识产权管理的现状与启示[J].知识产权,2007(5):91-96.

[29]冯薇,银路.基于创新过程的现代生物技术企业知识产权策略研究[J].管理学报,2012,9(2):250-257.

[30]冯晓青.知识产权管理:企业管理中不可缺少的重要内容[J].长沙理工大学学报(社会科学版),2005(1):19-24.

[31]冯晓青.知识产权战略及其在企业中的实施[J].甘肃理论学刊,2007(3):98-100.

[32]冯晓青.国家产业技术政策、技术创新体系与产业技术创新战略联盟——兼论知识产权战略的作用机制[J].当代经济管理,2011,33(8):19-26.

[33]冯晓青.产学研一体化技术创新体系的作用机制及其实现研究[J].福建论坛(人文社会科学版),2013(8):24-30.

[34]高照军,武常岐.技术标准竞争:一个基于国内外比较研究的崭新理论框架[J].现代管理科学,2015(2):6-8.

[35]管育鹰.我国知识产权法学研究进程与新时代展望[J].知识产权,2019(3):3-13.

[36]郭济环.技术标准与专利融合的动因分析[J].中国标准化,2011(11):32-35.

[37]郭济环.国家标准与专利融合后的法律冲突分析与研究[J].科技与法律,2012(2):21-24.

[38]郭强.强化我国知识产权导向政策问题研究[J].知识产权,2012(4):76-80.

[39]郭强.基于区域产业集群的专利信息服务平台建设研究[J].科技进步与对策,2013,30(20):59-62.

[40]郭永辉,郭会梅.设计链协同创新与知识产权的矛盾探析[J].科技进步与对策,2011,28(5):26-29.

[41]国家行政学院宏观经济课题组.国际金融危机对中国经济的影响及对策研究[J].经济研究参考,2009(13):2-29.

[42]何炼红.论中国知识产权纠纷行政调解[J].法律科学(西北政法大学学报),2014,32(1):155-165.

[43]何瑞卿,黄瑞华,徐志强.合作研发中的知识产权风险及其阶段表现[J].研究与发展管理,2006(6):77-82,101.

[44]何一乐.中欧知识管理标准化比较研究[J].科技情报开发与经济,2010,20(20):126-129.

[45]洪群联.我国知识产权服务体系发展现状与战略思路[J].经济纵横,2011(11):44-49.

[46]洪少枝,尤建新.高新技术企业知识产权战略评价研究:一个综述[J].价值工程,2011,30(16):1-3.

[47]侯圣和.国外企业知识产权管理研究:实践、经验及启示[J].财会通讯,2012(3):127-132,161.

[48]后锐,张毕西.企业开放式创新:概念、模型及其风险规避[J].科技进步与对策,2006(3):140-142.

[49]黄德海,聂宁乐,贾玉姣,付饶.产品新设计的知识产权保护[J].电子知识产权,2014(9):79-85.

[50]黄武双.技术标准反垄断的特征及其对我国反垄断立法的启示——从微软垄断案说起[J].科技与法律,2007(3):23-29.

[51]贾明江.集群企业创新动机分析[J].哈尔滨工业大学学报,2005(8):1080-1082.

[52]江国华.法治的场境、处境和意境[J].法学研究,2012,34(6):33-35.

[53]蒋玉宏,黄勇.自主创新、知识产权和竞争政策的协调——兼评US-ITC对我国自主创新政策的332调查报告[J].电子知识产权,2011(4):43-48.

[54]敬云川.知识产权质押贷款的法律风险[J].首席财务官,2011(3):90-91.

[55]雷迪.专利地图在专利情报分析中的应用[J].情报探索,2011(2):59-61.

[56]李大平,曾德明,彭盾.软件业技术标准联盟治理的基本框架分析[J].科技管理研究,2006(7):118-119,102.

[57]李大平,曾德明.高新技术产业技术标准联盟治理结构和治理机制研究[J].科技管理研究,2006(10):78-80,104.

[58]李建花.科技创新公共服务平台建设运行机制及成效分析——以宁波市科技创新公共服务平台为例[J].今日科技,2014(6):45-47.

[59]李明星.以市场为导向的专利与标准协同发展研究[J].科学学与科学技术管理,2009,30(10):43-47.

[60]李庆满.辽宁产业集群构建技术标准联盟问题研究[J].标准科学,2011(6):16-21.

[61]李顺德.知识产权保护是推动技术创新的法律保障[J].中国创业投资与高科技,2004(12):16-19.

[62]李伟,董玉鹏.协同创新过程中知识产权归属原则——从契约走向章程[J].科学学研究,2014,32(7):1090-1095.

[63]李文文.标准制定组织在处理知识产权问题上的角色和作用[J].中国标准化,2007(2):14-17.

[64]李文文.第八讲:标准中知识产权问题的综合解决框架思考[J].中国标准化,2009(8):73-74.

[65]李艺.安徽省技术创新持续发展能力评价[J].科技与法律,2012(2):12-16.

[66]李颖怡.我国高技术产业知识产权法律制度探析[J].中外法学,1999(6):71-76.

[67]李颖怡.我国高技术产业知识产权制度的法律机制[J].中山大学学报(社会科学版),2000(3):105-109.

[68]李玉璧,周永梅.协同创新战略中的知识产权共享及利益分配问题研究[J].开发研究,2013(4):144-148.

[69]李玉剑,宣国良.技术标准化中的公司专利战略——以 Motorola 为例[J].科技进步与对策,2005(5):86-88.

[70]梁志文.标准化组织知识产权政策实证研究[J].科技与法律,2003(3):120-124.

[71]凌俊杰,丁昌东,李碧.浅析我国标准与专利相结合的政策和措施[J].中国发明与专利,2016(10):38-41.

[72]刘华,黄金池.环保政策与知识产权政策协同运行研究[J].湖南社会科学,2017(5):82-90.

[73]刘华,孟奇勋.知识产权公共政策的模式选择与体系构建[J].中国软科学,2009(7):10-18.

[74]刘晓春.摩托罗拉诉微软探寻 RAND 标准的努力[J].电子知识产权,2014(1):52.

[75]刘银良.生物技术产业的知识产权保护和管理[J].生物技术通报,2000(3):34-38,44.

[76]刘友金.集群式创新:中小企业技术创新的有效组织模式[J].经济学动态,2004(5):40-43.

[77]刘治山.国际贸易中的知识产权保护分析[J].中国外资,2013(9):74-76.

[78]柳经纬.标准的规范性与规范效力——基于标准著作权保护问题的视角[J].法学,2014(8):98-104.

[79]罗东川.国家知识产权战略背景下的知识产权司法保护[J].法律适用,2006(4):2-6.

[80]罗敏光,刘雪凤.多元主体合作视角下的知识产权公共服务机制构建——以江苏省为例[J].科技管理研究,2011,31(11):147-152,146.

[81]罗玉中,易继明.论我国高技术产业中的知识产权问题[J].中国法学,2000(5):74-85.

[82]骆品亮,周勇.虚拟研发组织中知识转移的道德风险模型分析[J].研究与发展管理,2005(3):64-69,89.

[83]吕荣波.对专利信息服务四大矛盾的思考[J].中国发明与专利,2007(5):95-96.

[84]马芳,王效岳.基于数据挖掘技术的专利信息分析[J].情报科学,2008(11):1672-1675.

[85]马磊.新能源联盟主攻电动汽车[J].中国标准化,2011(6):19-20.

[86]马文秀.欧盟标准化工作又有新举措——欧盟理事会关于标准化在欧洲的作用的决议(1999年10月28日)[J].中国标准化,2000(10):56-57.

[87]马忠法.专利联盟及其专利许可政策[J].企业科技与发展,2009(7):44-45.

[88]毛炜翔.标准中的知识产权结合发展途径与战略重点[C]//中国标准化协会.市场践行标准化——第十一届中国标准化论坛论文集.国家标准化管理委员会:中国标准化协会,2014:456-460.

[89]孟德楷.共享经济下文化创意产业的法律规制研究[J].中国文化产业评论,2018,26(1):64-75.

[90]莫祖英.基于知识产权与技术标准融合的企业自主创新模式研究[J].科技信息,2010(12):42-43.

[91]倪蕙文.企业专利战略应用研究[J].科学管理研究,2003(5):68-71,75.

[92]潘灿君.企业海外知识产权纠纷调查及援助机制——以浙江省为例

[J].电子知识产权,2012(10):50-55.

[93]彭茂祥.我国知识产权公共政策体系的构建[J].知识产权,2006(5):
32-37.

[94]任声策,陆铭,尤建新.专利联盟与创新之关系的实证分析——以
DVD 6C 和日立公司为例[J].研究与发展管理,2010,22(2):48-55.

[95]阮思宇.知识产权权利限制的法律分析[J].科技与法律,2007(4):
89-97.

[96]单莹洁.供应链节点企业合作创新的囚徒困境分析[J].技术经济与管
理研究,2009(5):42-44.

[97]申长雨.全面开启知识产权强国建设新征程[J].知识产权,2017(10):
3-21.

[98]沈坤荣,虞剑文,李子联.发展战略性新兴产业提升江苏经济发展内生
动力[J].江苏社会科学,2011(1):238-246.

[99]舒辉.知识产权与技术标准协同发展之策略探析[J].情报科学,2015,
33(2):25-30.

[100]舒辉,刘芸.技术标准化问题的研究综述[J].科技管理研究,2015,35
(13):151-157.

[101]斯亚奇,陈劲,王鹏飞.基于知识产权外部商用化的知识收入研究
[J].技术经济,2011,30(2):1-7.

[102]宋伟,程兆齐.论知识产权法律援助[J].中国科技论坛,2009(9):
86-91.

[103]苏靖.产业技术创新战略联盟构建和发展的机制分析[J].中国软科
学,2011(11):15-20.

[104]孙捷,姚云,刘文霞.中外专利标准化知识产权战略的分析与研
究——以中、美、欧、日的知识产权战略为例[J].中国标准化,2017
(3):30-34.

[105]孙秋碧,任劲喆.标准竞争、利益协调与公共政策导向[J].社会科学
家,2014(3):67-72.

[106]孙维.标准化与知识产权[J].中国传媒科技,2005(4):20-22,26.

[107]台新民.我国专利信息服务业发展现状与对策研究[J].生产力研究,
2011(5):139-141.

[108]陶城,杨超,方健.标准综合贡献评估指标体系及验证[J].中国标准
化,2010(4):22-25.

[109]谈圣采.2009 年中国原料药发展依然充满希望[J].精细与专用化学

品,2009,17(10):3.

[110]唐恒,张旸.基于价值链的企业知识产权标准化管理研究[J].科技管理研究,2013,33(15):175-180.

[111]田为兴,何建敏,申其辉.标准经济学理论研究前沿[J].经济学动态,2015(10):104-115.

[112]汪忠,黄瑞华.合作创新的知识产权风险与防范研究[J].科学学研究,2005(3):419-424.

[113]王德禄.联盟为纽　探索产业自主创新道路[J].中国高新区,2007(3):30-33.

[114]王惠珍.专利标准化技术贸易壁垒对宁波经济的影响及对策[J].宁波经济(三江论坛),2016(1):17-20.

[115]王京,高长元.软件产业虚拟集群三螺旋创新机理及模式研究[J].自然辩证法研究,2013,29(5):68-75,30.

[116]王京安,赵顺龙,胡雁南.技术联盟内知识产权管理与分配——以江苏省三家联盟为例[J].科学学研究,2011,29(8):1223-1230.

[117]王黎萤,陈劲,杨幽红.技术标准战略、知识产权战略与技术创新协同发展关系研究[J].中国软科学,2004(12):24-27.

[118]王立荣.合作创新企业间技术知识共享保障策略分析[J].现代情报,2007(2):201-202,172.

[119]王璐瑶,鄢小燕.中国网络化专利信息的发展现状及趋势研究[J].图书情报工作,2006(6):76-78.

[120]王珊珊,许艳真,李力.新兴产业技术标准化:过程、网络属性及演化规律[J].科学学研究,2014,32(8):1181-1188.

[121]王珊珊,占思奇,王玉冬.产业技术标准联盟专利冲突可拓模型与策略生成[J].科学学研究,2016,34(10):1487-1497.

[122]王为农."技术标准化"引发的垄断与反垄断法律问题[J].中南大学学报(社会科学版),2004,10(1):101-106.

[123]王先林.中国关于滥用知识产权反垄断规制制度的建立和发展[J].竞争法律与政策评论,2016(2):53-69.

[124]王晓丽,林燕琼.标准与专利的协同发展[J].科技创新与应用,2015(32):276.

[125]王秀梅.国际技术标准化中的知识产权问题:法律经济分析[J].管理现代化,2007(3):14-16.

[126]王玉玺,高山行.我国企业知识产权管理的现状分析及建议[J].科技

与法律,2008(3):25-28.

[127]王越,费艳颖.推进中小企业协同创新的法律路径分析——以产业技术创新联盟模式为视角[J].湖北大学学报(哲学社会科学版),2013,40(3):115-118.

[128]魏庆华,徐宇发,陈宇萍.拓展职能提升服务——建设广东省知识产权综合服务平台[J].中国发明与专利,2009(6):8-11.

[129]巫强.技术性贸易措施下出口企业被动创新效应[J].经济理论与经济管理,2007(10):70-75.

[130]吴林海,崔超,罗佳.我国未来技术标准发展战略研究——基于跨国公司标准与专利的融合[J].中国人民大学学报,2005(4):105-110.

[131]吴汉东.知识产权的私权与人权属性——以《知识产权协议》与《世界人权公约》为对象[J].法学研究,2003(3):66-78.

[132]吴汉东.知识产权的多元属性及研究范式[J].中国社会科学,2011(5):39-45,219.

[133]吴汉东.利弊之间:知识产权制度的政策科学分析[J].法商研究,2006(5):6-15.

[134]吴汉东.政府公共政策与知识产权制度[J].中国版权,2008(1):12-16.

[135]吴绍波,顾新.战略性新兴产业创新生态系统协同创新的治理模式选择研究[J].研究与发展管理,2014,26(1):13-21.

[136]吴太轩.标准必要专利权人滥用禁令请求权的反垄断法规制[J].竞争政策研究,2017(2):17-31.

[137]吴正刚.知识产权网络关系治理研究[J].科技进步与对策,2012,29(19):107-110.

[138]伍春艳,焦洪涛,范建得.人类遗传数据的开放共享抑或知识产权保护[J].知识产权,2014(1):55-60.

[139]肖志刚.企业知识产权管理体系建构[J].电子知识产权,2006(11):28-32.

[140]晓梦.多层次、有重点地实施知识产权发展战略[J].江苏科技信息,2004(2):34-37.

[141]谢惠加.省部产学研创新联盟需厘清五大知识产权利益关系[J].广东科技,2010,19(8):2-5.

[142]徐峰.国外专利信息服务体系建设经验与启示[J].科技管理研究,2008,28(11):195-197.

[143]徐明华,陈锦其.专利联盟理论及其对我国企业专利战略的启示[J].
科研管理,2009,30(4):162-167,183.

[144]徐瑄.知识产权的正当性——论知识产权法中的对价与衡平[J].中
国社会科学,2003(4):144-154,207.

[145]徐元.全球化下专利与技术标准相结合的趋势与问题解决途径[J].
产经评论,2010(6):109-118.

[146]徐元.知识产权与技术标准相结合的趋势、法律问题与解决途径[J].
当代经济管理,2010,32(10):77-82.

[147]徐元.知识产权型技术贸易壁垒的影响及其规制[J].经济视角(下),
2010(11):40-44.

[148]许建平.服务业标准化应作为标准化工作的重点[J].中国标准化,
1997(2):6-7.

[149]宣晓冬.挪威发展生物医药的成功经验[J].全球科技经济瞭望,2010
(9):64-67.

[150]杨峰,傅俊.高新技术企业标准化管理的关键要素分析[J].武汉理工
大学学报(信息与管理工程版),2007(5):72-74,77.

[151]杨锋,王金玉.主要发达国家制定和实施标准化战略的经验[J].标准
科学,2011(1):87-93.

[152]杨辉.技术标准与知识产权的协调发展探析[J].印刷质量与标准化,
2011(10):51-56.

[153]杨玲莉,蔡爱惠,杨超华,张晓锋.协同创新模式下高校知识产权有效
协作机制研究[J].科技进步与对策,2012,29(22):134-136.

[154]杨武,杨大飞.基于专利数据的产业核心技术识别研究——以 5G 移
动通信产业为例[J].情报杂志,2019,38(3):39-45,52.

[155]杨晓丽.中国国家标准涉及专利的处置规则评价(下):标准专利处置
实务系列 4[J].电子知识产权,2014(9):44-47.

[156]姚华松,欧君秀.改革开放 30 年来江苏和广东经济发展路径对比研
究[J].特区经济,2010(9):15-16.

[157]叶若思,祝建军,陈文全.标准必要专利权人滥用市场支配地位构成
垄断的认定,评华为公司诉美国 IDC 公司垄断纠纷案[J].电子知识
产权,2013(3):48-54.

[158]易继明.知识产权的观念:类型化及法律适用[J].法学研究,2005
(3):110-125.

[159]尹航.新能源标准与知识产权联盟在深圳成立[J].能源研究与信息,

2011,27(2):94.

[160]尹新强.网络免费专利信息资源识别与利用——国内几大专利信息服务平台比较[J].山东图书馆学刊,2010(6):89-92.

[161]余翔,李伟.中小企业知识产权保护能力建设初探[J].知识产权,2013(1):79-82,85.

[162]袁波.标准必要专利权人市场支配地位的认定——兼议"推定说"和"认定说"之争[J].法学,2017(3):154-164.

[163]袁晓东,孟奇勋.开放式创新条件下的专利集中战略研究[J].科研管理,2010,31(5):157-163.

[164]袁小林,董莎.助力实体经济发展 宁波全面打造知识产权运营服务强市[J].宁波通讯,2018(11):22-24.

[165]曾德明,朱丹,彭盾,孙耀吾.技术标准联盟成员的谈判与联盟治理结构研究[J].中国软科学,2007(3):16-21.

[166]张丽娜,谭章禄.协同创新与知识产权的冲突分析[J].科技管理研究,2013,33(6):163-166.

[167]张国兴,高秀林,汪应洛,等.政策协同:节能减排政策研究的新视角[J].系统工程理论与实践,2014,34(3):545-559.

[168]张红辉,周一行."走出去"背景下企业知识产权海外维权援助问题研究[J].知识产权,2013(1):83-85.

[169]张建华,吴立建.关于技术标准的法律思考[J].山西大学学报(哲学社会科学版),2004(3):80-83.

[170]张利飞,曾德明,李大平,等.技术标准联盟治理的本质分析[J].科学学研究,2007(4):687-690.

[171]张平.技术性贸易壁垒与知识产权[J].政法论坛,2004(1):174-178.

[172]张平.ICT标准之知识产权"开放授权"模式探讨[J].科技与法律,2008(3):44-49.

[173]张平.技术标准中的专利权限制——兼评最高法院就实施标准中专利的行为是否构成侵权问题的函[J].电子知识产权,2009(2):15-17,21.

[174]张武军,翟艳红.协同创新中的知识产权保护问题研究[J].科技进步与对策,2012,29(22):132-133.

[175]张武军,张唯玮,郭宁宁.标准必要专利权人滥用市场支配地位的反垄断问题研究——以高通案为例[J].科技进步与对策,2019,36(7):131-137.

[176]张艳琦,岳高峰,邢立强.基于组织文化的知识管理标准化[J].标准科学,2010(11):34-36.

[177]张瑶.浅谈国外企业的知识产权管理战略[J].现代情报,2004(6):175-177.

[178]张耀辉.知识产权的优化配置[J].中国社会科学,2011(5):53-60,219.

[179]张昭庆,闫博慧.我国知识产权保护方式探究——联盟保护[J].石河子大学学报(哲学社会科学版),2007(5):41-43.

[180]郑友德,焦洪涛.面向知识经济的知识产权管理[J].华中理工大学学报(社会科学版),1999(1):39-46.

[181]郑友德.信息高速公路中知识产权保护的若干问题[J].法学研究,1997(4):40-53.

[182]包晓斌,窦以松,李贵宝.国外技术标准与科技研发协调发展的调研与案例分析(三)国外技术标准促进科技成果有效转化为生产力[J].工程建设标准化,2005(2):20-23,27.

[183]中山信弘,张玉瑞.多媒体与著作权[J].电子知识产权,1997(9):22-26.

[184]钟灿涛.面向协同创新的大学知识产权管理[J].科技进步与对策,2012,29(22):127-131.

[185]钟书华.创新集群:概念、特征及理论意义[J].科学学研究,2008(1):178-184.

[186]周辉.基于专利联盟的企业专利战略研究[J].科技情报开发与经济,2012,22(9):85-87.

[187]周荣辅,单莹洁,吴玉文.合作创新中的"囚徒困境"及其防范机制[J].科技管理研究,2009,29(5):71-73.

[188]周新生,姚纲."知识经济"及其几个基本问题[J].当代经济科学,1998(5):9-13.

[189]周亚敏.全球价值链中的绿色治理——南北国家的地位调整与关系重塑[J].外交评论(外交学院学报),2019,36(1):49-80.

[190]朱雪忠,常俊丽,何光源.生物信息技术的知识产权保护初探[J].知识产权,2006(1):27-32.

[191]祝建军.标准必要专利权人滥用市场支配地位构成垄断[J].人民司法,2014(4):12-15.

[192]庄英菊,刘凌峰,贾占军.知识产权与标准化协调发展的策略研究

[J].科学管理研究,2014,32(6):25-28.

三、中文报纸

[1]陈利权,刘军.宁波块状经济:加快向现代产业集群转型升级[N].宁波日报,2009-11-30(A11).

[2]程国辉.知识产权归属章程化助力协同创新[N].科学导报,2014-12-02(B01).

[3]董玉鹏.转变增长方式须正视知识产权服务业不振现状[N].中国社会科学报,2012-03-30(A06).

[4]裴宏,赵建国.高通构成垄断被罚60.88亿元[N].中国知识产权报,2015-02-11(06).

[5]冯秀英,韩琼林.中关村核心区知识产权服务业提速[N].北京商报,2014-04-28(C03).

[6]韩瑞.严格保护效果明显综合运用能力增强[N].中国知识产权报,2019-01-11(08).

[7]黄立君.我国法经济学研究现状述评[N].光明日报,2006-2-28(11).

[8]刘晓莹."自带干粮"搞创新,也是蛮拼的[N].科技日报,2015-01-07(07).

[9]刘杨.丰田汽车开放氢燃料电池技术专利使用权[N].中国证券报,2015-01-07(05).

[10]卢杉.宁波四家磁业公司诉日立金属"垄断市场"争议成核心矛盾[N].21世纪经济报道,2015-12-30(11).

[11]罗维东.科研创新要源于企业高于企业[N].中国教育报,2012-07-16(05).

[12]司建楠.中电标协成立知识产权工作委员会[N].中国工业报,2012-05-22(A01).

[13]孙迪,关健.国家知识产权局将大力推进产业知识产权快速协同保护工作[N].中国知识产权报,2016-11-30(01).

[14]王明浩.我国首个知识产权一站式服务平台启用[N].人民日报,2010-08-18(06).

[15]魏小毛.知识产权纷争与维权援助之路[N].中国知识产权报,2008-12-17(04).

[16]魏小毛,雷若冰.我国知识产权维权援助工作有序推进[N].中国知识产权报,2010-04-21(06).

[17]吴汉东.政府公共政策与知识产权制度[N].光明日报,2006-10-10(15).

[18]薛飞.知识产权维权援助工作的六大地方模式[N].中国知识产权报,2010-04-21(08).

[19]张义忠.建设制造强国要善用知识产权利器[N].科技日报,2016-04-15(06).

[20]赵建国.推知识产权标准化 树创新发展新航标[N].中国知识产权报,2017-05-05(05).

[21]赵世猛,陈婕.中国企业如何用"标准必要专利"守好行业阵地?[N].中国知识产权报,2016-04-27(07).

[22]赵洋.创新知识产权融资模式破解小微企业资金难题[N].金融时报,2018-07-13(05).

[23]中国知识产权报评论员.建立专利技术分析和预警长效机制[N].中国知识产权报,2009-05-07(01).

四、中文学位论文

[1]郭济环.标准与专利的融合、冲突与协调[D].北京:中国政法大学,2011.

[2]周伟民.技术标准与相应法律政策协同机制研究[D].上海:上海交通大学,2007.

五、外文著作

[1]Anderman S D. EC Competition Law and Intellectual Property Rights—The Regulation of Innovation [M]. Oxford: Clarendon Press, 1998.

[2]Baron J, Pohlmann T, Blind K. Essential Patents and Standard Dynamics[C]. 7th International Conference on Standardization and Innovation in Information Technology, Berlin. 2011.

[3]Beamish P W, Killing J P. Cooperative Strategies: North American Perspectives[M]. San Francisco: New Lexington Press, 1997.

[4]Blaxill M, Eckardt R. The Invisible Edge: Taking Your Strategy to the Next Level Using Intellectual Property[M]. New York: The Penguin Press, 2009.

[5]Chesbrough H. W. Open Innovation: The New Imperative for Crea-

ting and Profiting from Technology[M]. Boston: Harvard Business School Publishing Corporation, 2003.

[6]Ferguson N. The Ascent of Money: A Financial History of the World [M]. New York: The Penguin Press,2009.

[7]Georghiou L. National Systems of Innovation. Towards a Theory of Innovation and Interactive Learning[M]. London: Pinter Publishers, 1992.

[8]Gloor P A. Swarm Creativity: Competitive Advantage Through Collaborative Innovation Networks[M]. New York: Oxford University Press,2006.

[9]Iversen E. Standardization and Intellectual Property Rights: Conflicts Between Innovation and Diffusion in New Telecommunications Systems[M]. Information Technology Standards and Standardization. IGI Global, 2000.

[10]Layne-Farrar A, Lerner J. To Join or Not to Join: Examining Patent Pool Participation and Rent Sharing Rules[M]. Social Science Electronic Publishing, 2006.

[11]Maslow A H. Motivation and Personality[M]. 2nd ed. New York: Harper and Row, 1970.

[12]Rothery B. Standards in the Services Industry[M]. Hong Kong: Science & Culture Publishing House Hong Kong Co. Ltd. , 2002.

六、外文期刊

[1]Anton J J, Yao D A. Standard-Setting Consortia, Antitrust, and High-Technology Industries[J]. Antitrust Law Journal, 1995, 64 (1):247-265.

[2]Anthony S F. Antitrust and Intellectual Property Law: From Adversaries to Partners[J]. AIPLA Quarterly Journal, 2000, 28(1):3-28.

[3]Bouckaert B. What is Property? [J]. Harvard Journal of Law & Public Policy, 1990, 13(3):775-816.

[4]Bekkers R, Duysters G, Verspagen B. Intellectual Property Rights, Strategic Technology Agreements and Market Structure, The Case of GSM[J]. Research Memorandum, 2000, 31(7):1141-1161.

[5]Carlson S C. A Historical, Economic, and Legal Analysis of Munici-

pal Ownership of the Information Highway[J]. Rutgers Computer &. Technology Law Journal, 1999, 25(1):1.

[6]Chesbrough H W. The Era of Open Innovation[J]. MIT Sloan Management Review,2003,44(3):35-42.

[7]Chesbrough H. The Logic of Open Innovation: Managing Intellectual Property[J]. California Management Review, 2003, 45(3):33-58.

[8]Chesbrough H, Appleyard M M. Open Innovation and Strategy[J]. California Management Review, 2007, 50(1):57-76.

[9]Cook-Deegan R M, Mccormack S J. Intellectual Property-Patents, Secrecy, and DNA[J]. Science, 2001, 293(5528):217.

[10]Dennis C. Biologists Launch Open-Source Movement[J]. Nature, 2004, 431(7008):494.

[11]Ernst D. Indigenous Innovation and Globalization: The Challenge for China's Standardization Strategy[J]. Social Science Electronic Publishing, 2014, 310(1):249-256.

[12]Fassin Y. Strategic Role of University-industry Liaison Offices[J]. Journal of Research Administration, 2000(2):42-160.

[13]Freeman C. Network of Innovators: A Synthesis of Research Issues [J]. Research Policy, 1991, 20(5):499-514.

[14]Gitter D M. Resolving the Open Source Paradox in Biotechnology: A Proposal for a Revised Open Source Policy for Publicly Funded Genomic Databases[J]. Computer Law &. Security Review, 2008, 24(6):529-539.

[15]Graham S J H, Merges R P, Samuelson P, et al. High Technology Entrepreneurs and the Patent System: Results of the 2008 Berkeley Patent Survey[J]. Berkeley Technology Law Journal, 2009, 24(4): 1255-1279.

[16]Hagedoorn D J. Do Company Strategies and Structures Converge in Global Markets? Evidence from the Computer Industry[J]. Journal of International Business Studies, 2001, 32(2):347-356.

[17]Halbert D J. The Politics of Piracy: Intellectual Property in Contemporary China. By Andrew C. Mertha[J]. Law &. Society Review, 2006, 40(4):981-983.

[18]Heller M A, Eisenberg R S. Can Patents Deter Innovation? The An-

ticommons in Biomedical Research. [J]. Science, 1998, 280(5364):
698-701.

[19] Henderson D. Building Interactive Learning Networks: Lessons
from the Welsh Medical Technology Forum[J]. Regional Studies,
1998, 32(8):783-787.

[20] Howe J. The Rise of Crowd Sourcing[J]. Wired Magazine, 2006, 14
(6):1-4.

[21] Hu M C. Knowledge Flows and Innovation Capability: The Paten-
ting Trajectory of Taiwan's Thin Film Transistor-liquid Crystal Dis-
play Industry [J]. Technological Forecasting & Social Change,
2008, 75(9):1423-1438.

[22] Hunter J, Stephens S. Is Open Innovation the Way Forward for Big
Pharma? [J]. Nature Reviews Drug Discovery, 2010, 9(2):87-88.

[23] Kahn E. Patent Mining in a Changing World of Technology and
Product Development[J]. Intellect. Asset Mgmt, 2003(7/8):7-10.

[24] Koppikar V. Evaluating the International Trade Commission's Sec-
tion 337 Investigation[J]. J. Pat. & Trademark Off. Soc'y, 2004
(6):432-518.

[25] Kurt A. Integration of Public Patent Libraries into Existing SME
Advisory Structures, and the Resulting New Range of Services[J].
World Patent Infomation, 2000, 22(4):333-335.

[26] Kwan J Y, Lee H, Chung D B. The Evolution of Alliance Structure
in China's Mobile Telecommunication Industry and Implications for
International Standardization[J]. Telecommunications Policy, 2012,
36(10-11):966-976.

[27] Lerner J, Tirole J. Efficient Patent Pools[J]. American Economic
Review, 2004, 94(3):691-711.

[28] Lee T, Wilde L L. Market Structure and Innovation: A Reformula-
tion[J]. Quarterly Journal of Economics, 1980, 94(2):429-436.

[29] Leiponen A E. Competing Through Cooperation: The Organization
of Standard Setting in Wireless Telecommunications [J]. Manage-
ment Science, 2008, 54(11):1904-1919.

[30] Levang B J. Evaluating the Use of Patent Pools for Biotechnology:
A Refutation to the USPTO White Paper Concerning Biotechnology

Patent Pools[J]. Santa Clara High Technology Law Journal, 2002 (19):237-238.

[31]McLean D. The Role Played by Business Associations in Shaping EU External Trade Policy[J]. Journal of International Trade Law & Policy,2004,3(1):53-70.

[32]Opderbeck D W. The Penguin's Genome, or Coase and Open Source Biotechnology[J]. Harvard Journal of Law & Technology, 2004, 18 (1):168-227.

[33]Patterson M R. Invention, Industry Standards, and Intellectual Property [J]. Berkeley Technology Law Journal, 2002 (17): 1043-1085.

[34]Posner R A. The Law and Economics Movement[J]. American Economic Review, 1987, 77(2):1-13.

[35]Ruggles R. The State of the Notion: Knowledge Management in Practice[J]. California Management Review, 1998, 40(3):80-89.

[36]Rebecca G. Utilizing Collaboration Theory to Evaluate Strategic Alliance[J]. American Journal of Evaluation,2004,25(1):65-72.

[37]Rysman M, Simcoe T. Patents and the Performance of Voluntary Standard Setting Organizations [J]. PIE/CIS Discussion Paper, 2009, 54(11):1920-1934.

[38]Salop S C, Scheffman D T. Raising Rivals' Costs[J]. American Economic Review, 1983, 73(2):267-271.

[39]Tracey P, Clark G L. Alliances, Networks and Competitive Strategy: Rethinking Clusters of Innovation [J]. Growth & Change, 2010, 34(1):1-16.

[40]Shapiro C, Varian H R. The Art of Standards Wars[J]. California Management Review, 1999, 41(2):8-32.

[41]Shapiro C. Navigating the Patent Thicket: Cross Licenses, Patent Pools, and Standard-Setting[J]. SSRN Electronic Journal, 2001(1): 119-150.

[42]Simcoe T S, Graham S J H, Feldman M P. Competing on Standards? Entrepreneurship, Intellectual Property, and Platform Technologies[J]. Journal of Economics & Management Strategy, 2010, 18(3):775-816.

[43]Takagi Y，Czajkowski A. WIPO Services for Access to Patent Infor-
mation-Building Patent Information Infrastructure and Capacity in
LDCs and Developing Countries[J]. World Patent Information，
2012，34(1):30-36.

[44]Verbruggen J，Lörincz A. Patents and Technical Standards[J]. In-
ternational Review of Industrial Property and Copyright Law，2002，
33(2):125-154.

[45]Wherry T L. Intellectual Property Service Variations:The PTO and
PTDL[J]. World Patent Information,1992，14(1):32-35.

[46]Williams T. Cooperation by Design: Structure and Cooperation in
Interorganizational Networks[J]. Journal of Business Research,
2005，58(2):223-231.

[47]Yang D，Clarke P. Globalisation and Intellectual Property in China
[J]. Technovation，2005，25(5):545-555.

七、外文工作报告及规则

[1]ANSI Essential Requirements: Due Process Requirements for Ameri-
can National Standards,3.1.

[2]CEN/CENELEC Guide 8: Standardization and Intellectual Property
Rights (IPR),2009.

[3]Commission of the European Communities: Working Together for
Growth and Jobs: A New Start for the Lisbon Strategy Communica-
tion from President Barroso in Agreement with Vice-President Ver-
heugen，Brussels，2.2005 COM(2005) 24 final.

[4]Council Conclusions on Standardization and Innovation，2891st Com-
petitiveness，Internal Market，Industry and Research.

[5]DTI. Competing in the Global Economy: the Innovation Challenge.
DTI Innovation Report，December 2003.

[6]Guidelines for Implementation of the Common Patent Policy for ITU-
T/ITU-R/ISO/IEC，2007，March，Part I.

[7]Organization W T. World Trade Report 2005: Trade，Standards and
the WTO. World Trade Organization，2005.

[8]The Boston Consulting Group. Beyond the Great Wall: Intellectual
Property Strategies for Chinese Companies. January 2007.

图书在版编目(CIP)数据

知识产权与标准协同发展研究 / 董玉鹏著.—杭州：
浙江大学出版社，2020.7
ISBN 978-7-308-20324-1

Ⅰ.①知…　Ⅱ.①董…　Ⅲ.①知识产权制度—研究—
中国　Ⅳ.①D923.404

中国版本图书馆 CIP 数据核字(2020)第 107704 号

知识产权与标准协同发展研究

董玉鹏　著

责任编辑	石国华
责任校对	高士吟　汪　潇
封面设计	周　灵
出版发行	浙江大学出版社
	（杭州市天目山路 148 号　邮政编码 310007）
	（网址：http://www.zjupress.com）
排　　版	杭州星云光电图文制作有限公司
印　　刷	杭州高腾印务有限公司
开　　本	710mm×1000mm　1/16
印　　张	15.5
字　　数	280 千
版 印 次	2020 年 7 月第 1 版　2020 年 7 月第 1 次印刷
书　　号	ISBN 978-7-308-20324-1
定　　价	58.00 元